메콩경제권 기업법제의 이해

메콩경제권 기업법제의 이해

이준표 지음

한국학술정보㈜

머리말

　중국, 베트남, 태국, 라오스, 캄보디아, 미얀마로 구성된 메콩경제권은 동아시아지역의 대표적인 경제공동체로서 경제발전 가능성을 높게 평가받고 있다. 특히 중국을 포함하여 베트남, 캄보디아, 라오스, 미얀마 등 메콩경제권 주요 국가들은 사회주의 경제체제에서 시장경제제도를 도입한 소위 체제전환 국가들이다. 이들은 시장경제에 필요한 다양한 조건들을 충족하기 위하여 각자 독자적인 기업법을 제정하였다. 이에 따라 경제적으로 무한한 성장 가능성을 가지고 있는 메콩경제권에 대한 외국기업의 투자 및 진출이 더욱 확대될 것으로 예상된다. 그리하여 한국기업이 메콩경제권에 현지 투자하거나 현지 법인화할 경우 메콩경제권 국가들의 기업법의 내용을 정확히 파악하고 한국기업 법규와의 차이점을 이해할 필요가 있다.

　메콩경제권 국가들 가운데, 중국, 베트남, 라오스는 사회주의 국가로서, 기업법상 국가의 역할을 분명히 하며 기업 활동을 제한하고 통제할 수 있는 여지를 남겨두었다. 그러나 시장경제 체제하에서 기업에 대한 활발한 투자유치를 기대한다면 보다 과감한 기업법제 개혁이 요구된다. 그리하여 실제로 몇몇 국가들의 기업법에서는 이러한 개혁이 추진되고 있다. 예를 들어, 중국은 2005년 기업법 개정을 통해 기업 활동에 대한 국가개입과 관련된 규정들을 최소하였다. 한국의 기업과 투자자들이 이러한 사회주의 시장경제 체제 국가로의 진출 및 투자를 할 경우에는 이러한 국가간섭에 관한 규정들을 염두에 두어야 할 것이다.

한편 현재 한국에서 중국을 제외한 메콩경제권 국가들의 기업법에 관한 연구는 베트남과 태국 기업법에 관한 몇 편의 논문들을 제외하고는 거의 찾아볼 수 없으며, 해당 기업법의 번역조차 정확하게 이루어지지 않고 있는 실정이다. 따라서 이들 국가의 기업법에 관한 연구는 다음과 같은 점에서 활용가치가 있다. 먼저, 메콩경제권 국가들의 법계 및 기업법 규정들이 체계적으로 정리됨으로써 우리나라의 학계, 법제 관련 기관이 이 지역 내 기업법 제도의 전반을 이해할 수 있는 토대를 제공해 줄 것이다. 또한 이 지역으로 진출했거나 진출하고자 하는 한국기업들이 기업법의 내용을 올바르게 파악하여, 관련 법률상의 문제를 예방하고 해결함으로써 기업운영상의 도움을 받을 수 있을 것이다. 나아가 현재 활성화되고 있는 우리나라의 동남아 법제연구에도 기여할 수 있을 것이다.

이 책에서는 메콩경제권 국가들의 기업경영 전반을 규율하고 있는 기업법에 관한 핵심적인 사항이 될 회사의 설립·해산, 기업지배구조, 자금조달에 관한 규정을 우리 상법 회사편의 내용과 비교하면서 집중적으로 분석하여 그 특징을 도출하는 것을 주된 목적으로 한다. 연구의 대상은 주식회사와 유한회사로 한정하고, 논의의 흐름상 조합 및 국유기업 등에 대한 소개가 필요한 경우에는 간략히 다루기로 한다.

이 책이 출간되기까지 많은 분들의 도움이 있었다.

너무나도 부족한 제자에게 언제나 아낌없는 사랑으로 격려해 주시고 지도해 주시는 한국외대 법과대학 김동훈 교수님께 감사드린다. 아울러 책이 나오기까지 꼼꼼하게 지도해 주시며 많은 가르침을 주신 경기대 법과대학 홍승인 교수님, 동국대 법과대학 정용상 교수님, 한국외대 법과대학 김은경 교수님께도 지면을 빌려 깊은 감사를 드린다. 이 책의 기획부터 많은 일을 도와주신 한국외대 국제학부 김봉철 교수님의 도움이 없었다면 이번 작업은 불가능하였을 것이다. 강한 추진력으로 이끌어 주시는 교수님의 지도와 관심에도 감사드린다.

　　무엇보다 기도로 지원해 주시는 아버지, 어머니, 동생 그리고 함께 동역하는 네비게이토 선교회 형제자매들에게 감사드린다. 끝으로 사랑하는 주님께 찬양과 감사를 드린다.

2012. 2.

이준표

CONTENTS

CONTENTS

〈약어표〉

ADB	Asian Development Bank	아시아개발은행
AEC	ASEAN Economic Community	아세안경제공동체
AFPEL	Anti-Fascist People's Freedom League	반파시스트인민자유연맹
ASEAN	Association of Southeast Asian Nations	동남아시아국가연합
ECF	Economics Corridors Forum	경제벨트포럼
EU	European Union	유럽연합
GMS	Greater Mekong Subregion	메콩경제권
IFC	International Finance Corporation	국제금융공사
IMF	International Monetary Fund	국제통화기금
JICA	Japan International Cooperation Agency	일본국제협력기구
MBCA	Model Business Corporation Act	미국모범회사법
MPDF	The Mekong Private Sector Development Facility	메콩민간분야개발기구
NAFTA	North America Free Trade Area	북미자유무역지대
NEM	New Economic Mechanism	신경제제도
NLD	National League for Democracy	민주국민연맹
OECD	Organization for Economic Cooperation of Development	경제협력개발기구
SEC	Office of the Securities and Exchange Commission	증권거래위원회
SET	Stock Exchange of Thailand	태국증권거래소
SLORC	The State Law and order Restoration Council	국가법질서회복위원회
SPDC	State Peace and Development Council	국가평화발전위원회
UNCITRAL	United Nations Commission on International Trade Law	유엔국제상거래법위원회
UNDP	United Nations Development Program	유엔개발계획
UNTAC	United Nations Transitional Authority in Cambodia	캄보디아과도행정기구

〈메콩경제권 지도〉

제1장 메콩경제권과 기업법 연구의 필요성

제1절 메콩경제권 개관

동남아시아국가연합(Association of South East Asian Nations; ASEAN) 은 인구 19억 명의 최대 단일시장으로, 역내 총생산의 규모로도 유럽연합(European Union; EU) 및 북미자유무역지대(North America Free Trade Area; NAFTA)에 이어 세 번째로 큰 시장이다. ASEAN은 지난 2007년 창설 40주년을 맞아 ASEAN 경제공동체(ASEAN Economic Community; AEC)의 구축을 위한 청사진에 합의하였다. 국가 간의 정치·경제적 다양성에도 불구하고 ASEAN 통합을 위한 노력은 가속화되고 있다.

이러한 ASEAN의 통합 움직임에 따라 소지역별로 협력 사업이 광범위하게 추진되고 있다. 특히 티베트에서 발원해 중국의 위난 성을 거쳐 미얀마, 라오스, 태국, 캄보디아 및 베트남을 관통하는 메콩 강 유역의 개발은 1980년대 후반부터 체제전환의 성과와 경제성장의 잠재성으로 인하여 국제사회로부터 많은 관심을 받아 왔다.

이러한 메콩 강 유역의 개발은 1992년 아시아개발은행(Asian Development Bank; ADB)의 주도로 구체화되었다. ADB는 메콩 강 유역의 저개발국가들을 지원하기 위하여 메콩 강 유역의 6개국(중국, 베트남, 태국, 라오스, 캄보디아, 미얀마)을 '메콩경제권(Greater Mekong Subregion; GMS)'으로 설정하였고, 역내 빈곤의 완화 및 지속가능한 경제성장을 목표로 경제벨트포럼(Economic Corridors Forum; ECF)을 결성하여 경제벨트(Corridor)별로 교통 인프라를 개발하고 통신, 환경, 무역, 투자분야 등으로 그 개발범위를 확대해 나가고 있다. 최근 메콩경제권은 새로운 경제블록으로 급부상하고 있다. 국제통화기금(International Monetary Fund; IMF)에 따르면 메콩경제권 국가들의 경제성장률이 향후 5년간 연간 5~10%에 달할 전망이다. 중국을 제외한 5개국의 2010년 GDP는 4,200억 달러에 이르고, 5년 후에는 6,400억 달러 규모로 늘어날 것으로 예상된다.

〈표 1〉 메콩경제권 국가들의 경제성장률

(단위: %)

지역	2009년	2010년(전망)	2011년(전망)
중국	8.7	10.0	9.9
라오스	7.6	7.2	7.4
베트남	5.3	6.0	6.5
미얀마	4.8	5.3	5.0
태국	-2.3	5.5	5.5
캄보디아	-2.5	4.8	6.8

* 자료: IMF, 2010.

우리 정부도 이런 변화에 주목해 메콩경제권을 아시아권 녹색협력의 거점으로 지정하고 집중적인 경제협력 증진에 나서기로 하였다. 2010년 9월에는 기획재정부가 아시아개발은행과 공동으로 서울에서 '메콩 강 유역 개발포럼'을 개최하였고, 2010년 10월 베트남 하노이에서 개최된 '제13차 한-ASEAN 정상회의'에서는 한국과 메콩경제권 국가 간 협력 증진을 위하여 '한·메콩 외교장관회의'의 신설이 합의되기도 하였다. 메콩경제권은 우리나라와의 지리적 인접성과 문화적 유사성으로 인해 긴밀한 협력관계를 유지해 왔으며 많은 인구와 대외지향적 시장개방정책으로의 전환에 따라 경제협력이 더욱 많아질 것이라고 평가되고 있다. 또한 2005년부터 체결되기 시작하여 2009년에 체결이 마무리된 한-ASEAN FTA 및 투자협정의 효과로, 교역 및 투자는 계속 늘어날 것으로 예상할 수 있다.

국가나 기업 사이의 국제적 교류는 법적인 틀 안에서 이루어지는데, 이때 법적충돌, 장애 또는 마찰이 일어나게 되면, 적기에 왕성하게 진행될 수가 없다. 그런데 그동안 동남아시아, 특히 메콩경제권 국가들에 대한 법제도적 하부구조에 대한 연구부족은 우리나라의 기업 진출 및 경영에 큰 걸림돌이 되어 왔다. 또한 동남아시아 현지에서 활동하고 있는 여러 기업의 경우도 현지 법제도에 대한 전문적인 지식부족으로 어려움을 겪고 있다. 상대국가 또는 지역의 법제도에 대한 치밀한 분석과 연구는 다양한 국제경제관계의 법적 마찰을 사전에 예견하고, 기업이 외국에 진출하거나 국제거래에 종사하는 경우 이에 대비할 수 있도록 도와줌으로써 원활한 교류와 교역을 가능하게 한다.

제2절 기업법 연구의 필요성

기업법은 시장경제에 있어서 매우 중요한 역할을 하며, 기업의 설립과 운영에 관한 법적 환경을 제공해 준다. 특히 '좋은' 기업법은 과도기 경제상황의 국가에 있어서 매우 중요하다. 그것은 기업의 설립을 용이하게 함으로써 기업가들을 격려할 수 있을 뿐만 아니라 기업의 내부 지배구조에 관한 명확하고 객관적인 규칙들을 제시함으로써 투자자를 보호하여 새로운 투자를 불러일으킬 수 있기 때문이다. 특히 중국을 포함하여 베트남, 캄보디아, 라오스, 미얀마 등 메콩경제권 주요 국가들은 사회주의 경제체제를 탈피하고 시장경제제도를 도입한 소위 체제전환 국가들로서, 시장경제에 필요한 새로운 하부구조의 구축에 부심하며 독자적인 기업법을 제정하였다. 아직은 후진적인 사회구조에 머물러 있지만, 경제적으로 무한한 성장 가능성을 가지고 있는 메콩경제권에는 향후 외국의 기업 투자 및 진출이 더욱 확대될 것으로 예상된다. 따라서 이 지역의 기업법 제도에 대한 체계적인 분석은 물론 해당 법률의 실효성 여부에 대한 조사도 절실히 요구되고 있다.

이 책에서는 메콩경제권 국가들에 있어서 기업경영 전반을 규율하고 있는 기업법의 주요내용을 한국 상법상 회사편의 내용과 비교하여 고찰해 본다. 이 책의 연구결과는 다음과 같은 점에서 활용될 수 있을 것으로 기대한다. 먼저, 메콩경제권 국가들의 법계 및 기업법 규정들이 체계적으로 정리됨으로써 우리나라의 학계, 법제 관련 기관이 이 지역 내 기업법 제도의 전반을 이해할 수 있는 토대를 제공해 줄 것이다. 또한 이 지역으로 진출했거나 진출하고자 하는 한국기업들이 기업법의 내용을 올바르게 파악하여, 관련 법률상의 문제를 예방하고 해결함으로써 기업운영상의 도움을 받을 수 있을 것이다. 나아가 현재 활성화되고 있는 우리나라의 동남아 법제연구에도 기여할 수 있을 것이다.

제2장 메콩경제권 국가의 법계와 기업법 개관

제1절 메콩경제권 국가의 법계

1. 법계의 전개

동일한 계통에 속하는 법질서를 가리켜 법계(legal system)라고 한다.[1] 친족법처럼 일정한 지역의 특수성을 보여주는 법 분야도 존재하지만, 기술적·이론적으로 만들어진 많은 법들은 유사한 특성들을 가지게 된다. 한 나라에서 발달된 법규범은 유사성을 토대로 다른 나라에 계수되기도 쉽다. 이러한 계수의 과정에서 법계가 형성되며, 이는 법의 해석에 있어서 비교법적 고찰을 하는 데 중요한 역할을 하게 된다.

각국의 다양한 법계를 일정한 질서에 따라 분류하기 위해서는 분류의 기준을 세우는 일이 선행되어야 한다. 독일 함부르크대학의 콘라드 츠바이게르트(Konrad Zweigert) 교수와 쾨츠(Hein Kötz) 교수는 법계 분류의 결정적 기준을 법의 양식에 두고 있다. 두 학자 모두 이러한 법의 양식으로서 ① 법질서의 역사적인 유래와 발전, ② 그 법질서에 있어서의 지배적인 특수한 법학적 사고방식, ③ 특징적인 법제도들, ④ 법원의 성질과 그 해석, ⑤ 이데올로기적 요인 등 다섯 가지를 들고 있다. 각국의 법질서를 어느 법계에 넣을 것인가는 당해 기준의 식별력의 상대적 비중에 따라 결정한다. 그리하여 츠바이게르트와 쾨츠 교수는 세계의 법계를 라틴법계, 독일법계, 북유럽법계, 영

---

1) 법계는 법가족, 법권 또는 법문화라고도 한다. 법계에 대한 자세한 내용은, 최종고, 「아시아법의 법계와 체계」, 『아시아법제연구』 창간호, 한국법제연구원, 2004. 3, 35~57면 참조.

미법계, 사회주의 법계, 극동법계, 이슬람법계 및 힌두법계의 8개 법계로 구분하고 있다. 이는 현대 비교법학에서 가장 세련된 법계론으로 인정받고 있다.

일반적으로 법계는 크게 대륙법계와 영미법계로 구분하는데, 대륙법계는 로마법을 계수한 유럽 대륙법의 계통이며 개인주의와 성문법주의 등이 특징이다. 이 법계는 다시 프랑스법계·독일법계 등으로 구분된다. 반면 영미법계는 영국법이 미국에 계수된 법계이며 판례법주의를 취하는 것이 특징이다. 최근에는 어느 국가 또는 지역의 법계 및 법 내용에 있어서 다양한 모습으로 혼합되는 추세이다.[2] 예를 들어, 대륙법계 국가이지만 개별법에서는 영미법계의 체계나 내용을 계수한 경우도 있고, 영미법계 국가이면서도 대륙법계의 체계와 내용을 계수한 경우가 있다. 결국 어떤 국가 내지 지역의 법계가 어느 법계에 해당하는지 여부는 해당 국가 내지 지역이 주로 어떤 법계를 계수하고 있는지, 어떤 법의 영향을 가장 크게 받았는지에 따라 대륙법계와 영미법계로 구분하여 정의할 수 있다.

2. 메콩경제권 국가의 법계 형성

중국을 비롯한 베트남, 태국, 라오스, 캄보디아 등 메콩경제권의 대

---

2) 통상 영미의 보통법과 대륙의 시민법 전통을 동시에 수용하여 두 법계를 혼합적으로 발전시킨 국가들의 법률체계를 혼합법계라고 하며, 스코틀랜드와 남아프리카공화국, 필리핀 등이 대륙법적 요소와 보통법적 요소를 동시에 가지는 혼합법계 국가로 인정받고 있다. 혼합법계에 관한 보다 자세한 내용은, 박희호, 「혼합법계의 발견과 주요 혼합법계 국가의 법체계」, 『외법논집』 제29집, 한국외국어대학교 법학연구소, 2008. 2, 93~20면; 박희호, 「혼합법계로서의 필리핀법체계」, 『비교사법』 제15권 2호(통권 제41호), 한국비교사법학회, 2008. 6, 51~81면 참조.

부분 국가들은 프랑스법을 모델로 하여 법률의 근대화를 추진하였다. 반면 미얀마의 경우에는 영미법계를 근간으로 하는 법체계를 가지고 있다. 베트남, 태국, 라오스, 캄보디아, 미얀마 등은 프랑스 내지 영국의 식민통치를 받으면서 자연스럽게 대륙법계의 프랑스법 또는 영미법계의 법체계를 전수받은 경향이 크다고 할 것이다.

미얀마를 제외한 메콩경제권 국가들을 대륙법계 국가로 분류할 수 있겠지만, 각국이 처한 역사적·정치적·문화적 배경에 따라 조금씩의 차이를 발견할 수 있다. 중국의 경우 오랜 역사를 거쳐 많은 이웃 아시아 국가들에게 법문화를 전수하면서 중국법 나름의 독특한 특색을 갖고 있다. 또한 중국, 베트남, 라오스, 캄보디아, 미얀마의 경우에는 오랜 사회주의 국가로서 사회주의법이라는 또 다른 공통적인 특성도 가지고 있다.[3] 한편 태국을 제외한 메콩경제권 국가들은 사회주의 법률의 기반 위에서 시장경제 체제를 받아들이면서 새로운 자본주의 법계를 도입한 체제전환국이기도 하다. 1980년대 후반부터 이들 국가들은 경제개방정책을 추진하기 시작하였고, 1990년대에 이르러 사회주의 계획경제에서 자본주의 시장경제로의 체제전환[4]이 본격적으로

---

3) 사회주의체제하에서는 일반적으로 '법의 지배' 내지 '법치주의'라는 개념이 부정적으로 인식되며, 법을 단순히 국가통제의 수단에 불과한 것으로 여기는 경향이 있다. 2000년까지 세계은행은 캄보디아, 라오스, 베트남, 미얀마에 '법의 지배'가 이루어지지 않았다고 평가했다. 캄보디아, 라오스, 베트남, 미얀마는 '법의 지배'에 있어서 동남아시아의 평균 아래에 있었으며, 미얀마는 전체 국가 중 가장 낮은 순위를 차지하였다(Michael John Byrne, "Foreign Direct Investment and related Legal Development in Cambodia, Laos, Vietnam and Myanmar", Thesis(Ph. D.), City University of Hong Kong, May 2005, p.156). 이로 인하여 서구의 법계가 수용되었음에도 서구법계의 영향은 사실상 미미하였다. 또한 서구 경제와의 무역이 단절됨에 따라 무역이나 투자를 위한 자본주의식 법률에 대한 수요가 많지 않았으며, 법제 개혁의 필요성도 깊이 인식하지 못하였다. 그러나 경제개방 및 시장경제의 도입을 계기로 법제 개혁에 대한 필요가 증가되고 있다. 특히 선진 국가 및 국제기구들은 시장 경제의 기초가 법률개혁에 있다고 보고, 이를 위한 노력을 강하게 요구하고 있다. 시장지향적 개혁을 추진함에 있어서 '법의 지배'는 개혁의 기초라고 할 만큼 중요하다고 본 것이다(ibid., p.92).

4) 사회주의시장경제로의 체제전환국은 경제적 침체에 따른 체제 위기를 극복하기 위하여 계획경제체제를 점진적으로 시장경제체제로 전환하면서, 부분적인 범위 내에서 정치·경제개혁에 대한 요구도 수용하였다. 그러나 사회주의 국가로서 가지는 기본적인 원칙 특히 공산당의 지도적 역할은 견지하였다. 중국과 베트남

이루어졌다. 이러한 경제개혁의 시도 및 경제체제의 변화는 많은 법률에 있어서 선진국가들의 법체계 및 내용을 계수하는 결과를 가져왔다.

시장경제로의 전환 이전에 베트남, 캄보디아, 라오스 및 미얀마의 법계는 관습법과 식민지법 및 사회주의 법계를 기반으로 하고 있었다. 그러나 시장경제 체제를 도입함으로써 이들 국가들은 공통적으로 외국인 직접투자에 대한 인센티브를 제공하는 정책을 도입하고, 사업하기 좋은 환경을 위한 제도적 변화를 모색하는 한편 새로운 기업법제의 도입을 통하여 외국인 투자를 규율하기 위한 절차규정들을 제시하였다.[5] 이와 함께 서양식 모델에 따라 회사의 설립 및 운영 등을 규율하는 새로운 법규 마련을 위한 연구가 꾸준하게 진행되어 왔다.[6] 물론 정치체제상 사회주의를 표방하고 있는 중국, 베트남, 라오스의 경우에는 법 내용상 국가 개입 내지 국가 통제가 강화되어 있다. 이는 사회주의체제의 유지 및 강화를 위한 것으로서 사회주의 법계의

이 그 전형이라 할 것인데, 그들의 법제는 시장경제의 활성화를 통한 경제건설을 위해 채택한 대내개혁과 대외개방의 정책을 수행하는 데에 초점이 맞추어져 있다(권오승·김유환·구대환·Eric G. Enlow, 『체제전환국 법제정비지원』, 서울대학교 출판부, 2006, 118면).

5) 소규모기업의 사유화는 IMF와 세계은행(World Bank)에 의해 요구되어 온 경제개혁의 주요 요소 중 하나였다. 이전 사회주의체제에서는 생산수단이 국가에 의한 통제였기 때문에, 소규모기업의 수가 매우 많았다. 정통 내지 서양의 관점은 국가 자산의 신속한 사유화를 좋아한다. 그러나 사회주의 국가들은 실업상승을 피하기 위하여 손실을 일으키는 국가기업을 묵인하였다(Marie Lavigne, *The Economics of Transition: From Socialist Economy to Market Economy*(2nd ed), New York: St. Martin's Press, 1999, pp.118~119), 예를 들어, 중국은 점진적인 접근법을 채택하여 1980년과 1990년을 거쳐 국유기업을 천천히 사유화해 왔다. 이는 급진적인 진보가 중국공산당에게 일당체제의 개혁에 대한 압력으로 전달될 수 있음을 고려한 것이었다. 1990년대 말까지, 중국의 국유기업의 국가경제에 미치는 영향은 계속해서 감소하고 있었다(Gregory Chow, *China's Economic Transformation*, Massachusetts: Blackwell Publishers Inc, 2002, pp.263~266). 캄보디아와 라오스는 빠른 사유화를 선택하였고, 베트남은 점진적인 접근법을 채택하였다. 반면에 미얀마는 소규모기업의 개혁을 위한 시도를 거의 하지 않았다. 이처럼 캄보디아, 라오스, 베트남, 미얀마는 1980년대 말 경제를 개방하고 법적·경제적 개혁을 시작하도록 압력이 가해졌을 때, 그들의 개혁과정은 일반적으로 중국과 소비에트 지역 국가들의 본을 따랐다. 소규모기업의 사유화 비율 등의 개혁방식은 국가별로 달랐다.

6) ADB, "Enhancing the business environment of the Greater Mekong Subregion(Technical Assistance Consultant's Reports)", August, 2007, p.6.

특징이라고 할 수 있다.

위에서 언급한 국가들의 기업법 역시 매우 다양한 특징을 지니고 있는데 이는 주로 역사적인 이유에 기인한다. 아시아 각국 대부분은 구미열강에 의한 식민지 경험을 가지고 있으며,[7] 그 식민통치국가의 법제도를 주로 모법으로 하여 기업법을 제정·발전시켜 오게 된 것이다. 아시아 각국의 기업법 제정 초기에는 크게 대륙법계 기업법과 영미법계 기업법으로 구분할 수 있었다. 전자에 속하는 것으로는 한국, 일본, 대만, 태국, 인도네시아가 있었고, 후자의 경우는 미국의 영향을 받은 필리핀과 영국의 영향을 받은 인도, 오스트레일리아, 말레이시아, 싱가포르 등이 있었다.

그런데 이 두 가지 유형과 구별되는 제3의 국가들의 기업법도 있었다. 이는 과거 사회주의 국가이면서도 개혁·개방을 통해 일부 시장경제질서를 받아들임으로써 독특한 색채를 지니게 된 것이다. 중국, 베트남, 캄보디아, 라오스, 미얀마 등의 기업법이 그것이다. 중국, 베트남, 캄보디아, 라오스, 미얀마의 경우에는 사회주의 법질서가 법계형성에 많은 영향을 주었다. 이들 국가의 기업법은 체계 및 내용상 위의 대륙법계 및 영미법계 기업법들과 별개의 모습을 보이고 있었다. 기존의 영미법계나 대륙법계 이외에 또 하나의 독자적인 사회주의 법계를 인정할 필요가 있느냐의 문제와 관련해서는, 그것이 형식상 대륙법계에 속한다 하더라도 그 내용과 역할에 비추어 볼 때 독자

---

7) 아시아법을 이해하는 데에 가장 어려운 점의 하나가 식민주의의 문제이다. 17세기부터 19세기까지 유럽제 국주의의 세력이 아시아 태평양 지역에 침략하였다. 프랑스, 포르투갈, 영국, 네덜란드, 독일, 스페인, 그리고 미국이 이 지역에 식민 지배를 하면서 도로와 철도, 관세와 행정을 변화시켰다. 전통적 권위의 부정은 독립 이후의 헌법과 법질서의 형성에도 영향을 주었다. 전통법과 서구법의 혼합이 이루어졌고, 식민주의가 끝날 무렵에는 동남아시아의 40개국이 10개국으로 압축되었다(Graham Hassall · Cheryl Saunders, *Asia-Pacific Constitutional Systems*, Cambridge University Press, 2002, p.19).

성을 인정할 필요가 있다고 생각한다. 한편 냉전체제 이후 이데올로기의 역할이 줄어드는 시대적 상황 속에서, 태국을 제외한 메콩경제권 국가들은 시장경제로의 체제 전환에 따른 새로운 기업법의 제정 및 개정작업을 활발하게 진행하고 있다.

다음에서는 메콩경제권 국가들의 현행 기업법의 연혁 및 입법 경위를 살펴보고, 기업법의 구성과 특징 및 기업법상 인정되는 기업의 형태를 중심으로 고찰하고자 한다.

제2절 중국 기업법[8]

1. 입법 경위

14세기 말부터 19세기 초, 명·청 시대에 있어 중국법계는 주변 아시아 국가들의 법문화에서 모법의 역할 내지 지위를 차지했었다. 중국의 문화는 당시 주변 아시아 국가들의 문화와 비교하여 상대적으로 뛰어났기 때문에 중국과 교류가 이루어진 주변 국가들에게 상당한 영향을 끼쳤으며, 법문화도 예외는 아니었다.[9]

---

8) 중국 원문상 정확한 법 명칭은 '中華人民共和國公司法(중화인민공화국공사법)'이다. 이 책에서는 편의상 메콩경제권 국가들의 기업법제를 통일하여 '기업법'이라 칭하기로 한다. 다만 중국의 경우에는 '公司法'과 함께 '조합기업법', '외자기업법', '독자기업법', '중외합자기업법', '중외합작기업법' 등의 다양한 기업법이 있는데, '公司法'의 경우에는 법인격 있는 두 가지 형태의 회사(주식회사, 유한회사)에 대하여 규정하고 있다.

9) 예를 들어, 일본 도쿠가와(德川) 시대의 법규나 명치유신(明治維新) 이후의 「잠행형률」·「신율강령」·「개정율

20세기와 21세기를 거치면서 중국법은 유교철학과 같은 기존의 전통과 새로운 서구의 영향들을 복합적으로 수용하면서 변화해 왔다. 1911년 신해혁명(辛亥革命)[10] 이후, 중국공화국은 독일의 대륙법계 전통을 계수하였다. 1949년 중화인민공화국이 들어서면서, 소련의 영향을 받아 사회주의 법계를 계수하게 되었다. 그러나 문화혁명(文化革命)[11]으로 중국에서는 모든 법적 사고가 반동으로 여겨지게 되었으며, 이로 인하여 기존의 법체계는 완전히 붕괴되었다.

시장경제 체제로의 전환에 따라 중국경제가 세계경제에 편입되어 가면서, 중국은 국제규범이나 다자간 국제협약의 내용에 상응하는 국내법의 제정 및 개정을 피할 수 없게 되었다. 중국은 2001년 12월 WTO에 가입하면서, WTO의 각종 협약의 기준에 맞는 법제를 갖추어야 할 의무를 부담하게 되었다. 그리고 이에 상응하는 대외경제 관련 법제를 국제기준에 맞게 정비하였다. 자본주의의 수많은 제도와 정책을 수용한 오늘날 중국의 법제는 외견상으로는 다른 자유민주주의 국가의 법제와 비교했을 때 명확한 차이를 발견하기 어려울 수 있다. 그러나 사회주의 국가인 중국에서 수립된 법제는 공산당 지도 원칙에 따라 공산당의 정치적 목표를 실현하기 위한 중요한 도구일 뿐, 최종목표는 공산주의 실현에 있다는 점에서 중국법제의 본질은 여전히 다르다고 할 수 있다.[12]

례」, 베트남 구엔세조(阮世祖)의 「가룡황성율례」, 헌조(憲祖)의 「흠정대남회전사례」, 상목(尙穆)의 「과율」, 상태(尙泰)의 「법조」 등의 입법은 모두 청대 법과 명대 법을 모법으로 한 것이라 할 수 있다(島田正郞(저)—임대희·박원길·우덕찬·이광수(역), 『아시아법사』, 서경문화사, 2000, 173~175면).

10) 신해혁명(辛亥革命)은 1911년 청나라를 넘어뜨리고 중화민국을 성립시킨 중국의 민주주의 혁명을 말한다. 이 혁명은 중국 역사에서 처음으로 공화국을 수립한 혁명이기 때문에 공화혁명이라고도 불린다.

11) 문화혁명(文化革命)은 1966년부터 1976년까지 중화인민공화국에서 벌어졌던 사회적·정치적 격동으로, 공식 명칭은 '프롤레타리아계급문화대혁명(无产阶级文化大革命)'이다.

12) 민경배, 「체제전환국 법제의 특징과 구조」, 『사회주의 체제전환에 대한 법제도적 비교연구』 경남대학교

중국은 지난 1997년 의법치국(依法治國)을 선언하고 중국 특색의 사회주의 법계 마련에 박차를 가해왔으며, 정치·경제·사회·문화·환경 등의 분야에서 법률 및 행정법규, 지방규칙 등을 제정하였다.[13] 이는 중국 특색의 사회주의 법계를 완성한 것으로써 사회주의 정치체제하에서 시장경제시스템을 운용하면서 개혁개방과 사회주의 현대화 건설을 목표로 하고 있다.

한편 미국은 1983년부터 정부 차원에서 중국의 법제정비 사업을 지원하였다. 그 당시 중국의 경제 관련 법규는 5개밖에 없었으나, 20여 년이 지난 현재 중국은 이미 수백 개에 달하는 관련 법률을 보유하게 되었으며 이 과정에서 미국이 수행한 중국과의 법제협력사업도 100여 개에 달한다. 유럽의 경우에도 독일·프랑스 등 개별국가 차원에서 그동안 독자적으로 중국과의 법제협력을 추진하여 왔다. 특히 독일이 중국과의 법제협력 사업에서 가장 활발한 움직임을 보였는데, 1980년대부터 독일정부는 독일기술협력회사에 위임하여 중국에 대한 법제정비지원사업을 지속적으로 전개하여 왔다. 1993년 EU가 정식 출범한 후에는 EU 차원에서도 중국과 활발한 법제협력사업을 벌이고 있다.

그러나 등소평 집권 이후 중국 공산당은 1978년 제11기 중앙위원회 제3차 전체회의를 소집하여, 중화인민공화국 수립 이후 30년 동안의 경험에서 얻은 교훈을 총집결한 기초 위에서 경제건설 위주로 정책을 전환할 것을 결정하면서 개혁·개방정책을 실시하였다. 중국은

극동문제연구소 북한연구 시리즈 26, 한울아카데미, 2008, 84면.

13) 중국의 법규는 헌법, 기본법률, 기본법률 이외의 기타법률, 행정법규, 지방성조례, 부문규정, 지방성법규 등으로 나누어진다.

개혁·개방정책을 통하여 '사회주의계획경제체제'에서 '사회주의시장경제체제(社会主义市场经济体制; Socialist-oriented market economy)'[14]를 채택하여 괄목할만한 경제성장을 이루어냈다. 중국은 기본적으로 대륙법을 모델로 하고 있지만, 동시에 영미법도 함께 계수함으로써 중국 나름의 독자적인 법계를 구축하고 있다.[15]

일본은 주로 일본국제협력기구(Japan International Cooperation Agency; JICA)를 중심으로 중국 법제정비지원사업을 벌이고 있다. 2004년 JICA와 중국 상무부가 체결한 중·일 경제법 및 기업법 개선협력사업은 그동안 양국 간에 진행된 법제협력 가운데 가장 큰 사업이다. 이 법제협력사업은 2007년에 종료되었고, 이어서 JICA는 중국인민대표대회 법률업무위원회와 함께 중·일 민사소송법 개정협력사업을 진행하고 있다.

중국은 기업법을 제정하면서 미국이나 동아시아 일부 국가들의 회사법을 널리 참조하고 모방하였다. 결과적으로 현행 중국 기업법상 구체적인 회사제도의 내용은 대륙법계·영미법계 등의 절충적인 색채를 띠고 있다. 경제체제이행이 한창인 때 제정된 법이라는 사정 때문에 회사법으로서의 상당한 미성숙성과 특수성을 내포하고 있었다. 1993년 제정되어 두 차례의 개정[16]을 거쳐 2005년 전면 개정된 현행

---

14) '사회주의시장경제'라는 용어에서 '사회주의'의 의미는 어떠한 경우에도 공산당의 지위를 훼손하지 않는다는 의미이다. 즉 공산당의 영도적 지위 아래 시장경제를 추진한다는 것이다(권오승 외 3, 전게서, 118면).

15) 김상용, 「아시아법제연구의 필요성과 방법론」, 『최신외국법제정보』 창간호, 한국법제연구원, 2004, 6면.

16) 1999년에 이루어진 제1차 개정은 국유독자회사 감사회의 설치(구 중국 기업법 제67조) 및 하이테크 산업의 발전을 촉진하기 위한 개정(제229조 제3항)이었다. 중국의 WTO 가입으로 인한 글로벌 경쟁은 중국 기업법의 경쟁력 제고를 요구하였고, 외국의 기업법 개혁이 중국 기업법 개혁에 경험을 제공하였다. 경제체제 개혁의 끊임없는 심화와 사회주의 시장경제의 수립 및 개선은 기업법의 개정을 가속화하게 하였다. 이런 가운데 2004년 초 국무원 법제사무실은 정식으로 기업법 개정사업을 시작하여 액면가를 초과한 주권 발행가액의 경우 공무원 증권관리부문의 비준 규정 삭제(제131조 제2항)를 내용으로 하는 개정이 이루어졌다.

중국 기업법은 현대회사제도의 합리적인 내용을 잘 흡수하였으며 이런 제도와 사회주의체제라는 중국의 현실을 상호 결합하여 중국의 특색이 있는 기업법의 기본원칙을 제시하였다고 평가할 수 있다.

중국은 경제건설과 함께 '경제발전은 곧 법제경제'라고 할 정도로 법제건설에도 많은 노력을 기울여 왔는데, 특히 상사입법에서 상당한 진보를 이루었다. 특히 청조 이전의 '중농억상(重農抑商)' 정책을 버리고, 상공업 진흥을 위하여 상사입법을 제정하게 되었다. 먼저, 대륙법계의 상사법에 접근하게 되었는데, 독일의 민상분리주의 입법체계와 달리 민상합일주의를 채택하게 되었다. 물론 이후 중국은 사회주의 계획경제를 추진하였으므로 상법의 관념 내지 규범은 거론되지 않은 채, 기업 관계의 실질적인 규율에만 치중한 면이 있다.[17]

구체적으로 1978년 이후의 개혁·개방 시기에 이르러 기업조직관계를 규율하는 법률이 계속 제정·공포되었다. 중외합자경영기업법(中外合資經營企業法, 1979), 경제합동법(經濟合同法, 1981), 외자기업법(外資企業法, 1986), 중외합작경영기업법(中外合作經營企業法, 1988) 등이 그 예이다. 1992년 사회주의 시장경제의 실행이 확정되면서 중국의 경제체제는 신속히 변화되었고 상사입법도 새로운 단계로 진입하게 되었다. 이 단계에서 입법기관은 기업법(公司法, 1993),[18] 상업은행법(商業銀行法, 1995),[19] 어음수표법(票据法, 1995),[20] 보험법(保險法, 1995), 증권

---

17) 이홍욱, 「개혁·개방 이후 중국 상법(총론, 회사법)의 변화」, 『영남법학』 통권 제31호, 영남대학교 법학연구소, 2010. 10, 245면.

18) 1993년 중국 기업법은 총 11장 2,307개조로 구성되며, 그 내용은 총칙, 유한회사의 설립 및 지배구조, 주식회사의 설립 및 지배구조, 주식회사의 주식의 발행 및 양도, 회사채권, 회사 채무와 회계, 회사 합병과 분립, 회사 파산, 해산과 청산, 외국회사의 분지 기구, 회사 책임 및 부칙 등이다. 이 기업법의 공포는 중국 상사법의 중대사건이라 할 수 있다(이홍욱, 상게논문, 254면). 1993년 중국 기업법의 평가에 관한 자세한 내용은 叶林, 『公司法研究』, 中國人民大學出版社, 2006, 32~36면 참조.

19) 全國人民代表大會(제8기) 상무위원회 제13차 회의 통과(1995. 5. 10).

법(證券法, 1998)[21] 등 일련의 중요한 상사 법률을 공포하게 되었다. 경제발전의 영향으로 상법에 관한 관심이 고조되면서, 어음수표법(2004), 기업법(2005), 증권법(2005) 및 보험법(2009)의 진일보한 개정이 진행되었다. 이들 단행 상사법률은 완비된 중국의 상법체계를 구성하고 있다.

계획경제체제하에서 전통적인 회사제도는 자취를 감추었다. 반면에 개혁·개방정책의 일환으로 시장경제체제를 확립함에 따라 기존의 국영기업조직이 점차 회사라는 형식으로 법인화되면서 현대기업제도로 발전하였다. 현행 중국 기업법은 현대 자본주의식 회사제도의 요구를 반영하면서, 중국식 시장경제 체제의 색채를 명확하게 한다고 본다.

2. 구성 및 특징

현행 중국 기업법은 총 13장 219개조로 구성된다. 구체적으로 제1장 총칙에서는 중국 기업법의 목적과 회사 설립의 일반 원칙에 대하여 다루고 있으며, 제2장에서는 유한회사의 설립과 조직기구에 관하여 규정하면서 1인 유한회사 및 국유독자회사에 관한 특별규정도 두고 있다. 제3장은 유한회사의 지분양도 등에 관한 내용이며, 제4장은 주식회사의 설립과 지배구조에 관한 내용과 함께, 상장회사의 지배구조와 관련하여 특별규정을 두었다. 또한 제5장에서는 주식회사의 주

---

20) 全國人民代表大會(제8기) 상무위원회 제13차 회의 통과(1995. 5. 10).
21) 全國人民代表大會(제9기) 상무위원회 제6차 회의 통과(1998. 12. 29).

식발행 및 양도에 관하여, 제6장에서는 회사의 이사, 감사, 고급관리
자[22])의 자격 및 의무에 관하여 규정하고 있다. 제7장과 제8장은 각각
사채 그리고 재무·회계에 관한 규정이고, 제9장은 회사의 합병, 분
할, 증자, 감자에 관하여 규정하고 있다. 이 밖에 제10장에서는 회사
의 해산 및 청산, 제11장에서는 외국회사의 지사, 제12장에서는 법적
책임, 제13장에서는 부칙 규정을 두고 있다.

<표 2> 중국 기업법의 구성

제1장 총칙(제1조~제22조)
제2장 유한회사의 설립과 조직기구
제1절 설립 117조)
제4절 감사회(제118조~제120조)
제5절 상장회사 조직기구 특별규정(제121조~제125조)
제5장 주식회사의 주식 발행 및 양도
제1절 주식 발행(제126조~제137조)
제1절 주식 양도(제138조~제146조)
제6장 회사의 이사, 감사, 고급관리자의 자격 및 의무(제147조~제153조)
제7장 사채(제154조~제163조)
제8장 회사의 재무와 회계(제164조~제172조)
제9장 회사의 합병, 분할, 증자, 감자(제173조~제180조)
제10장 회사의 해산 및 청산(제181조~제191조)
제11장 외국회사의 지사(제192조~제198조)
제12장 법적 책임(제199조~제216조)
제13장 부칙(제217조~제219조)

2005년 개정된 현행 중국 기업법은 구 기업법과 비교하여 몇 가지
특징을 가지고 있다. 첫째, 유한회사 및 주식회사의 설립 관련 규제를
완화하였다. 10만~50만 위안(元)[23])으로 규정되었던 유한회사의 최저

---

22) 중국 기업법상 고급관리자(高級管理者)란, 회사의 경리, 부경리, 재무책임자, 상장회사 이사회 비서 및 회
사정관에서 규정한 기타 사원을 말한다(제217조).
23) '위안'은 중국에서 쓰이는 통화이며, 정식기호는 元이다.

자본금을 3만 위안으로 낮추고, 자본금을 2년 동안 분할하여 납입할 수 있도록 허용하였다. 또한 주식회사의 최저자본금도 1,000만 위안에서 500만 위안으로 하향 조정하였다. 또한 기업의 대외투자를 순자산의 50% 이내로 제한하던 규정은 삭제하였다(중국 기업법[24] 제26조).

둘째, 현행 중국 기업법은 기업경영관리규정을 보완하고, 각 구성원의 책임을 명확히 구분하였다. 기업이 외부에 담보를 제공할 때에는 반드시 이사회 결의 또는 주주총회의 결의를 거치도록 규정하였으며, 기업이 회계사무소 선정 또는 해고 시 반드시 이사회 결의 또는 주주총회의 결의를 거치도록 규정한 것이 대표적이다. 또한 이사, 감사, 고급관리자가 법률규정 또는 회사정관을 위반하여 회사에 손해를 주는 경우, 배상책임을 부담하도록 하는 규정을 두었다. 이 밖에 중국 기업법은 이사회 결의 시 반드시 회의록을 작성하고 출석이사 전원이 서명하도록 의무화하였고, 이사회 의결 시 반드시 1인 1표를 행사하도록 규정하였다(제49조, 제112조).

셋째, 투자자, 특히 소수주주들의 권익보호를 강화한 것도 현행 중국 기업법의 특징이다. 투자자는 주주총회회의록, 재무회계보고뿐 아니라 회사정관, 주주명부, 이사회 결의, 감사회 결의도 열람·복제할 수 있도록 규정하였으며 투자자는 정당한 이유가 있을 경우 기업의 회계장부도 열람 신청이 가능하다. 또한 100분의 3 이상의 지분을 보유한 주주에게는 제안권이 부여되었고, 기업경영이 곤란한 특수상황이 발생하여 다른 경로를 통해서는 해결이 불가능할 경우에는 100분의 10 이상의 지분을 가진 투자자가 회사의 해산을 청구할 수 있도록 규정하였다(제38조, 제98조).

---

24) 이하 각국의 기업법 조문은 국가 및 법 명칭의 표기 없이 법조문만 표시하기로 한다.

넷째, 상장회사의 관리 구조를 개선하였다. 상장회사의 이사는 특수 관계에 있는 기업과 관련된 사안에 대하여 의결권 행사가 불가능하며, 이사회의 결의는 기업과 특수 관계가 없는 이사의 과반수 찬성이 있으면 통과된다. 상장회사가 1년 내에 기업 총자산의 100분의 30 이상에 해당하는 자산을 매각하거나 담보를 제공하는 경우에는 반드시 주주총회 결의를 거쳐야 하며, 이러한 안건은 출석 주주의 3분의 2 이상의 찬성이 있어야 통과된다(제122조, 제125조).

다섯째, 현행 중국 기업법에는 국유독자기업의 개혁을 강화하기 위한 규정이 추가되었다. 국유독자기업은 이사회를 설립하지 않고 국유자산감독관리기관이 이사회의 직권을 수행할 수 있다. 이사회는 국유자산감독관리기관의 위탁을 받아 일부 직권을 수행할 수 있으나, 중대한 사항의 결정은 불가능하다. 국유독자기업의 이사, 고급관리자는 국유자산감독관리기관의 허가 없이는 경업이 금지된다(제65조~제71조).

여섯째, 1인 유한회사의 설립 관련 규정이 추가되었다. 자본금 10만 위안 이상으로 1인 회사의 설립을 허용하고 있는데, 다만 1인의 자연인은 1개의 1인 유한회사만을 설립할 수 있다(제58조~제64조).

일곱째, 자산가치평가기관 등의 허위행위에 배상책임을 규정하고 있다. 자산가치평가기관 및 출자검사인이 허위자료 제공 시 위법소득을 몰수하고 위법소득의 1배 이상 5배 이하를 배상하도록 규정하였다. 자산가치평가 및 출자검사 결과가 사실과 부합하지 않을 경우 해당기관은 무과실을 입증하지 못하는 한, 사실에 부합되지 않는 금액에 대하여 배상책임을 지게 된다(제208조).

여덟째, 구 기업법에서는 주주대표소송에 관한 근거규정이 없어서 실무상 많은 혼란이 발생하였다. 특히 주주대표소송이 제기되었을 경

우 조정과 소취하 방식으로 처리되어 원고와 피고 사이에는 불확정
적인 판정 결과를 수용하도록 만드는 결과를 초래하였다.[25) 개정 중
국 기업법은 이러한 문제를 개선하기 위하여 기업법 제150조에서 제
153조까지 주주대표소송에 관한 규정을 두고 있다.

이 밖에도 중국 기업법은 감사회에서 노동자대표 비율이 3분의 1
이상이어야 하며, 구체적 비율을 회사정관에 반드시 정하도록 명문화
하고 있다. 또한 주식회사와 국유기업만이 채권을 발행할 수 있도록
규정한 제한규정도 삭제하였다(제118조).

3. 기업의 형태

〈표 3〉 중국 기업법상 기업의 형태

유한회사			주식회사	
1인 유한회사	수인이 투자한 유한회사		상장회사	비상장회사
	국유독자회사	일반유한회사		

중국 기업법 제2조는 "이 법에서 말하는 회사(公司)란 중국경내에
설립한 유한회사[26)와 주식회사[27)를 의미한다"고 규정하고 있다. 즉
중국 기업법이 적용되는 기업의 형태는 유한회사와 주식회사의 두
가지 형식으로 제한된다.[28) 이 법에서 말하는 유한회사는 기업법에

---

25) 법제처, 동북아법령정보서비스사업 2006년 연구용역과제보고서, 2006, 91면.
26) 원어로는 '有限責任公司'이다. 이하에서는 '유한회사'라고 한다.
27) 원어로는 '股份有限公司'이다. 이하에서는 '주식회사'라고 한다.
28) 중국 기업법 제정이 있기 전부터, 중국 기업법의 조정 범위에 관한 다양한 의견이 존재했다. 학자에 따라
   유한회사와 주식회사로 국한해야 한다는 의견과 세계 각국의 회사법 입법례에 따라 유한회사와 주식회사

의해 설립되고 법률에 따라 규정된 일정 인수의 사원의 출자로 구성
되는 것이며, 개개의 사원은 그가 납부한 출자액을 한도로 회사에 대
하여 책임을 부담하고 회사는 그 전부의 자산으로 회사에 대하여 채
무를 부담하는 책임을 지는 기업법인이다. 한편 중국 기업법상의 주
식회사는 자산 전부를 균일한 주식으로 나누며, 주주는 그 인수한 주
식을 한도로 회사에 대하여 책임을 부담하고 회사는 그 전부의 자산
으로 회사의 채무에 대하여 책임을 지는 회사를 말한다.[29]

한국 상법의 합명회사에 해당하는 유형은 중국에 없고, 그와 유사
한 것으로서 조합기업[30]이 있는데, 이에 대하여는 1997년 8월 1일 발
효된 '조합기업법(合伙企业法)'이 적용된다. 한국 상법상 합자회사에
해당하는 기업형태는 중국 기업법에서는 인정되지 아니한다. 중국 기
업법에는 규정이 없으나, 조합기업법에는 일부 구성원이 무한책임을
지고 나머지 구성원은 유한책임을 지는 형태의 조합에 관한 규정이
있다. 이는 2011년 4월 14일 개정된 한국 상법의 합자조합과 유사한
것으로 평가할 수 있다.

중국 기업법상 유한회사는 다시 두 가지로 나누어진다. 첫째는 1인
유한회사이고, 둘째는 수인이 투자한 유한회사이다. 구 중국 기업법
에서는 국가의 투자기관이 설립할 수 있는 국유독자회사(國有獨資公
司)만을 인정하였으나, 1999년 8월 30일 '개인독자기업법(個人獨資企業

를 위주로 하되 중국 경제의 다원화로 인하여 서로 다른 경제발전에 적응하기 위하여 다원화된 회사 책임
형식이 요구된다는 의견도 있었다. 예컨대 합자회사나 합자조합을 추가하는 방법이다(이홍욱, 전게논문,
255면에서 재인용).

29) 중국법상 회사의 개념에 대한 자세한 내용은 吳春岐 主編, 『公司法』, 中國政法大學出版社, 2006, 32~
37면.

30) 원어로는 '合伙企业'이다. 법인격이 없다는 점에서 한국 상법상 합명회사와는 다르며, 개정상법상의 합자
조합과 민법상의 조합기업의 형태로 구분하여 이해할 수 있는 측면이 있다. 이하에서는 '조합기업'이라고
한다.

法)'[31]이 제정됨으로써 자연인인 개인도 독자회사를 설립할 수 있게 되었다. 유한회사는 2인 이상 50인 이하의 사원이 공동으로 출자하여 설립하는 것으로 한국 상법의 유한회사와 기본적으로 동일하다.[32]

중국 기업법이 적용되는 주식회사도 두 가지 형태가 있는데, 하나는 상장회사(上市公司)이고 다른 하나는 비상장회사(非上市公司)이다. 중국 기업법상 상장회사란 주식이 증권거래소에 상장되어 거래되는 주식회사를 말한다(제121조).

한국을 비롯한 외국기업들이 중국에 직접 투자하는 경우, 유한회사를 설립하는 경우가 대부분이다. 외국인이 투자한 유한회사에도 원칙적으로 중국 기업법이 적용된다. 그런데 중국은 외국기업의 중국 내 투자를 유치하기 위하여 1979년에 '중외합자경영기업법'을 제정하였고 1986년에는 '외자기업법'을, 1988년에는 '중외합작경영기업법'을 각각 제정하였다. 이러한 섭외기업법과 중국 기업법 사이에 기업의 형식과 내부기관 등에 관하여 일치하지 않는 규정이 있을 경우, 어느 법을 적용할 것인지가 문제될 수 있다. 이러한 문제를 해결하고 법률 간의 균형을 맞추기 위하여 중국 기업법 제218조는 "외국인이 투자하여 설립한 유한회사와 주식회사에 대해서도 본 법을 적용하며 외국인투자기업에 대하여 법률이 별도의 규정을 둔 경우에는 그에 따른다"고 규정하고 있다.[33]

---

31) 全國人民代表大會(제9기) 상무위원회 제11차 회의 통과(1999. 8. 30), 2000. 1. 1. 시행.

32) 중국의 유한회사는 원문상 '유한책임회사(有限責任會社)'로 표기되고 있으나, 그 기본적인 내용은 한국 상법 회사편의 '유한회사'와 유사한 면을 가지고 있으며, 개정상법상 '유한책임회사'와는 다소 차이를 보이고 있다.

33) 桂敏杰·安建 主編, 전게서, 498~499면.

제3절 베트남 기업법

1. 입법 경위

베트남의 법체계는 프랑스의 영향을 강하게 받아 대륙법계를 따르고 있으나, 사회주의 법이론에도 큰 영향을 받았다. 베트남은 중국에 국경을 접하고 있을 뿐 아니라, 진한시대 이후 지금까지도 중국의 영향을 받고 있기 때문에[34] 중국법의 특성도 간혹 찾을 수 있다.[35]

1858년부터 시작된 프랑스의 식민통치[36]로 베트남은 프랑스법계를 수용하게 되었다. 그러나 프랑스 식민통치가 마무리되면서 1955년 반공산주의 정권이 미국의 지지를 받아 베트남 남부에 들어서게 되자 베트남공화국 설립을 위한 헌법이 마련되었다.

베트남전쟁을 통해 1976년 베트남 사회주의공화국이 설립되었고, 새롭게 구성된 국회는 사회주의에 입각한 새로운 헌법을 제정하였다. 이 과정에서 베트남은 사회주의 법률체계를 확립하였다.[37] 1980년대 초반 베트남 정부는 700개에 가까운 법률을 승인하였다. 여기에는 민법, 민사소송법, 노동법, 기타 경제, 정치, 사회, 문화와 관련된 법들이 포함되어 있었다. 1980년 제정된 베트남 헌법은 프롤레타리아 독재와

---

34) 972년 베트남이 중국으로부터 독립을 쟁취하기까지 약 1,000년간의 중국 지배가 이어졌다. 중국이 10세기에 들어서면서 국력이 쇠약해지고 베트남의 고쭈엔 장군이 바익 강 전투에서 중국 대군을 격파하고 새로운 왕조를 수립함으로써 중국의 지배에서 벗어나기 시작하였다.

35) 島田正郎(저), 임대희(역), 전게서, 194면. 자세한 내용은 각주 14번 참조.

36) 1858년 선교사 처형사건을 빌미로 프랑스는 베트남을 무력 침공하여 남부지방으로부터 하노이(Hanoi)와 후에(hue) 등을 제압한 뒤, 1883년 베트남을 식민통치하기 시작하였다.

37) 대한상공회의소, 『베트남의 투자환경분석과 기업진출』, 경제연구논업 297, 1997, 54면.

당의 지도적 지위 등을 규정함으로써 사회주의의 법원리를 명확히 수용한 사회주의 헌법이었다.

이후 베트남은 사회주의 계획경제체제의 실패로 인한 국가 경제의 파탄 상태를 극복하기 위하여 1986년부터 '도이모이(Đổi mới)' 정책에 따른 시장경제질서를 수용하였다. 베트남의 사회주의 지향의 시장경제 체제의 개념은 중국의 실사구시로 대변되는 실용주의 노선보다는 적어도 이론적인 정교함에서 앞선다고 평가받고 있다.[38] 사회주의 지향의 시장경제 체제의 도입 과정에서 이념조화가 필요했고, 그러한 의지가 1992년, 2001년 헌법 개정을 통해 나타났다.

1992년 개정 헌법 제2조에서 베트남을 사회주의 국가로 규정하면서도, 제4조에서 공산당의 모든 조직은 헌법과 법률의 범위 내에서 활동한다고 규정함으로써 법치주의 정신을 헌법에 도입하였다. 나아가 2001년 헌법개정을 통해 국가체제를 사회주의 법치국가로 명확히 규정하면서 법치주의 원리가 헌법적 표현에서 더욱 진일보했다고 할 수 있다. 그러나 공산당의 지도적 지위에 의해 당이 헌법 및 법률의 제·개정을 자신의 정치적 목표에 따라 주도할 수 있기 때문에 자유민주주의 국가체제에서의 법치국가 원칙과는 본질에 있어 확연하게 구별될 수밖에 없다는 점은 중국과 다를 바 없다.[39]

일본은 체제전환국 법제정비지원사업의 일환으로 1990년대 중반 베트남에 대한 지원을 시작하였다. 베트남에 대한 법제정비지원사업은 일본 법무성과 JICA가 공조하여 시행하였다. JICA는 1996년 말부

---

38) 권오승 외 3, 전게서 192면.
39) 류길재·민경배, 「체제전환국 법제의 기본 원칙 변화」, 『사회주의 체제전환에 대한 법제도적 비교연구』 경남대학교 극동문제연구소 북한연구 시리즈 26, 한울아카데미, 2008, 124면.

터 베트남 사법부를 상대로 본격적인 법제정비지원사업을 개시하였다. 일본은 자신의 서구법계수의 경험에 입각하여 단순히 시장경제법의 기술적인 정보를 전해줄 뿐만 아니라, 각각의 법제도가 서구사회의 어떠한 사회적 필요에 근거해서 생겨났는지, 그것이 베트남 사회에도 존재하는지 또는 장래의 베트남 사회에 유용할 것인지 등의 문제에 대하여 베트남의 법률가들과 논의하였다. 즉 법제도의 단순한 이식이 아니라 베트남 사회에 수용 가능한 법제도가 도입될 수 있도록 노력한 것이었다. 이러한 베트남 사회와 베트남 법률가의 주체성을 중시하는 일본의 접근법은 베트남 측의 큰 신뢰를 얻었다.[40]

베트남의 법계에서 최상위에 있는 법은 헌법이다. 그 이하의 법령들은 상호 간에 위계질서는 있으나 그 선후관계 내지 수권관계가 명확하다고 할 수는 없다. 예를 들어, 행정부의 '의정(Nghị định, Decree)'이나 '통자(Thông tư, Circular)' 등은 국회 또는 국회의 상임위원회가 제정하는 '법(Luật, Law)' 또는 '법령(Pháp lệnh, Ordinance)'의 하위법령에 속하는 것은 명백하나, 의정이나 통자 등은 상위의 법률 또는 법령이 없는 상태에서도 제정되는 경우가 있다.[41]

기업법제와 관련하여 프랑스의 식민통치 기간 동안 베트남의 일부 지역에서는 프랑스 상법이 제한적으로 적용되었으나 대부분의 지역에서는 관습법이 적용되었다. 그러던 중 베트남 최초의 근대 민법이 1930년 제정되어 베트남 북부지방에서 시행되었다. 이 법에는 당시 프랑스 민법과 유사한 부분이 많았으나 베트남 관습법도 어느 정도 수용되었다.

---

40) 권오승 외 3, 전게서, 64면.

41) Burke, Frederick R & David Howell, *Vietram: A Large Brief*, Baker & Mikenzie, 1992, pp.3~4.

남북분단국가 시대에 들어 북부에서는 자본과 토지 등의 생산수단에 대한 국유화가 이루어졌으며, 경제주체로서 국영기업과 협동조합만이 인정되었다. 반면 남부에서는 1973년 상법이 제정되었으며, 상법 제2편에서 회사에 관하여 규정하고 있었다.

베트남의 남·북이 북부 주도로 통일되자 남부의 많은 회사들이 정부의 국유화정책에 따라 국영기업으로 변경되었으며, 협동조합은 국가경제주체로서 제한적인 기능을 수행하였다. 1990년 회사법이 제정되기 이전에도 회사라는 용어는 베트남에서 사용되었으나, 시장경제에서의 회사의 개념과는 큰 차이를 갖는 것이었다. 당시 회사는 주로 국영기업 내지는 소유자가 다양한 경제주체인 공사혼합 기업을 지칭하였다. 시장경제가 사회주의에 영향을 주기 시작한 이후 대도시를 중심으로 공사혼합기업이 설립되었지만 그 실제 역할은 미미했으며 무엇보다도 회사의 활동에 관한 법제가 존재하지 않았다고 한다.

베트남은 1980년대 후반에 중국과 마찬가지로 사회주의 시장경제 체제를 도입한 이후 개방적 경제운용을 통한 해외자본의 유치, 국영기업의 회사제도화 등을 통하여 많은 발전을 이루어내고 있다.[42] 베트남은 '도이모이' 정책의 시행에 따라 시장경제 체제로 이행하기 위하여 헌법을 시작으로 관련 법령을 정하고 정부조직과 제도를 개편하였다.[43] 현실적으로도 시장경제로의 이행에 의해 개인의 경영자유

---

42) 1986년 제6차 공산당대회에서 채택된 도이모이 정책 이후 베트남 경제는 사회주의지향의 시장경제 체제로 빠르게 진행하게 된다. 베트남의 도이모이 정책의 기본 방향은 시장경제 체제의 도입을 통한 국민경제 구조 및 투자구조의 조정, 소유제도의 다양화, 경제관리 메커니즘의 개혁, 국가행정조직의 재구축, 대외경제관계의 다변화 등을 들 수 있다. 도이모이 정책은 경제체제의 전환을 의미하는 것으로 과거에 추진했던 경제개혁과는 근본적으로 차이가 있다. 즉 과거의 경제개혁은 사회주의 노선의 부분적인 궤도수정인데 비하여 이 쇄신정책은 경제운영체계의 근본적인 전환을 의미한다는 점에서 대폭적인 개혁이라 할 수 있는 것이다(Melanie Beresford, Doimoi in review: The challenges of building market socialism in Vietnam, *Journal of contemporary Asia*, Vol. 38, No. 2, May 2008, p.223).

43) 구성열·손정식·안희완·이두원, 『베트남의 법제도와 시장개혁』, 동아시아 연구논총 제7집, 연세대학교

권을 보호하기 위하여 새로운 기업형태가 필요하였다. 실제로 다수의 개인이 공동으로 소유 및 출자하는 기업형태가 출현하였거나, 대외경제개방으로 합작기업도 다수 설립되었다. 이처럼 기업의 소유형태가 다양하게 되고 새로운 형태의 기업이 만들어짐에 따라 기업의 원활한 활동을 뒷받침하기 위한 법제도정비의 필요성이 제기되었다. 특히 1986년 '도이모이' 시장개혁정책에 따라 베트남 정부는 빠르게 떠오르는 사기업 부문을 규율할 수 있는 상사법이 긴급히 필요하게 되었다. 입법자들은 계약 및 재산법과 함께 기업법이야말로 시장경제의 기초가 되는 법적 하부구조에서 핵심이 되는 법이라고 생각하게 되었다.[44]

베트남 국회는 1987년 12월 외국인투자법을 제정하여 1988년 9월부터 시행에 들어간 후, 경제 관련 법령의 정비에 착수하여 1990년 베트남 최초의 현대기업법을 채택하였다.[45] 이로써 시장경제에서의 회사 개념과 같은 회사가 베트남 법제상 등장하게 되었다.[46]

1990년 회사법의 입법은 당시 베트남이 시장경제로의 전환기에 처해 있었으며, 시장경제 체제에 부합하는 법제 정비에 대한 요구가 거셌다는 점에서 볼 때, 매우 신속한 법적 대응조치였다고 평가된다. 이 법을 통하여 다양한 경제영역에 속하는 기업의 법적 설립근거가 마련되었으며, 유한회사 및 주식회사의 등장으로 경제주체가 다양화되었다. 그러나 동시에 많은 문제점을 내포하고 있었다. 입법자는 개인・

동서문제연구원, 2002. 4. 5면.

44) John Gillespie, Transplanted Company law: An Ideological and Cultural analysis of Market-entry in Vietnam, *International and Comparative Law Quarterly*, Vol. 51, Cambridge Journal, July 2002, p.641.

45) Ibid.

46) 1990년 베트남회사법은 1990년 12월 21일 국회를 통과하여 1991년 4월 15일부터 시행되었다. 이 법은 총 6장 45개 조문으로 이루어졌다.

조직에 대한 경영자유권의 보호보다는 오히려 회사에 대한 행정관리를 강조하였다. 많은 행정기관이 회사의 설립에 관여하였다. 실제 회사 설립에 각급 지방인민위원회, 사법기관, 공안당국, 세무당국, 금융기관 등이 관여하게 되었는데 이들 기관의 권한이 상호 중복·모순되었다. 그러나 정작 회사가 설립된 후에는 회사활동을 감시하는 기관은 존재하지 않는다.

1990년 당시 베트남 국회는 회사법뿐만 아니라 개인기업법[47]도 제정하여 개인 기업을 별도로 규율하였다. 또한 개방정책 이후 많은 외국인 기업이 등장했는데, 이들 외국인 기업에 대한 법적 규율 역시 회사법이나 개인기업법과는 별개의 입법으로 이루어졌다. 즉 1987년 베트남 내 외국인투자장려법과 그 이후 1996년 베트남 내 외국인투자법에 의해 규율되었다. 반면 국영기업에 대해서는 1995년 국영기업법에 의해 규율되었다. 이처럼 기업의 종류별로 별개의 입법이 이루어졌으며, 이들 입법 사이에 모순과 불합리가 존재하였다. 이를 극복하기 위하여 베트남은 2000년 1월, 기존의 회사법과 개인기업법을 통합하여 기업생활관계에 관한 기본법으로서의 단행법인 기업법[48]을 시행하였다.[49] 1999년 기업법 이후 국제경제의 통합움직임, 현행 기

---

47) 1990년 베트남 개인기업법은 총 27개조로 구성되어 있으며, 회사법과 마찬가지로 1990년 12월 21일 국회에서 통과되고, 1991년 4월 15일부터 시행되었다. 이 법은 1994년 6월 22일에 개정되었다. 개인기업법은 제1장 총칙, 제2장 기업설립, 영업등록, 영업폐지, 해산, 제3장 개인기업의 조직과 활동, 제4장 벌칙, 제5장 부칙으로 구성되어 있다. 개인기업법은 다부문상품경제의 발전을 위한 기본원리를 이행하고, 투자와 거래를 격려하며, 개인 기업들의 합법적인 이익들을 보호하고, 모든 기업 활동에 관한 국가 관리의 효율성을 강화시키기 위하여, 베트남 사회주의공화국 헌법 제83조에 근거하여 개인기업에 관하여 규정한 것이다(Quốc hội, Luật Doanh nghiệp tư nhân, 1990. 12. 21(Congress, Law on Private Business)).

48) 1999년 베트남 기업법은 1999년 국회에 의하여 공포되어 2001년 1월 1일 발효되었다. 1999년 기업법의 공포에 의해 회사형태의 발전은 새로운 단계로 나아갔다. 이는 1990년의 회사법과 개인기업법 시행을 통한 경험을 입법에 반영한 것으로 위 두 법을 통합하였다. 1999년 기업법은 그 적용범위가 확대되었기 때문에 종래의 회사법이라는 법명을 기업법이라고 변경하였다. 이 명칭은 가까운 장래 기업법이 여러 종류의 기업의 활동을 통일적으로 규율하도록 하려는 입법기관의 의도를 나타낸다고 한다.

업법의 한계를 극복하기 위하여 새로운 기업법이 필요하게 되었다. 이러한 필요에 따라 모든 종류의 기업과 투자자금 성격에 적용되는 새로운 형태의 기업법과 투자 촉진·보호법 제정을 위한 준비 작업에 착수하게 되었다. 2004년 말 국회에 제출된 베트남 기업법 초안은 2005년 중순 국회에서 의결되어 2006년 초 발효·시행되었다. 2005년 베트남 기업법은 기존에 기업을 규율하고 있던 1999년 기업법, 2003년 국영기업법 및 외국인투자법 중 외국인기업 관련 부분을 대체한 바 있다.

현행 베트남 기업법은 베트남이 시장경제법질서를 유지하고 현대적 기업제도를 도입·운영하는 데 있어서의 표준적 기능을 담당하고 있다. 즉 베트남 기업법은 시장경제원리와 현대기업제도의 요구에 부응하면서 국유기업을 회사제도로 전환하고, 국제화·세계화 시대의 일원으로서 선진 입법에서의 국제공통의 법 개념을 수용함은 물론 기업생활관계를 규율하는 법의 국제통일법적 모습으로 나타남으로써 국제시장에서의 조화를 도모하고 있다. 특히 베트남 기업법은 사회주의경제체제를 먼저 도입하여 성공을 거둔 바 있는 중국의 기업법을 상당부분 계수한 것으로 평가할 수 있다.[50] 베트남 기업법의 입법목적은 개혁·개방을 통하여 사회주의 계획경제 체제를 사회주의 시장경제 체제로 전환하는 과정에서 기존의 국유기업을 회사로 전환하기 위한 것이기 때문에 선진 자본주의 국가들에서의 회사법과는

---

49) 2000년 베트남 기업법은 공기업과 사기업의 모든 부문에서 경제력을 회복하는 데 획기적인 돌파구를 제공했다. 이 법 시행 이후 지난 4년 동안 모두 95억 달러의 내국인 투자가 이루어졌으며, 등록된 약 80,000개의 민간 기업은 성장률과 비중 측면에서 모두 베트남 경제 성장의 주역이자 투자 주체로 등장하였다. 경제 주체별로 볼 때 민간 기업은 18.7%, 외국인 투자부문은 18.3%, 국영기업부문은 12.4%가 각각 증가하였다. 특히 민간 기업은 GDP 비중이 13%로 확대되었다.

50) 정용상, 「한·베트남 주식회사의 기관구조에 관한 비교법적 검토」, 『비교법학』 제13집, 부산외국어대학교 비교법연구소, 2002, 64면.

다른 내용과 속성을 보이고 있다.

2. 구성 및 특징

2005년 베트남 기업법은 총 10장 172개조로 구성되어 있는데, 이를 개관하면 다음과 같다. 제1장에서는 일반규정으로 적용범위, 적용대상, 법원, 기업의 권리의무, 금지행위 등을 규정하고 있다. 제2장은 기업설립 및 경영권, 설립등기 절차, 정관, 설립등기증명서, 기업재산 관련 규정, 상호 규정 등으로 구성되어 있다. 그리고 제3장에서는 유한회사를 그 사원의 수에 따라 2인 이상의 유한회사와 1인 유한회사로 구분하여 규정하고 있으며, 제4장에서는 주식에 관한 사항과 주식회사의 운영기구에 관하여 규정한다. 또한 제5장에서는 회사의 재산과 무한책임사원의 권리, 의무, 사원총회의 운영에 관하여, 제6장에서는 기업주의 자본, 기업관리, 운영, 기업임대 및 매각에 관한 사항을, 제7장에서는 모 회사의 권리와 책임을 중심으로 규정하고 있다. 한편 제8장에서는 기업의 합병, 분할, 분리, 전환, 경영의 일시정지, 해산에 관하여 정하고 있으며, 제9장에서는 기업에 대한 국가관리 책임, 설립 등기소의 조직구조, 임무 및 권한, 위반처리 등에 관하여 정하고 있다. 마지막으로 제10장에서는 국영기업과 관련된 사항과 개정법의 효력에 관한 사항을 정하고 있다.

<표 4> 베트남 기업법의 구성

제1장 총칙(제1조~제12조)
제2장 설립과 사업자 등록(제13조~제37조)
제3장 유한회사(제38조~제76조)
제4장 주식회사(제77조~제129조)
제5장 합명·합자회사(제130조~제140조)
제6장 개인기업(제141조~제145조)
제7장 기업집단(제146조~제149조)
제8장 기업의 조직개편, 해산 및 파산(제150조~제160조)
제9장 기업에 대한 국가관리(제161조~제165조)
제10장 부칙(제166조~제172조)

2005년 베트남 기업법은 국유기업, 사기업, 외국인투자기업을 규율하는 서로 다른 세 가지 법-국유기업법, 현행 기업법, 외국인투자법-들을 통합하여 모든 기업을 규율하게 되었다. 구 기업법에서는 기업형태에 따라 각기 다른 관련법이 적용되어 차별이 있었다. 이러한 차별은 결국 건강한 경쟁체제를 해치고 기업에 따라 불공정한 대우를 받게 한 근본 원인이 되었다.[51] 새로운 기업법의 중요한 특징은 기업을 격려·지도하며 지원하는 데 있어서 국가의 역할을 분명히 규정하고 있다는 점이다. 즉 국가와 기업 사이의 관계를 명쾌하게 설정하고 특정 기업의 장점을 유지하도록 하며 기업의 자기통제를 보장하는 것을 목표로 하고 있다.[52]

베트남 기업법은 기업에 관하여 "경영활동의 실현을 목적으로 법률의 규정에 따라 명칭, 재산, 일정한 주소, 설립등기를 갖춘 경제조직"으로 규정하고 있다(제4조).[53] 베트남 기업법은 유한회사, 주식회

---

51) 1999년 베트남 기업법과 비교하여 2005년 베트남 기업법이 가지는 주요특징에 대한 자세한 내용은, Phan Dức Hiếu, Luật Doanh nghiệp năm 2005, 2006, NXB Thống kê, pp.3~4 참조.

52) Vietnam Economy, "New Law to Govern Business in VN", Vietnam news, 2004. 8. 16.

53) 베트남법상 기업개념에 관한 자세한 내용은, Nguyễn Hợp Toàn, Giáo trình Pháp Luật kinh tế, 2005,

사, 조합기업 및 개인기업 등을 구별하지 않고 통일적으로 적용된다. 현행 베트남 기업법에서는 개정 전 베트남 기업법에 비하여 설립등기증명서의 발급기간이 단축되었으며 동시에 기업유형별 설립등기에 필요한 서류 등이 보다 구체적이고, 명확하게 규정되었다. 또한 설립등기기관의 책임을 보다 명확하게 규정하고 있다. 설립등기증명서 발급요건, 상호에 관한 업무에 대하여도 보다 구체적이고 명확한 규정이 마련되었다. 그 결과 구법에 비하여 기업관리체계가 보다 명확하게 되었고 구성원 및 소수주주의 권리와 이익이 보다 강력하게 보호되게 되었다. 또한 현행 베트남 기업법은 관리자 등에 대한 공개를 규정하고 있고, 감사의 책임과 지위 및 역할을 강화하였으며, 자본관리에 대해 규정을 강화하고 있다.[54] 이 밖에 국가기관 간의 정보제공에 대한 규정, 기업 관리에 대한 각 국가기관 및 각급 기관의 책임을 구체적이고, 명확하게 규정함으로써 기업에 대한 국가 관리도 강화하였다.

3. 기업의 형태

〈표 5〉 베트남 기업법상 기업의 형태

유한회사		주식회사	조합	개인기업
1인 유한회사	2인 이상의 유한회사			

NXB Thống kê, p.39 참조.

54) 서헌제·정재곤·김형완, 「베트남 기업법」, 『법학논문집』 제32집 제1호, 중앙대학교 법학연구원, 2008, 173~174면.

2005년 베트남 기업법은 유한회사[55](limited liability companies), 주식회사[56](joint-stock companies), 조합[57](partnerships), 개인기업[58](private enterprises)의 설립, 조직관리 및 운영에 관한 사항과 기업집단[59](groups of companies)에 관한 사항을 규정하고 있다(제1조).

유한회사는 다시 2인 이상의 사원을 가진 유한회사와 1인 유한회사의 두 가지 형태로 구분된다. 베트남의 가장 일반적인 회사 형태인 2인 이상의 유한회사의 경우 회사의 사원은 조직 또는 개인이며, 사원의 수는 50명을 넘지 않고 회사의 사원들은 자기가 기업에 출자한 지분만큼 책임을 진다(제38조). 1인 유한회사는 독립된 법적 존재이고, 하나의 조직 또는 개인에 의해 소유되고 사원들은 유한책임을 지며 일반에 공개하는 주식을 발행할 권한을 가지지 않는다(제63조).

주식회사는 법인으로서 자본이 동일한 비율의 주식으로 분할되며, 적어도 3인 이상의 주주로 구성된다. 주주 수의 상한선은 없으며, 주주의 책임은 납입된 자본금 범위 내이고, 자본 조달을 위하여 증권을 발행할 수 있다(제77조).[60]

조합은 2인 이상의 무한책임사원이 회사를 소유하며 경영하는 회사를 말한다. 최소 2인의 무한책임사원이 있어야 하고 그 외에 유한책임사원이 존재할 수 있다. 무한책임사원은 자연인이어야 하는 반면 유한책임사원은 회사에 납입한 자본액의 범위 내에서만 책임을 지는

---

55) 이는 원문으로 'công ty trách nhiệm hữu hạn'이다. 이는 우리 상법상 유한회사와 유사한 기업형태로서, 이하에서는 '유한회사'라고 한다.

56) 이는 원문으로 'công ty cổ phần'이다. 이하에서는 '주식회사'라고 한다.

57) 이는 원문으로 'công ty hợp danh'이다. 이하에서는 '조합'이라고 한다.

58) 이는 원문으로 'doanh nghiệp tư nhân'이다. 이하에서는 '개인기업'이라고 한다.

59) 이는 원문으로 'nhóm công ty'이다. 이하에서는 '기업집단'이라고 한다.

60) 서헌제 외 2, 전게논문, 175~176면.

조직 또는 자연인이어야 한다는 점에서 차이가 있다. 조합은 자금 조달 등의 목적으로 증권을 발행할 수 없다(제130조).

개인기업은 자신의 전 재산으로 기업의 모든 채무를 책임지는 개인이 소유한 기업을 말한다. 개인기업은 증권을 발행할 수 없고, 모든 개인은 1개의 개인기업만을 설립할 수 있다(제141조).

베트남 기업법상 기업집단이라는 개념이 있는데 이는 경제적 이익, 기술, 시장 및 사업서비스에 의하여 장기적이고 밀접한 관계를 가지는 회사집단을 말한다. 기업집단은 지주회사 및 자회사, 경제적 복합기업 등의 형태로 존재할 수 있다(제146조).

제4절 태국 민상법과 태국 공개주식회사법61)

1. 입법 경위

태국은 일반적으로 대륙법계 국가로 분류된다. 태국법전의 형식은 프랑스·독일·일본과 같은 성문법 체계를 가진 국가들의 영향을 받았다. 그러나 내용 면에서 보면, 태국의 전통적인 관습법의 영향과 영미법계, 특히 영국의 영향을 많이 받았다.62) 1855년 태국은 영국과 우

---

61) 태국은 다른 메콩경제권 국가들처럼 하나의 기업법에서 비공개회사와 공개회사를 규율하지 않고, 전자는 민상법에서 후자는 공개주식회사법에서 각각 별도로 규율하고 있다. 따라서 이하에서는 태국 민상법과 태국 공개주식회사법을 구별하여 사용하도록 한다.

호통상조약을 체결한 이후, 미국 및 프랑스와도 유사한 조약들을 체결하였다. 당시 대부분의 태국 법률가들은 영국에서 훈련을 받아 영국법에 정통했던 까닭에 영국법의 계수를 희망하였다. 그러나 사법개혁 당국은 영국법이 불문법주의를 취하고 있어 불편하다고 판단하여 대륙법의 계수를 선택하였다.

태국에서는 1877년 활발한 법제화가 진행되었고 1908년에는 프랑스, 이탈리아, 인도, 일본의 형법을 참조하여 태국 형법전을 제정하였다. 이와 함께 1895년 증권법, 지방법원조직법 등이 제정되었다. 증권법은 영국법을, 지방법원조직법은 프랑스법을 모델로 하였다. 그러나 태국의 법체계가 이러한 외국의 규범 내용을 중심으로 이루어져 있지만, 여전히 태국 고유법이 보충적인 법규범으로서 존속하고 있으며, 불교나 이슬람교 등의 종교의 영향도 무시할 수 없다.

현행 태국의 기업법제는 체계와 내용에서 영국법의 영향을 크게 받았다고 할 수 있다. 특히 공개주식회사법은 영국의 회사법을 모델로 하면서, 미국의 모범회사법(Model Business Corporation Act; MBCA) 및 한국과 일본의 상법전을 참조하여 제정되었다. 기업 관련 상사규범에 있어서, 태국에는 '회사법'이라는 명칭을 가진 법률이 존재하지 않는다. 다만 태국 민상법[63] 제22편에서 조합과 비공개주식회사[64]를

---

62) Triamanuruck, Ngamnet, Phongpala, Sansanee, Chaiyasuta, Sirikanang, "Overview of Legal Systems in the Asia Pacific Region: Thailand", Overview of Leagl Systems in the Asia Pacific Region(paper 4), 2004, p.4(http://scholarship.law .cornell.edu/lps_lsapr/4).

63) มาไขเพิ่มเติมประมวลกฎหมายแพ่งและพาณิชย์(ฉบับที่ 18), พ.ศ. 2551(Amendment to the Civil and Commercial Code(No. 18), 2008).

64) 태국 민상법상 Private limited company는 유한책임사원으로 구성되고 소규모의 회사를 상정한 회사형태로서, 한국 상법상 유한회사와 유사한 면이 있다. 그러나 민상법상의 관련 규정들을 검토해 볼 때, 주식회사에 해당하는 개념이고 주식회사 중 주식이 공개되지 아니한 중소규모의 회사로 보는 것이 타당할 것이다(김원규, 「태국 회사법의 우리 회사법에의 시사점에 관한 소고」, 『사회과학연구』 제17집, 한남대학교 사회과학연구소, 2008, 83~84면 참조). 따라서 이 책에서는 태국 민상법상 Private limited company를

규율하고 있으며, 공개주식회사는 태국 공개주식회사법[65]의 규율을 받고 있다.

태국에서 기업에 관하여 지배구조를 규율하는 대표적인 법률로서 민상법(Civil and Commercial Code)[66]과 공개주식회사법(Public limited company Act)[67]이 있다. 이 중에서 태국의 민상법은 우리 법체계 중 민법과 상법의 통합법이라고 할 수 있다. 태국 민상법은 1925년부터 제정 작업에 들어가 1935년에 공포되었고, 이후 전혀 개정되지 않다가 2008년 2월 23일 민상법 중 등기에 관한 개정안이 공포되어 2008년 6월 11일에 발효되었다.

태국의 공개주식회사법은 1979년에 제정되었다. 이후 민주화에 따른 외국인 직접투자를 유인하고자 1992년 처음으로 공개주식회사법이 개정되었는데, 이를 바탕으로 태국의 고도성장, 규제완화, 자유화 조치가 가능하였다. 그러나 이러한 상황이 국제적인 단기자금의 유입과 경제의 버블화를 초래하기도 하였다. 국제적 압력으로 태국의 바트화의 가치가 1997년 급속히 하락하였고, 이것이 아시아 경제위기의 도화선이 되었다. 그러나 당시의 공개주식회사법 및 증권거래법은 소수주주에 대한 적절한 보호 장치를 제공하지 못하는 등 제도적으로도 많은 문제를 가지고 있었다.[68]

1997년 8월에 태국은 IMF의 긴급자금지원을 받기로 합의하고, 경

비공개주식회사로 번역하기로 한다.

65) บริษัทมหาชนจำกัด พ.ศ. 2535(Public Limited Companies Act, 1992).
66) http://www.samuiforsale.com/Civil_Code_text_English_I.htm.
67) http://world.moleg.go.kr/content/law/list.do?contCd=DT005&th_cd=LW002&content_id=14995&nt_cd=NT035.
68) Obeua S. Persons, "Corporate Governance in Thailand: What Has Been Done Since the 1997 Financial Crisis", *Thailand Law Journal and Policy*, Vol. 11, No. 2, 2008.
(http://www.thailawforum.com/Volume11fall08.html, 2011. 4. 6. 방문).

제위기를 초래한 주된 원인이라고 분석된 회사의 지배구조에 관한 규범의 개혁을 약속하였다.[69] 이에 따라 태국은 2001년에 다시 공개주식회사법 개정을 단행하였다. 2001년 공개주식회사법의 개정 목적은 규제를 완화하고 투자를 촉진하며 기업개선작업을 도와주면서, 현대의 국제적 경향과 관습을 주식시장에 도입하고자 하는 것이었다.[70]

2. 구성 및 특징

한국에서는 민법과 상법이 각각 존재하지만, 태국에서는 민법과 상법의 규정이 통합되어 1,710개의 조항으로 구성된 하나의 법으로 존재한다. 기업 활동과 관련하여 조합(Partnership)과 비공개주식회사(Private limited company) 등의 설립은 민상법의 적용을 받는다. 태국 민상법 중, 한국 회사법의 기능과 유사한 것은 민상법 제22편으로, 조합과 회사라는 표제하에 총 5개 장 262개 조항(제1012조~제1273조)으로 구성되어 있다.[71]

---

69) 정용상, 「태국의 기업입법발전배경: 태국의 경제위기 이전의 기업입법을 중심으로」, 『국제경영논집』 제21집, 부산외국어대학교 국제통상연구소, 2006, 108~109면.

70) 태국 공개주식회사법의 개정배경에 대한 자세한 내용은, Tithiphant Chuerboonchai and Sakda Tanikul, Raaygaan kaansuksaa khroong-kaansuksaan pua songeuem kaanjadtang borisatmahaachon jamkat (공개주식회사 설립 촉진을 위한 연구프로젝트 보고서), Bankok: Institute of Law and Development, Faculty of Law, Chulalongkorn University, 1999 참조.

71) 김봉철・이준표, 「태국 기업법상 설립규정에 관한 비교법적 고찰」, 『한국태국학회논총』 제18-1호, 한국태국학회, 2011. 8, 5면.

<표 6> 태국 민상법(Civil and Commercial Code)의 구성

제22편 조합과 회사

제1장 총칙(제1012조~제1024조)
제2장 일반조합(제1025조~제1076조)
제3장 유한책임조합(제1077조~제1095조)
제4장 비공개주식회사(제1096조~제1246조)
제5장 등기조합, 유한책임조합, 비공개주식회사의 청산(제1247조~제1273조)

기업에 관한 태국 민상법의 규정은 2008년에 개정되었다. 주요 내용은, 첫째, 회사를 설립함에 필요한 발기인(주주)의 수를 7명 이상에서 3명 이상으로 축소하였다는 점이다(제1097조). 둘째, 회사 설립을 추진함에 있어 발기인의 정관작성과 이를 허가받는 데 소요되는 법정기간이 통상 7일 이상 소요되던 것을 1일로 단축하였다(제1111조의1). 셋째, 등기일반조합 또는 유한책임조합이 법인의 실체를 변경하는 데 있어서 전 사원의 동의를 요하던 것을 3인 이상의 동의로 가능하도록 변경하였고, 일단 법인의 실체가 변경되면, 법인의 자산, 부채, 권리 및 의무는 유한책임조합의 것이 되도록 하였다(제1246조의1). 이러한 개정에도 불구하고, 기업과 관련된 민상법 규정의 전체적인 틀은 그대로 유지되고 있다.

태국의 주식회사는 민상법의 규정을 받는 비공개주식회사와 공개주식회사법의 적용을 받는 공개주식회사로 구분될 수 있다. 공개주식회사법은 경과규정을 포함하여 총 225개 조항으로 구성된 전체 17개 장으로 이루어져 있다.

〈표 7〉 태국 공개주식회사법(Public limited Company Act)의 구성[72]

```
제1장 총칙(제1조~제14조)
제2장 회사의 설립(제15조~제23조)
제3장 주식공개(제24조~제25조)
제4장 창립총회와 회사의 등기(제26조~제49조)
제5장 주식과 주주(제50조~제66조의1)
제6장 이사회(제67조~제97조)
제7장 주주총회(제98조~제108조)
제8장 회계와 보고(제109조~제127조)
제9장 감독(제128조~제135조)
제10장 자본의 증감(제136조~제144조)
제11장 사채(제145조)
제12장 회사합병(제146조~제153조)
제13장 해산(제154조~제158조)
제14장 청산(제159조~제179조)
제15장 비공개주식회사에서 공개주식회사로의 전환(제180조~제185조)
제16장 등기 담당자와 법적 권한 있는 공무원(제186조~제190조)
제17장 벌칙(제191조~제225조)
```

2001년 7월 4일에 발효된 개정 공개주식회사법은 경제위기로 무너진 태국경제의 회복을 위하여 마련되었다. 공개주식회사법의 가장 대표적인 개정 내용은, 공개회사 주식에 대하여 과거 1주의 최저액면가격을 5바트(baht)로 규정하였던 것을 삭제하고 최저액면가격을 폐지한 것이다(제50조). 또한 공개주식회사법은 부채를 보통주로 전환하는 것을 허용하여 도산기업의 채권자·채무자를 지원하는 내용도 새롭게 포함하였다. 즉 기존 공개주식회사법에서는 채권자의 이익을 위하여 부채를 보통주로 전환하는 것을 금지하였으나, 채권자가 그의 채권을 채무자회사의 보통주로 전환시킬 수 있도록 개정한 것도 특징이다. 다만 이 경우 회사가 자본을 증가시키고 추가주식을 공모하며 주주의 동의도 얻어야 한다.[73]

---

72) บริษัทมหาชนจำกัด(ฉบับที่ 2) พ.ศ. 2544(Public Limited Companies Act(No. 2), B.E. 2544 (2001)).

태국의 구 공개주식회사법은 회사의 자기주식취득을 금지하고 있었다. 회사의 '자기주식취득'이란, 일단 발행되어 회사 밖으로 나갔던 주식을 회사 스스로 다시 취득하는 것을 말한다. 한국 상법은 예외적인 경우에만 회사의 자기주식취득을 허용하고 있다(제241조, 제241조의2 등). 태국 공개주식회사법도 주주총회에서 반대주주의 주식매수청구권 행사의 경우에 배당이나 의결권 없음을 조건으로, 회사가 자기주식을 일시적으로 취득할 수 있도록 규정을 개정하였다.

공개주식회사법의 또 다른 변화는 우선주와 보통주에 대하여 의결권을 다르게 부여하고 있다는 점이다. 기존의 공개주식회사법에서는 우선주와 보통주는 모두 1주에 1의결권을 부여하였다. 그러나 개정법에서는 손실을 입은 회사가 주식감소를 보충할 수 있고, 회사자본의 75%를 초과하지 않는 범위 내에서 자본을 감소시킬 수 있도록 하였다. 수년 동안 많은 손실을 입은 회사는 주주의 동의를 얻어 주식과 자본을 75% 이상 감소시킬 수도 있다. 주주동의는 총회에 참석한 자의 4분의 3 이상이 되어야 하고, 결의사항은 결의가 있은 후 14일 이내에 등기하여야 한다.

3. 기업의 형태

태국 민상법 제1013조는 일반조합(Ordinary partnership), 유한책임조합(Limited partnership), 비공개주식회사(Limited company)라는 기업형태

---

73) Phiset Setsatian, หลักกฎหมายบริษัทมหาชนจำกัด(Lak kotmaai borisat mahaachon jamkat,공개주식회사법원칙), 7th ed., Bangkok: Nititham Publishing House, 2003.

를 규정한다.

조합[74]은 크게 일반조합과 유한책임조합의 2가지 유형으로 분류하고 있는데, 일반조합(Ordinary partnership)이라 함은 모든 사원이 공동으로 무한책임을 지는 형태의 조합을 말하며(태국 민상법 제1025조), 이를 다시 비등기조합(Unregistered ordinary partnership)과 등기조합(Registered ordinary partnership)으로 분류하고 있다. 비등기조합은 전체 채무에 대해 제한을 두지 않고 상호 책임을 지는 것으로, 신규사원 역시 투자 이전과 이후에 발생한 모든 책임을 공유하게 된다. 이런 형태의 조합

---

74) 태국 민상법상의 조합은 우리 상법상의 합명·합자회사와 유사한 면이 있다. 한국 상법상의 합명·합자의 설립 절차는 아주 간단하여 회사의 사원이 되고자 하는 2인 이상의 자가 정관을 작성하고 설립등기를 함으로써 회사는 성립한다(제172조, 제178조). 합명·합자회사를 설립하려면 먼저 회사의 설립을 목적으로 하는 조합계약이 체결되어야 하고, 그 이행으로서 설립에 필요한 행위를 하게 된다. 주식회사와는 달리 출자의 이행이 회사의 성립요건은 아니며 발기인이 따로 없고 회사성립 당시의 사원이 설립행위자라고 할 수 있다. 태국 민상법상 조합도 일반조합과 유한책임조합 모두 조합설립을 목적으로 하는 조합계약을 체결하고 설립등기를 함으로써 비교적 쉽게 설립된다. 다만 일반조합의 경우에는 등기가 임의사항인데 반해 유한책임조합의 경우에는 반드시 등기를 하여야 한다(태국 민상법 제1064조, 제1078조).
일반조합 중에서 등기조합은, 조합의 본점소재지의 관할 등기소에서 조합의 명칭, 목적, 본점소재지 및 모든 지점의 주소, 조합원의 성명과 주소 및 직업, 거래명칭 등을 등기하여야 한다. 조합원의 일부가 경영조합원으로 지명된 경우, 경영조합원의 성명 및 경영조합원의 권한에 부과된 제한사항, 조합에 구속력 있는 인감(seal)을 등기하여야 한다. 이 밖에 당사자들이 공공에 알리기에 편리하다고 판단되는 항목이 있다면 그것도 포함시킬 수 있다. 등기에는 조합의 모든 구성원의 서명이 있어야 하며, 조합의 대표인감이 날인되어 있어야 한다(제1064조).
유한책임조합의 등기사항도 앞서 살펴본 등기조합과 유사하다. 다만 유한책임조합이라는 사실과 유한책임조합원의 출자지분 등을 추가로 기재하여야 한다는 점에서 차이가 있다(제1078조). 조합명칭은 유한책임을 지는 조합원의 이름을 포함하지 않아야 하는 것이 원칙이며(제1081조), 만일 유한책임조합원이 자신의 이름을 조합명칭에 사용하도록 명시적·묵시적으로 동의한 경우에 그는 제3자에 대하여 무한책임조합원과 같은 책임을 진다(제1082조). 유한책임조합의 등기가 이루어지면, 유한책임조합은 모든 조합원이 조합의 채무 전부에 대하여 무한연대책임을 부담하는 일반조합으로 추정되어(제1079조), 특별한 사정이 없는 한 일반조합에 관한 규정은 유한책임조합에도 적용된다(제1080조). 유한책임조합원의 출자는 현물 또는 기타 자산으로 해야 한다(제1083조). 유한책임조합원의 출자액의 감소 또는 목적변경을 위한 조합원들 사이의 합의는 그것이 등기될 때까지 제3자에게 효력을 미치지 않는다. 등기가 되면, 조합에 의해 발생한 채무에 한하여 효력을 미친다(제1086조).
조합의 경영조합원이 사임하고자 할 때, 그는 그의 사직서를 다른 경영조합원에게 제출하여야 한다. 서면으로 한 사임은 그 문서가 다른 경영조합원에게 도달한 날로부터 효력이 있다. 등기조합이 1인의 경영조합원을 가진 경우, 사임하고자 하는 경영조합원은 사직서와 함께 서면으로 사임의사를 다른 조합원에게 통지하여야 한다. 이로써 새로운 경영조합원 임명을 위한 총회가 개최될 수 있다. 사임은 그 문서가 조합원들에게 도달한 날로부터 효력이 생긴다. 사임한 경영조합원은 그의 사임을 등기하여야 한다(제1064조의1). 경영조합원의 변경이 있는 경우, 등기조합은 그 변경의 날로부터 14일 이내에 등기하여야 한다(제1064조의2).

은 법인격을 가진 회사가 아니기 때문에 개인의 세율을 적용받게 된다. 등기조합은 상무부에 등기되어 법인으로 취급하며, 각 사원으로부터 별개의 독립된 존재로 인정을 받고 기업으로서 법인세 납부대상이 된다. 이때 각 사원은 무한책임을 진다. 따라서 이러한 등기조합은 한국 상법상 합명회사와 성격이 유사하다고 할 수 있다. 한편 유한책임조합(Limited partnership)은 한국 상법상 합자회사와 유사한 기업형태로서, 투자한도 내에서만 채무변제책임이 있는 유한책임조합원과 투자자본 외에 법인 채무에 대하여 무한책임이 있는 무한책임조합원으로 구성된다(제1077조).

태국 민상법상 비공개주식회사(Private Limited Companies)는 주식으로 분할된 자본에 의해 형성된 회사의 한 형태이며, 주주는 납입자본에 한정하여 책임을 진다(제1096조). 비공개주식회사는 7명 이상의 발기인으로 구성되며, 주주의 책임은 소유한 주식에 한정되나 경영자는 무한책임을 진다. 비공개주식회사에 대하여, 태국 민상법은 등기자본의 제한은 없으나 회사운영에 필요한 충분한 자금을 확보하여야 한다.[75]

1992년의 공개주식회사법[76]에 따라 태국에서는 일반기업의 상장이 허용되었다. 공개주식회사와 비공개주식회사의 가장 큰 차이점은 대중으로부터의 주식공모 여부이다. 태국에서 등록된 공개주식회사는 주식, 회사채, 지급보증서를 제공할 수 있으며, 태국증권거래소(Stock Exchange of Thailand; SET)에 상장신청을 할 수 있다. 공모 절차

---

75) Sophorn Ratanakorn, Kham athibaai pramuan kotmaai paeng lea phanit hunsuan borisat(민상법해설서-파트너십·회사), 8th edition, Bangkok: Nitibanacaan publishing, 2002.

76) 태국의 공개주식회사는 공개주식회사법 제2호 B.E. 2544(A.D. 2001)와 제3호 B.E. 2551(A.D. 2008)에 의해 수정된, 공개주식회사법 B.E. 2535(A.D. 1992)의 적용을 받는다(Tilleke & Gibbins International Ltd., *Tailand Legal Basics*, 2009, p.77).

에 관한 규칙과 규정은 태국 증권거래법에 따른 태국 증권거래위원회(Office of the Securities and Exchange Commission; SEC)가 제정한다. 증권거래소에 주식상장을 원하는 모든 기업은 반드시 소정의 공식서류를 제출한 다음 거래소의 승인을 얻어 주식을 상장해야 한다.[77]

<표 8> 태국 기업법상 기업의 형태

조합(partnership)			회사(company)	
일반조합		유한책임 조합	비공개 주식회사	공개 주식회사
비등기 조합	등기 조합			
태국 민상법의 규율대상				공개주식 회사법의 규율대상

제5절 라오스 기업법

1. 입법 경위

라오스의 법체계는 라오스 전통관습, 대륙법계, 중국법계, 소비에트법계로부터 복합적인 영향을 받았다. 1880년대에 라오스는 프랑스의 지배하에 있었다. 이 시기에 프랑스는 자신들의 법전을 기초로 한 법계를 라오스에 이식하였다. 다만 이때, 지역적 관습이나 전통도 어

---

77) 태국투자청, 『태국사업가이드』, 2007, 8면.

느 정도 고려되었다.

1922년에 이르러 법률은 완전히 성문화되었으며, 법학 학교도 설립되었다. 그러나 1975년 공산정권이 들어서면서 그때까지 시행되고 있던 프랑스 법률들은 폐지되었고, 대신 소비에트 모델에 입각한 사회주의 법원리가 프랑스 법을 대체하였다. 1975년부터 1980년대를 거치면서 라오스의 법체계는 대통령령 내지 라오스인민혁명당 명령에 기초하여 규율되었다. 프랑스 법은 사회주의 이전의 법체계와 프랑스 법제하에서 훈련받았던 법관들에 의해 가끔 반영되곤 하였다.[78]

라오스는 1986년에 신경제제도(New Economic Mechanism; NEM)를 채택하여 경제개혁을 도모하기 시작하였다. 신경제제도는 거시경제의 안정성, 사적 부문의 확대, 공적 부문의 재편이라는 3가지 주된 축을 중심으로 하고 있었다. 이것은 국유기업의 사유화와 무역자유화 및 이에 필요한 법적·제도적 하부구조의 제정 등을 포함하여 국가 주요정책의 전반적인 부분에서 수정을 요구하는 등 라오스의 변화와 개혁에 많은 영향을 미치게 되었다.

1987년부터 라오스의 국내 거래는 사적·협동적 상인들에게 개방되었고, 정부도 이러한 거래를 방해하지 않았다. 이전에 시행되어 왔던 '농산물의 한 지역에서 다른 지역으로의 자유로운 이동에 대한 제한'은 사라지게 되었다.

1990년에 라오스 정부는 '국유기업의 다른 기업형태로의 전환에 관한 법률'을 채택하였다. 이것은 대부분의 국유기업들을 임대차계약, 매각, 공동소유 등의 방식을 통하여 다른 형태의 기업으로 전환시

---

78) Michael John Byrne, Foreign Direct Investment and related Legal Development in Cambodia, Laos, Vietnam and Myanmar, Thesis (Ph.D.), City University of Hong Kong, May 2005, p.93.

키는 내용을 담고 있었다. 이후 1991년, 라오스정부는 '자유화정책
(disengagement plan)'을 공표하고, 전략적 중요성을 가진 경우를 제외
한 국유기업의 사유화, 큰 손실로 인하여 보조금이나 대출금 없이는
운영할 수 없는 국유기업들의 폐쇄, 국가 통제하에 있는 국유기업의
재정 강화를 강조하였다.

공산정권 수립 이후 15년 만에 개최된 1991년 8월의 라오스 최고인
민회의는 라오스인민민주공화국 최초의 헌법을 제정하였다. 이 헌법
은 경제부문에서 사회주의에 관한 내용을 전혀 포함하지 않고 자유
경제개혁의 추세에 맞추어 시장경제를 도입하였다. 이는 당시에 직면
하고 있던 경제적 어려움을 극복하기 위하여 라오스 정부도 개혁·개
방이 필요함을 의식하고 있음을 의미하였다.[79] 중국과 베트남 등 공
산권 국가들이 증시를 통해 유입된 풍부한 외국자본을 바탕으로 경
제발전을 이루어냈듯이, 라오스 역시 빠른 경제성장을 위해 시장개방
을 결정한 것이었다. 새 헌법은 라오스 내에서 모든 유형의 내·외국
인 투자에 대한 국가의 보호 및 개인과 기관의 재산권을 보장해줄 뿐
아니라, 모든 경제부문이 공정하게 경쟁하며 생산 및 사업 활동에서
서로 협력할 것을 권장하였다. 1991년 헌법을 제정한 후, 라오스는 사
기업과 외국인 직접투자를 장려하고 중소기업의 사유화와 법제정비
및 지역적 통합 등을 목표로 나아갔다.

이러한 움직임은 1994년 회사법(Business Law) 제정으로 이어졌다.
이 법은 "모든 경제 부문에서 기업에 의해 이루어지는 모든 형태의
사업 활동은 이 법 앞에 동등한 입장에서 경쟁한다(1994년 라오스 회

---

79) 김성주, 「라오스의 정치·경제체제와 개방정책」, 『국제정치논총』 제36집 1호, 한국국제정치학회, 1996,
214면.

사법 제5조)"는 것을 원칙으로 하고 있었다.[80] 1994년 라오스 회사법에 의해 인정되는 법인체들은 전통적인 서양 체제를 기초로 하였다. 라오스 회사법은 총 4장 97조로 구성되었으며, 시장의 힘을 따라 모든 경제부문의 촉진과 라오스 경제의 개혁을 목표로 하였다. 대부분 국가들의 기업법에서 기업설립 절차는 간단한 반면 기업지배구조에 관한 규정들은 매우 구체적으로 명시되어 있다. 그러나 1994년 라오스 회사법에서의 기업설립 절차는 그 규정이 길고 예측이 불가능했다. 또한 이 회사법은 외부에 의한 투자를 이끌어내고 국제적 관행을 충족시키는 데 필요한 투자자 통제 및 보호에 관한 기본적인 규정들이 상당부분 결여되어 있었다.[81][82]

이에 따라 라오스는 시장경제의 요소를 가미한 새로운 기업법을 제정하여 기존의 회사법(1994)을 대체하고자 하였다. 구체적인 입법경위를 살펴보면 다음과 같다. 2004년 3월, 라오스 정부는 산업통상부 산하에 기업법초안위원회(A drafting committee)를 설립하였다. 인접국가인 베트남의 통일기업법과 일반투자법의 기안에 기술적 도움을 주었던 국제금융공사(International Finance Corporation; IFC)와 메콩민간분야개발기구(The Mekong Private Sector Development Facility; MPDF)의

---

80) CUTS international, *Promoting Competition Policy & Law in Lao PDR*, 2006, pp.10~11.

81) United States Agency for International Development, *Southeast Asia Commercial Law & Institutional Reform and Trade Diagnostics-Laos*, 2006, p.5.

82) 1997년 유엔개발계획(United Nations Development Program; UNDP) 보고서에 따르면, 라오스 법률시스템은 이웃 국가들인 중국과 베트남의 초기 법적·경제적 개혁에 의해 영향을 받아왔다. 그리고 그 영향으로부터 온 요소들이 남아 있다. 동시에 라오스 정부는 다른 시장경제국가들로부터의 다양한 법률을 고려하였다. 외국인투자유치의 시발점이 된 것은 1998년 4월 제정된 외국인 투자법이었다. 이 법은 1994년 외국인투자촉진과 운영에 관한 법으로 대체되었고, 새로운 법에서는 투자조건에 대한 제한을 제거하였다. 현재 라오스정부는 국가 내 무역 및 외국인 직접투자를 장려하기 위해 투자무역 관련 법률을 개정할 방향으로 나아가고 있다. 또한 라오스는 세계 각처의 시장중심체제의 다양성을 보여주는 법률을 경험하고 있다(International Journal of Business and Management, "An Overview of Foreign Investment Laws and Regulations of Lao PDR", 2008. 5, p.31).

경험을 기반으로 하여, 기업법초안위원회와 IFC, 그리고 MPDF는 공동으로 기업법의 기준을 정하고 여러 차례의 워크숍을 진행하였다.[83] 이후 2005년 라오스 국회는 새로운 기업법(Enterprise Law)의 형식으로 회사법에 대한 개정을 의결하였다. 라오스 기업법은 2005년 11월 9일 법률 채택에 관한 국회의 결의와 2005년 11월 18일 국회상임위원회의 제안에 따라 2005년 12월 9일 공포되어, 2006년 3월에 발효되었다.[84] 이후 라오스 기업법은 많은 시행 규칙들에 의해 보충되었다. 이러한 규칙들에는 기업법의 이행에 관한 명령, 기업 상호의 예약과 승인에 관한 규칙, 기업등기를 위한 이행선언에 관한 지시 등이 있다.

2. 구성 및 특징[85]

2005년 라오스 기업법은 총 10장 245개 조문으로 구성되어 있으며, 회사의 조직과 운영에 관한 전반적인 사항을 규정하고 있다. 제1장에서는 총칙, 제2장에서는 기업, 제3장에서는 개인기업, 제4장에서는 조합기업, 제5장에서는 회사, 제6장에서는 국유회사, 제7장에서는 합작회사, 제8장에서는 기업의 행정과 검사, 제9장에서는 정책과 제재, 제10장에서는 최종규정의 순서로 구성되어 있다. 라오스 기업법의 기본

---

83) Sengxay Phousinghoa, Trang Nguyen, Lan Vam Nguyen, "Technical assistance to support the business environment reform process in Lao PDR: A case study on the new Enterprise Law", IFC-MPDF, 2006. 11, pp.6~10.
(http://www.businessenvironment.org/dyn/.../Session1.1Paper1.1.2Phousinghoa.pdf).

84) 기업법의 이행에 관한 세부명령은 2006년 10월 24일에 공포되었다.

85) 김동훈 · 이준표, 「라오스 기업법에 관한 고찰」, 『외법논집』 제35권 제1호, 한국외국어대학교 법학연구소, 2011. 2, 25~26면.

적인 구조는 다음과 같다.

<표 9> 라오스 기업법의 구성

제1장 총칙(제1조~제8조)
제2장 기업
제1절 기업의 종류, 형태, 유형(제9조~제11조)
제2절 기업의 등기(제12조~제20조)
제3절 기업의 상호(제21조~제26조)
제3장 개인기업(제27조~제31조)
제4장 조합기업
제1절 조합기업에 관한 총칙(제32조~제37조)
제2절 일반조합기업(제38조~제68조)
제3절 유한책임조합기업(제69조~제77조)
제5장 회사
제1절 회사에 관한 총칙(제78조~제83조)
제2절 유한회사(제84조~제178조)
제3절 공개(주식)회사(제179조~제190조)
제6장 국유기업
제1절 국유기업의 총칙과 설립(제191조~제197조)
제2절 국유기업의 주식과 사채(제198조~제202조)
제3절 국유기업의 이사와 이사회(제203조~제207조)
제4절 국유기업의 주주총회(제208조~제212조)
제5절 재무와 국유회사의 책임(제213조~제215조)
제6절 국유기업의 회계감사와 특별감사(제216조~제219조)
제7절 국유기업의 사유화, 합병, 해산, 청산(제220~제223조)
제7장 합작회사(제224조~제225조)
제8장 기업의 행정과 검사(제226조~제231조)
제9장 정책과 제재(제232조~제243조)
제10장 최종규정(제244조~제245조)

2005년 라오스 기업법은 라오스에서의 기업의 설립과 운영 및 소멸을 규율하는 주요 법제이다. 이 법은 몇 가지 원칙에 따라 입법되었다.

첫째, 정부는 기존의 통제의 개념에서 벗어나 촉진의 개념으로 달라져야 한다는 점이다. 이러한 방향에 기초하여 라오스 기업법도 기업통제구조에서 기업촉진구조로 제정되었다.[86) 라오스 기업법 제1조[87)는 기업법의 목적과 관련하여 "라오스 기업법은 모든 경제부문의 생산과 영업 및 서비스를 촉진하여 생산에 종사하는 노동력과 생산관계[88)를 발전시키고, 국가의 사회경제적 성장을 촉진하여 국가발전 및 다민족으로 구성된 인민의 생활을 개선시킬 목적으로, 라오스 인민주의공화국에서의 기업의 설립, 운영 및 관리를 위한 원칙·절차 및 방법을 정한 것이라고 할 수 있다"라고 규정함으로써 이러한 입법방향을 보여주고 있다. 또한 라오스 기업법에는 국가의 역할에 대한 규정도 포함하고 있다. 국가는 관세 및 조세에 관한 정책, 규제 및 방법을 공표하고, 기업에게 정보, 서비스 및 기타 편의를 제공함으로써, 모든 비통제 부문에서 내국인과 외국인 및 그 단체가 회사를 설립하거나 기업 활동에 참여하도록 촉진하고 조장함으로써 사회경제적 발전에 기여하도록 해야 한다는 것이다(라오스 기업법 제6조). 또한 국가는 경험과 정보를 교환하고, 선진화된 영업 관리상의 자본, 과학, 기술 및 경험을 활성화함으로써, 사업 활동에 있어서 국제적 관계와 협력을 촉진시키며, 또한 시장개방 및 지역적 통합과 국제적 통합을 촉진시키는 역할을 하여야 한다(제7조).

둘째, 사업 활동을 하는 것은 헌법과 사회주의적 경제발전에 관한

---

86) DFDL Meckong, *Laos Legal And Investment Guide*, 2010, p.18.

87) Article 1. (Purposes) The Law on Enterprises determines the principles, procedures and measures for the incorporation, operation and management of enterprises in the Lao People's Democratic Republic with the aims of promoting production, business and services in all economic sectors to develop the workforce (engaged in) production and production relationships1, and (or promoting) national socio-economic growth to contribute to national development and improvement of the livelihood of the multi-ethnic people.

88) 사람들이 사회적 생산에서 상호적으로 매개하는 관계로서, 생산수단의 소유에 있어서의 다른 관계들의 가능성을 열어 둔 개념이다.

당과 국가의 정책에 따르는 국민의 합법적 권리라는 점이다. 라오스 기업법 제6조에 따르면, 기업의 합법적인 권리와 이익, 즉 그 자본과 재산은 법에 따라 보호된다.

셋째, 내국인, 외국인, 사기업, 국유기업을 포함한 모든 경제주체에게 동등한 조건을 제공해 주어야 한다는 점이다. 이러한 방향에 따라 라오스 기업법은 모든 회사유형에 대하여 동등한 법률적 조건을 제공해 주고 있다. 라오스에서 기업을 설립하거나 사업거래에 참여할 권리는 라오스에 거주하는 라오스 국민, 외국인거주자, 국적 불명자와 라오스에 거주하지 않는 외국인 및 그들의 단체에게 주어진다(제3조). 국내외의 모든 경제부문은 사업 활동에 있어서 법 앞에 평등하고, 생산력의 증대와 생산, 사업 및 서비스를 확장함에 있어서 경쟁하고 협력할 수 있다(제4조). 라오스 기업법은 라오스에서 설립되고 운영되는 국내외의 사기업과 국가기업(State enterprises) 및 합작기업에 적용된다. 협동기업(Cooperative enterprises)과 소매상은 이 법의 적용을 받지 않으며, 별도로 상세히 규율된다(제8조).

구 라오스 회사법하에서 새로운 기업을 설립하는 데 공식적으로 요구되는 평균기간은 과도하게 길었다. 2005년 라오스 기업법은 이러한 불필요한 시간 소요와 복잡한 절차에 근본적인 변화를 가져왔다. 기업등기는 설립을 위한 허가를 얻는 개념이라기보다는 설립의 통지를 하는 절차라는 원칙하에서, 설립규정을 승인 절차에서 등기 절차로 개선함으로써 헌법에 보장된 권리인 라오스에서 회사를 세울 수 있는 자유를 한층 더 보장하게 되었다. 기업법은 사기업에 대한 보다 투명한 절차를 마련하였다. 특히 기업설립에 관한 규정과 절차를 간소화하였으며, 자유재량의 허가제에서 자동 등기제로 변경하였다.

단, 제한 또는 금지 활동에 관한 목록에 해당하는지는 따져 보아야 한다. 이론적으로 기업은 그 사업 활동이 통제사업 목록[89]에 해당하지 않는 한 승인 없이 설립될 수 있다.[90] 이렇게 간소화되고 투명해진 기업설립 절차는 라오스가 기존의 사회주의 국가로서의 부정적 이미지를 벗고, 기업이 성공적으로 정착할 수 있는 국가로 인식하게 해주는 기회를 제공해 주었다고 할 수 있다.

기존 회사법은 회사의 유형에 따라 최저등록자본금을 다르게 요구하였다.[91] 최저자본금의 요구는 본래, 기업의 실패나 신용 불능상태에 이를 것을 대비하여 채권자를 보호하기 위하여 제정되었다. 또한 라오스에서는 비록 최저자본금의 요구액이 국제적 기준에 비하여 높은 것이 아니지만, 실제로 그것은 기업 형성을 주저하게 만들고 있었다.[92] 라오스 기업법은 사기업 부문의 투자를 더욱 촉진시키기 위하여 최저자본금의 강제 규정을 제거하였다. 그러나 기업법 이외의 다른 특정 법률과 규정에 의하여 기업유형에 따른 다양한 등록자본금은 여전히 요구되고 있다(제20조).

2005년 라오스 기업법하에서 일정한 비용을 지불하는 자는 누구든지 기업 등기서류를 열람할 수 있다. 라오스 기업법 제19조는 "개인과 법인은 기업 등기공무원에게 제출된 등기서류를 열람하거나 그 사본을 요청할 수 있다. 그러한 등기서류는 기업이 동법의 요구하는

---

89) 이 용어는 '제한적 목록(negative list)'으로도 표기하며, 국가안전, 사회질서 및 건전한 국민전통에 그리고 환경에 고도로 민감한 사업유형의 목록을 말한다. 그 기업의 등기에 앞서 관련 당국의 승인 및 검사를 받아야 한다. 여기서 검사(inspection)라는 용어는 제한(control), 감독(supervision), 감사(audit), 감시(monitoring)라는 관련된 개념들을 포함하고 있다.

90) 다만 통제사업 목록에 속하는 사업을 운영하고자 하는 투자자들에 관하여는 그 절차가 보다 구체적으로 규정되어 있다.

91) 개인기업은 1,000,000Kip(킵), 유한회사는 5,000,000킵(Kip), 공개회사는 50,000,000킵(Kip).

92) International Finance Incorporation, *Business Issue Bulletin No.3*, July 2006, p.3.

바에 따라 기업등기를 위하여 제출한 서류를 말한다. 이 서류의 사본을 요청하는 사람은 정해진 비용을 납부해야 한다. 이 조에 규정된 서류 외에는, 법률에 다른 규정이 없는 한, 공시는 관련 기업의 사전 동의가 있어야만 허용된다"라고 규정하고 있다.[93]

3. 기업의 형태

〈표 10〉 라오스 기업법상 기업의 형태

사기업				국유 기업	합작 기업	집단 기업
개인 기업	조합 기업	회사				
		유한 회사	공개(주식) 회사			

라오스 기업법상 기업(enterprise)이라 함은, 개인 또는 법인으로서 명칭·자본·조직·경영인·사무소를 가지고 라오스 기업법에 근거하여 기업으로 등기된 사업조직을 말한다(제2조).[94] 라오스에서는 사기업, 국유기업, 합작기업, 집단기업의 4가지 형태의 기업이 설립될 수 있다(제9조). 특히 사기업의 형태[95]는 개인기업, 조합기업, 회사로 분류된다(제10조). 조합기업은 일반조합기업, 유한책임조합기업으로 나뉘며, 회사는 유한회사(1인 유한회사를 포함), 공개회사로 분류된다

---

93) 김동훈·이준표, 「라오스 기업법에 관한 고찰」, 27~28면.

94) An enterprise (refers to) a business organisation of individuals or legal entities which shall have a name, capital, an administration and management, and an office, and which is registered as an enterprise under this law. An enterprise is also referred to as a business unit.

95) 모든 종류의 기업의 설립과 운영을 위한 기초가 되는 사업조직을 말한다.

(제11조).96) 각 회사의 기초는 사원들 사이에 존재하는 계약에 두고 있다.97)

라오스 기업법 제2조의 정의에 의하면, 개인기업(sole-trader enterprise)이란 개인이 소유하는 기업형태를 말한다. 개인기업은 기업의 채무에 대하여 무한책임을 지는 기업소유자의 명칭으로 운영한다. 조합기업(partnership enterprise)이란 이익을 분배할 목적으로 공동사업운영을 위하여 투자한 둘 이상의 투자자 간의 계약에 근거하여 설립된 기업형태를 말한다.

일반조합기업(general partnership enterprise)이란 주로 상호 신뢰에 기초한 조합원들이 공동으로 운영하며, 모든 조합원이 기업의 채무에 대하여 연대하여 무한책임을 지는 조합기업형태를 말한다. 유한책임조합기업(limited partnership enterprise)이란 조합원의 일부(일반조합원)는 기업의 채무에 대하여 무한책임을 지고, 다른 조합원들(유한책임조합원)은 기업의 채무에 대하여 유한책임을 지는 조합기업형태를 말한다(제2조).

회사(company)는 그 자본을 각각 동등한 가치를 갖는 주식으로 분할함으로써 설립되는 기업형태를 말한다. 회사는 주주와 독립한 실체로서 법인격이 인정된다는 점에서 조합형태의 기업과는 근본적으로 다른 성격을 가진다. 주주는 회사의 채무에 대하여 자기가 인수한 주식의 미납입분을 초과하지 않는 금액까지만 책임을 진다. 유한회사(limited company)란 이 법 제85조 제1항에 규정된 1인 유한회사의 경

---

96) 공개회사와 폐쇄회사는 회사의 규모와 운영 실태에 따라 회사법의 일부 규정의 적용을 달리해야 할 것이라는 입법론적 착상에서 나온 구분이다. 대체로 미국의 publicly held corporation, closely held corporation, 그리고 영국의 public company, private company의 구분에 좇아 구별한다(이철송, 전게서, 81~82면).

97) Terry Reid, "Legal impediments to investment in Laos", *Centerbury Law Review*, 1998, pp.7~8.

우를 제외하고, 2명 이상 30명 이하의 사원으로 구성된 회사형태를 말한다. 사원이 1인인 유한회사는 "1인 유한회사"라고 한다.

공개(주식)회사(public company)란 9명 이상의 발기인인 주주로 구성된 기업형태를 말한다. 국유회사란 국가가 설립하여 회사에 적용되는 법규에 따라 운영하는 회사를 말한다. 국유기업은 국가가 그 지분의 50% 이상을 소유하고 양도 시 그 지분을 50% 미만으로 하여야 한다. 합작기업이란 국가와 국내외의 다른 부문[98]이 공동으로 설립한 기업을 말하며, 각 당사자는 그 주식의 50%씩을 가진다(제2조).

제6절 캄보디아 기업법

1. 입법 경위

캄보디아의 법체계는 다양한 배경을 가지고 있다. 구체적으로 아시아 관습법과 프랑스 보호정치 기간 동안 소개되었던 프랑스 시민법 전통, 1980년대 베트남 등으로부터 전래된 공산주의체제, 1990년대 초반 '유엔캄보디아과도행정기구(United Nations Transitional Authority in Cambodia; UNTAC)'의 활동, 그리고 1993년에 채택된 새로운 캄보디아 헌법 등의 영향을 받았다.

---

98) 이는 "비정부 부문의 당사자"라는 의미로서 개인 또는 법인 투자자를 뜻한다.

캄보디아는 1863년부터 1953년까지 프랑스의 식민지였기 때문에, 기본적으로 프랑스 대륙법계의 영향을 많이 받았다. 그러나 1954년 캄보디아가 독립한 이후, 크메르루지(Khmer Rouge)[99] 혁명군이 집권함에 따라, 그 집권기간(1975~1979) 동안 프랑스 법에 기초한 법률시스템이 파괴되었다.[100] 1979년에서 1989년까지 베트남과의 친선관계 기간 동안에는 캄보디아 헹 쌈린(Heng Samrin)[101] 정권이 베트남식 사회주의 행정부와 법체계를 확립하려고 노력하였다. 이 시기 베트남은 캄보디아의 법률을 기안하는 데에 많은 영향과 도움을 주었다. 1989년부터 캄보디아는 개방적 사회주의와 UNTAC의 중재 그리고 1993년 자유민주선거를 진행하였다. 선거를 통해서 연립정부가 구성되었고 헌법이 제정되었다. 이 시기부터 캄보디아는 자유민주주의와 시장경제 체제를 채택하였으며, 민주주의의 정착, 지역적 통합, 중소기업의 사유화, 법제 정비, 외국인 직접투자 장려 등을 주요 목표로 하여 개혁을 진행하였다.

캄보디아는 주로 UNTAC로부터 대륙법계 프랑스 법을 계수하였다. 그러나 구체적인 내용 면에서는 많은 부분이 영미법계를 따르고 있다. 민법과 민사소송법의 기초를 의뢰받은 일본은 JICA가 중심이 되어 3년간 크메르어로 된 법안을 준비하였다. 즉 일본의 법률가와 캄보디아 정부가 함께 검토하는 회의기관을 캄보디아 사법부 내에 설치하여, 그 운영비용에 대해서도 일본이 지원하기로 캄보디아 사법부

---

99) 1975년부터 1979년까지 캄보디아를 통치하고 대량 학살한 급진 공산주의 혁명 단체를 말한다.

100) ADB, *Law and Policy Reform 2003 Edition*, March 2004, pp.58~62.

101) 캄보디아 정치가이며, 폴포트 정권에 반대하는 동부의 반중앙정권 세력에 가담, 캄보디아구국민족통일전선을 조직해 수도 프놈펜을 함락시킨 후 캄보디아인민공화국을 선포하고, 인민혁명평의회 의장에 취임하였다.

와의 사이에서 합의하였다.[102]

캄보디아는 1993년 새로운 헌법[103]의 공포와 함께 '캄보디아 왕국'을 수립하고 입헌군주국으로 복귀했다. 캄보디아는 1990년대 초부터 이웃국가인 라오스, 베트남과 함께 오랫동안 유지해 오던 계획경제체제를 포기하고, 사적 부문에 대한 정부의 개입을 줄이면서 법적 기반을 구축하기 시작하였다.[104] 캄보디아 헌법 제56조[105]는 캄보디아가 시장경제를 채택한다고 선언하고 있다. 시장경제 체제로의 전환과 함께 외국인 투자법을 비롯한 경제발전을 위한 규범이 마련되었다.[106] 또한 캄보디아는 2004년 WTO 가입을 계기로 46개에 달하는 국내법을 WTO 규범 및 시장경제 유지에 적합한 법규정으로 개정하는 작업을 지속적으로 추진하면서, 새로운 법 제정을 위해서도 노력하고 있다.[107]

기업법제와 관련하여, 캄보디아 국회는 2005년 4월 「캄보디아 상사 기업법(Law on Commercial Enterprises)」[108]을 마련하여 같은 해 9월에 시행하였다. 캄보디아 기업법은 이미 1995년에 제정된 「상업규칙

---

102) 권오승 외 3, 전게서, 66면.

103) 총 14장 140개 조항으로 구성된 1993년 캄보디아 헌법은 자유민주주의, 다당제, 삼권분립, 민족적·종교적 평등, 영세중립, 비동맹, 내정불간섭, 자유시장경제, 18세 이상 전 국민의 참정권 부여, 성차별 금지, 사형제 폐지 등을 주된 내용으로 하고 있다(김성주, 「인도차이나반도 사회주의 국가의 체제전환과 개혁·개방정책」, 『한국정치외교사논업』 제25집 1호, 한국정치외교사학회, 2003, 315면).

104) 캄보디아정부는 경제성장의 핵심 엔진을 사기업부문이라고 보고 전략적으로 이 부문에 집중해 오고 있다. 캄보디아정부는 투자환경과 무역 활성화 및 사부문 발전을 개선하기 위한 조치를 제안 및 이행하기 위하여 2000년에 Government-Private Sector Forum을 구성하기도 하였다(ADB, "Enhancing the Business Environment of the Greater Mekong Subregion", p.5).

105) Article 56. The Kingdom of Cambodia shall adopt the market economy system. The preparation and process of this economic system shall be determined by the law.

106) 김성주, 상게논문, 319면.

107) ADB, "Strategy and Action Plan for the Greater Mekong Subregion Southern Economic Corridor", 2010, p.21.

108) 원문으로 'ច្បាប់ស្តីពីសហគ្រាសពាណិជ្ជកម្ម(Law on commercial Enterprises)'이다. 이하에서는 '캄보디아 기업법'이라고 한다.

및 상업등기에 관한 법률(Law on Commercial Rules and Register)」에 기초를 두고 있다. 캄보디아 기업법은 기업 활동 및 캄보디아 내에서의 사업을 실행하는 기업가들을 규율하는 법으로서,[109] 부분적으로는 대륙법과 영미법 전통을 모두 가지고 있는 캐나다 기업법 모델에 기초를 두고 있지만 전체적으로는 미국, 영국, 싱가포르, 호주, 홍콩 등과 같은 영어권 국가들의 기업법과 유사한 부분이 많다고 평가된다.[110]

2. 구성 및 특징

캄보디아 기업법은 총 8장 304조로 구성되어 있다. 제1장에서는 범위, 정의 등기대리인과 등기사무소 등에 관하여 정하고 있으며, 제2장에서는 일반조합에 관하여 규정하면서, 조합원 간의 관계, 조합과 제3자 간의 관계, 조합원의 책임, 조합의 해산과 청산에 관하여 정하고 있다. 또한 제3장에서는 비공개회사와 공개회사의 설립과 지배구조, 해산과 청산에 관하여, 제4장에서는 외국기업에 관하여 규정하고 있다. 그리고 제5장에서는 대표소송, 제6장에서는 위법행위, 벌칙, 구제수단에 관하여 정하고 있다. 그 밖에 제7장에서는 과도기적 규정을, 제8장에서는 최종규정을 두고 있다.

---

109) 현재 캄보디아 기업관계법에는 2005년 캄보디아 기업법(Law on Commercial Enterprises) 이외에도 Commercial Code(1950), Law on Commercial Rules and Registers(1995 & 1999), Law on Management of Quality and Safety of Products and Services(2000), Law concerning Marks, Trade Name and Acts of Unfair Competition(2002), Law on Commercial Arbitration(2006), Law on Insolvency(2007), Law on Secured Transactions(2007) 등이 있다(ADB, "Economic trend and prospects in developing Asia", *Asian Development Outlook 2010 Update*, 2010, p.200).

110) United States Agency for International Development, *Southeast Asia Commercial Law & Institutional Reform and Trade Diagnostics -Cambodia*, 2007, p.10.

〈표 11〉 캄보디아 기업법의 구성

제1장 총칙(제1조~제7조) 제2장 일반조합기업(제8조~제84조) 제3장 비공개회사와 공개회사(제85조~제269조) 제4장 외국기업(제270조~제286조) 제5장 대표소송(제287조~제289조) 제6장 위법행위, 벌칙, 구제수단(제290조~제299조) 제7장 과도기적 규정(제300조~제302조) 제8장 최종규정(제303조~제304조)

　　2005년에 개정된 캄보디아 기업법은 회사 설립 절차를 간소화하였고, 투자자 보호 및 국내외의 투자를 장려하기 위하여 많은 국제적 기준들을 따라 기업지배구조 규칙들을 규정하였다.

　　특히 기업지배구조에 있어서는 선진 시장경제 국가들의 국제적 기준을 따르고자 하는 내용들이 캄보디아 기업법에서 다수 발견되었다. 예를 들어, 이사와 임원들에 대한 주의의무에 관한 규정(캄보디아 기업법 제289조), 이사의 불법행위에 대항하여 회사의 이름으로 투자자에 의해 제기할 수 있는 대표소송에 관한 규정(제287~제288조), 이사회에 대한 세부 규정들(제116조~제137조), 주주총회, 의결권, 대리행사, 기타 투자자 보호 관련 세부 규정(제205~제223조) 등이 있다. 이러한 규정들은 현재 캄보디아 내에서 주를 이루고 있는 비공개회사의 주주 및 투자자의 보호에 유용한 규정들이기는 하다. 그러나 공개회사의 부재 및 기업법의 실효성을 담보해 주는 사법제도의 안정성에 대한 문제점 등 캄보디아의 현 상황을 고려해볼 때 현실과는 다소 괴리가 있는 규정이라고 할 수 있다.

　　또한 지배구조와 관련된 규정에는 투명성 확보 및 새로운 투자 장려에 걸림돌이 되는 내용들이 포함되어 있다. 예를 들어, 1주 1의결권

기업공개를 전제로 하는 유한회사의 한 형태를 말한다(제89조). 주주의 수에 제한이 없고, 주식공모가 가능하다는 점이 비공개회사와 가장 큰 차이점이다. 이는 한국 상법의 주식회사와 유사하며, 기업공개를 전제로 하는 회사라는 점에서 최근 설립된 캄보디아 증권거래소에 상장되는 상장회사의 기본적인 회사형태가 될 것이다.[114]

이 밖에 캄보디아 기업법은 외국기업에 대하여도 규정하고 있다(제270조~제286조). 이 법에 따른 외국기업(A foreign business)이란, 영업소가 속한 외국의 법률에 의하여 설립되어 캄보디아에서 사업 활동을 하고 있는 법인을 말한다(제87조). 캄보디아 기업법상 외국기업은 상업대표사무소 내지 지사를 설립할 수 있다(제274조). 외국기업은 외국인 내지 외국법인에게 금지된 행위를 제외하고 국내회사와 동일하게 정기적으로 상품을 구매하거나 판매할 수 있으며 용역을 수행할 수 있고 제조, 가공 및 건설에 종사할 수 있다(제278조).

제7절 미얀마 기업법

1. 입법 경위

미얀마의 법체계는 영미법계에 뿌리를 두고 있다. 그러나 다른 요

---

114) 김봉철·이준표, 「캄보디아 기업법상 회사지배구조의 특징」, 112~113면.

소들이 가미되어 현재 미얀마의 법체계는 관습법, 성문화된 영국보통법, 최근의 미얀마 법령들이 결합된 독특한 모습을 취하고 있다. 이에 대해 영미법계와 대륙법계의 혼합 형태로서 영미보통법의 원칙들이 성문법이라는 매개체 속에 심겨져 있다고 보는 견해도 있다.[115] 영국 보통법의 기초 위에 제정된 미얀마 법률에는 계약법, 신탁법, 자산양도법, 물품매매법, 기업법, 민사소송법 등이 있다.

19세기 후반 미얀마 꼰바웅 왕조의 세력 확장은 당시 인도 내에 있던 영국 세력과 충돌하게 되는 결과를 초래하였고, 3차에 걸친 전쟁을 통해 미얀마는 결국 1886년 영국령 인도에 편입되었다. 1937년 영국의회가 개정 미얀마 통치법을 통과시킴에 따라 미얀마는 인도로부터 분리되어 직할 식민지와 자치령의 중간적인 지위가 되었다.[116]

미얀마는 1948년 1월 4일 영국으로부터 독립하였고, 영연방으로부터도 탈퇴하였다. 우누의 반파시스트 인민자유연맹(Anti-Fascist People's Freedom League; AFPFL)이 집권함에 따라 대내적으로는 사회주의를, 대외적으로는 엄정중립주의를 표방하게 되었다.[117] 1962년 군사 쿠데타로 집권한 네윈은 마르크스주의와 불교적 정신가치를 접목시킨 이론인 "인간과 환경의 상호관계"를 발표하고 '버마식 사회주의(Burmese Way to Socialism)' 체제의 기본 이념을 정립하였다. 버마식 사회주의 개혁 작업의 핵심은 국유화 추진이었으나, 생산 서비스 등 전 경제 분야에 걸친 국유화 추진은 기업운영의 효율성 저하 및 민간부문의 활

---

115) Tun Shin, "Commercial Laws of Myanmar", A Seminar in International Business Center, Yangon, 1999.

116) 미얀마의 식민지 시대의 구체적 상황에 대하여는, 박장식·김민아, 「미얀마의 식민지 시대의 재평가—식민주의의 정치적 유산과 청산」, 『동남아시아연구』 제18권 제1호, 한국동남아학회, 2008, 73~107면 참조.

117) 우누 수상은 1962년 네윈 총사령관의 쿠데타에 의해 물러날 때까지 10여 년간 재임하면서 신생국의 기반을 닦기 위해 노력했으나, 공산당과 소수민족의 반란에 따른 내전 등으로 집권기간 중 많은 어려움에 봉착하였다.

력 감소를 초래하여 침체가 심각했으며, 마이너스 성장을 기록하였다.

버마식 사회주의 경제의 실패로 인하여 대규모 반정부 시위가 계속되어 무정부상태를 초래하기도 하였다. 1988년 네윈의 막후 조종에 의한 쿠데타의 발생으로 국가법질서회복위원회(State Peace and Development Council; SLORC)를 중심으로 한 군사정부가 등장하게 되었다. SLORC는 기존의 모든 통치기구를 해체하고, 입법, 사법, 행정 등 모든 국가권력을 장악하였으며, 1988년 신경제정책의 도입으로 '버마식 사회주의' 경제체제를 탈피하고 자유시장경제체제로 전환하여 대외개방과 민간경제의 활성화, 공기업 민영화, 무역과 외환 자유화 등을 실시하고자 하였다.

1990년 다당제 총선 결과, 야당인 민주국민연맹(Anti-Fascist People's Freedom League; NLD)이 압승하였으나 이를 부정하고 반정부세력 탄압을 강화하였다. 당시 SLORC 의장[118]이었던 소몽은 NLD에 정권 이양 의사가 없음을 표명하고 외세 간섭 배격 강조, 신헌법 제안, 동 헌법에 따라 등장하는 신정부에 권력을 이양하기로 약속하였다. 1993년 1월 9일 신헌법 제정을 위한 제1차 국민회의를 개최하여 1994년 헌법을 제정하였고, 1997년 11월 15일 SLORC를 해체하고 국가평화발전위원회(State Peace and Development Council; SPDC)를 출범시키는 한편 대규모 개각을 감행하였다. 2008년 2월에 군사정부는 민주화 일정을 발표하고, 동년 5월 국민투표로 신헌법을 채택하였다. 미얀마 헌법은 다당제 민주주의를 추구하며, 군부[119]의 국가의 정치적 참여를 규정

---

118) 당시 SLORC 의장은 군사, 국가, 정부의 수장이었다.

119) 미얀마에서의 군부(Tatmadaw)의 최고 지휘관은 군총사령관(Defence Services Commander-in Chief)으로 부통령급에 해당한다. 미얀마에서는 군통수권을 대통령이 아닌 군총사령관이 보유하고 있다. 다만 군총사령관은 대통령이 국방안보위원회(NDSC)의 제안과 승인을 얻어 임명한다. 미얀마에서 군부는 군행

하고 있다.

미얀마정부는 2010년 10월 21일부터 기존 미얀마연방(Union of Myanmar)에서 미얀마연방공화국(Republic of Union of Myanmar)으로 국명을 새롭게 제정하였다. 현재 군부통치하 행정부의 권한은 SPDC에 있다.

법률개혁은 1988년 SLORC의 주도로 이루어졌는데, 네윈 정권 당시 공포되어 존재하던 사회주의 법률을 폐지하고 그 전에 존재했던 보통법 체제를 회복하였다. 미얀마는 네윈의 사회주의 규칙이 지배하던 시절 폐지되었던 영미법계 회사법을 복원하였으며, SLORC는 1988년 11월 외국인투자법을 공포하고 동년 12월에 외국인투자법 시행령을 공포하였다. 초기 이행기에 제정된 새로운 법들에는 국유경제기업법(1989), 사적산업기업법(1990), 미얀마시민투자법(1994) 등이 있다. 캄보디아, 라오스, 베트남 등 다른 메콩경제권 국가들과 비교하여, 외국인투자법 적용이 강제되지는 않았다는 점이 특징이다. 이는 외국인 투자자들이 미얀마 기업법(1913)과 미얀마 기업규정(1957)을 통해서도 충분히 회사를 설립하고 지점 내지 대표사무소를 설립할 수 있도록 하였기 때문이다.

미얀마 기업법(The Myanmar Companies Act)은 1913년 인도 회사법을 기초로 만들어져 1914년 공포되었다. 그동안 개정이 이뤄지지 않아 대부분 규정이 현실과 동떨어져 있는 실정이다. 1991년에 한 차례 개정이 있었지만, SLORC 의장의 권한에 관한 1개 항의 추가에 그쳤다. 그밖에 미얀마 기업규칙(Companies Rules, 1940), 특별기업법(the Special Company Act, 1950), 미얀마기업규정(The Myanmar Companies Regulations, 1957) 등이 존재하여 기업법을 보충하고 있다.

정 및 사법 관련 사항을 독자적으로 결정할 수 있다.

미얀마 기업법을 비롯하여 상법, 경제법 등 과거에 존재해 왔던 보통법 체계의 법률은 전체적으로 현대화할 필요성이 있다. 1988년 채택한 시장경제 체제하에서, 이러한 법들이 살아 있는 법으로 적용될 수 있도록 적극적으로 노력해야 할 것이다.

2. 구성 및 특징

미얀마 기업법은 미얀마 내에 있는 기업들을 규율하는 기본적인 법이다. 미얀마 기업법은 총 11장 287개의 항으로 구성되어 있으며 내외국인 회사의 설립 및 등기에 관한 절차를 규정하고 있으며, 기본정관, 부속정관, 자본금, 주주, 주식양도, 지배구조, 이사 및 이사의 의무, 감사 등에 관하여 규정하고 있다.

〈표 13〉 미얀마 기업법의 구성

제1장 서문(제1조~제3조) 제2장 구조와 설립(제4조~제27조) 제3장 무한회사의 자본금, 등기 및 이사의 무한책임(제28조~제71조) 제4장 경영 및 운영(제72조~제154조) 제5장 청산(제155조~제247조) 제6장 사무소 등기와 비용(제248조~제249A조) 제7장 이전 회사법하에서 형성 및 등기된 회사에 대한 법의 적용 (제250조~제252조) 제8장 현행법하에서 등기된 회사(제253조~제269조) 제9장 비등기 회사의 청산(제270조~제276조) 제10장 미얀마연방 밖에서 설립된 회사(제277조~제277E조) 제10-a장 은행회사(제277F조~제277N조) 제11장 보충규정-절차 및 벌칙(제278조~제287조)

미얀마 기업법은 구성에 있어 구 영국 회사법과도 유사한 점이 많다. 기업법상 회사 설립과 관련하여 기본정관과 부속정관에 관한 규정을 상세히 두고 있으며, 해산 및 청산에 관하여 미얀마 기업법 제155조에서 제245조에 걸쳐 법원에 의한 해산, 사원에 의한 해산, 주주 내지 채권자에 의한 해산 등으로 구분하여 구체적으로 규정하고 있는 점이 특징이다.

3. 기업의 형태

〈표 14〉 미얀마 기업법상 기업의 형태

공회사			사회사
유한책임회사		무한책임회사	
주식회사	보증책임회사		

미얀마 기업법에서 기업이라 함은, 미얀마 기업법에 의하여 설립되고 등록된 회사 내지 1882년, 1886년의 인도 기업법에 의해 설립등기를 마친 회사를 말한다. 미얀마 기업법상 회사는 크게 미얀마회사와 외국인회사로 분류하고 있는데, 미얀마회사란 미얀마 시민에 의해 소유되고 통제되는 회사를 의미하며, 외국인회사란 미얀마회사 이외의 회사 내지 특별기업법(1950)하에서 설립된 특별회사로서, 미얀마 밖에서 설립되고 미얀마 내에서 사무소를 설립한 회사를 말한다(미얀마 기업법 제2조). 미얀마 기업법상 회사는 공회사와 사회사로도 분류한다. 사회사(private company)는 경우에 따라 지분의 양도를 제한할 수

있고 50명 이하의 사원으로 구성되며 지분인수 내지 사채를 위한 공개모집이 금지된다. 공회사(public company)는 사회사가 아닌 회사로서, 미얀마 기업법(1913)과 인도 기업법(1882, 1886)하에서 설립된 회사를 말한다. 미얀마 기업법에서 인정되는 회사형태는 책임 유무에 따라 크게 유한책임회사와 무한책임회사로 나뉘며, 유한책임회사는 책임을 제한하는 방법에 따라, 주식유한회사, 보증유한회사로 분류된다. 그러나 이 가운데 현재 미얀마에 존재하는 법인 형태는 주식유한회사에 한하며, 보증유한회사 및 무한회사는 실제 존재하지 않는다. 주주의 책임과 관련하여, 미얀마 기업법은 한국 상법의 회사편과 같이 무한책임회사는 주주의 책임이 제한되지 않고 유한책임회사는 주주의 책임을 진다는 점에서 그 내용이 동일하다고 볼 수 있다. 유한책임회사 중 보증책임회사의 주주는 사전에 정해진 금액 범위 내에서 책임을 지게 되며, 주식회사의 경우에는 주주 소유 주식의 한도에서 책임을 지게 된다.[120]

제8절 한국 상법과의 비교

지금까지 메콩경제권 국가들의 법계 및 기업법에 관하여 개관하여 보았다. 메콩경제권 국가들의 법계는 각국의 역사적 흐름을 따라, 전

---

120) DFDL Mekong, Myanmar Legal And Investment Guide, 2010, pp.19~20.

통시대를 시작으로 식민통치 시기, 사회주의 시기, 체제전환 시기 등을 거치면서 다양한 법계를 계수함으로써 복합적인 성격을 지니게 되었다고 평가된다. 메콩경제권 국가들의 기업법의 입법 경위와 체계 구성 및 특징 등을 고려해 볼 때, 기존의 법계구분과 동일한 기준으로 각국의 기업법 체계를 정의하기에는 어려움이 있다. 예를 들어, 태국은 원칙적으로 대륙법계 국가에 속하지만, 기업법 특히 공개주식회사를 규율하는 태국 공개주식회사법의 경우에는 영국의 법체계와 내용을 계수하였다. 또한 사회주의 계획경제에서 자본주의 시장경제로 전환한 많은 메콩경제권의 이른바 '체제이행국가들'의 기업법도 대륙법계 또는 영미법계의 법을 모델로 하여 체제전환을 도모하거나, 대륙법계와 동시에 영미법계의 법을 모델로 하여 체제전환을 추진하는 경우도 있다. 중국, 베트남, 라오스의 기업법은 대륙법계의 영향을 받아 왔으며, 태국, 미얀마의 경우에는 영미법계의 영향을 많이 받아 기업법 체계상 유사한 면이 많다. 한편 캄보디아 기업법의 경우에는 대륙법계와 영미법계가 혼합된 모습을 가지고 있음을 발견할 수 있다. 즉 메콩경제권 국가들의 기업법은 대륙법계와 영미법계가 혼합된 캄보디아 기업법을 중심으로 중국과 베트남, 라오스의 기업법은 대륙법계의 영향을, 태국과 미얀마의 기업법은 상대적으로 영미법계의 영향을 많이 받은 것으로 볼 수 있다.

기업법의 구성으로 볼 때, 메콩경제권 국가들 중에서 중국의 기업법이 가장 체계적이다. 중국 기업법은 회사의 이사, 감사, 임원의 의무에 대하여 별도의 장으로 규율하고 있으며, 상장회사의 조직기구 특별규정을 마련해 놓고 있다. 반면 미얀마의 기업법은 1914년 제정

이후 관련 보충 법규들이 마련되었으나, 전면적인 개정이 이루어지지 않는 등 체계나 내용상 많은 문제점을 가지고 있다.

한국의 경우, 회사법이 별도의 단행법으로 존재하는 것이 아니라 상법전 안에 포함되어 있다. 반면 메콩경제권 국가들은 모두 독립적인 기업법을 단행법으로 가지고 있다. 상사 입법과 관련하여 단행입법의 형식을 취하는 것은 세계적 추세이다. 일본도 지난 2005년, 상법전 가운데 제2편인 회사편을 단행법화하였다.[121] 단행입법 형식은 사회, 경제적 변화에 따른 개정의 필요성에 보다 유연하게 대응할 수 있다는 장점이 있다. 특히 회사법의 경우 급변하는 기업환경에 대처해야 한다는 점에서, 개정의 폭이 크고 연쇄적으로 일어날 수밖에 없다. 또한 한국 상법상 그 규모의 방대함과 회사법의 위상 등을 고려하면, 회사법을 상법의 한 편으로 구성하는 것보다는 독립된 단행법으로 존재시키는 것이 더욱 바람직하다고 보는 입장도 있다.[122]

기업법상 인정되는 기업의 형태에 있어서 중국과 베트남, 라오스는 한국의 경우처럼 사원의 책임의 형태에 따라 주식회사와 유한회사 등을 규정하고 있으나, 태국, 캄보디아, 미얀마는 주식의 공모 여부에 따라 크게 공개회사와 비공개회사로 구분하고 있다. 공개회사는 한국 회사법상 주식회사 특히 상장회사와 유사하며, 비공개회사는 소규모의 회사를 상정한 회사형태로 한국 상법상 유한회사와 유사한

---

121) 권종호, 「일본상사법의 개별입법화 동향」, 『기업법연구』 제23권 제4호(통권 제39호), 한국기업법학회, 2009. 12, 170면.
122) 최준선, 「한국 회사법의 개정 방향」, 『상장협연구』 제54집, 한국상장회사협의회, 2006, 26면.

면이 있다. 그러나 기업법상 규정들을 검토해 볼 때, 유한회사라기보다는 주식회사에 해당하는 개념으로써 주식회사 중 주식이 공개되지 아니한 중소규모의 회사로 보는 것이 타당할 것이다.

캄보디아, 라오스, 미얀마 기업법의 경우, 유한회사 내지 비공개회사에 대한 규정은 매우 구체적으로 정해져 있지만, 이와 비교하여 주식회사 내지 공개회사에 대한 규정은 매우 미흡하며 대부분 유한회사 내지 비공개회사의 내용들을 준용하도록 하고 있다. 이는 아직 이들 국가에서 공개회사가 활발하게 운영되지 않기 때문인 것으로 보인다. 최근 캄보디아, 라오스에서의 증권거래소 개장을 통해 공개회사의 설립 및 운영이 활발해질 것으로 기대된다. 따라서 이에 대처하기 위한 기업법 개정이 필요하다고 본다. 특히 기업법상 공개회사에 대한 규정은 투자자 보호 및 활발한 투자환경 조성을 위하여 보완될 필요성이 있다. 이 때 한국 상법상의 상장회사에 대한 특례나 태국의 공개주식회사법 등은 많은 도움을 줄 수 있을 것이다.

기업법상 인정되는 기업의 유형과 관련하여, 한국은 지난 2011년 상법개정을 통해 기존의 4가지 회사 유형(주식회사, 유한회사, 합명회사, 합자회사) 이외에 새로운 기업형태로서 합자조합과 유한책임회사를 도입하였다. 변화되는 기업환경에서 기존 상법상의 회사형태만으로는 대처하기 어려움을 직시하면서 새로운 기업형태의 도입 필요성을 절감하게 되었기 때문이다. 메콩경제권 국가들도 당장은 유한회사 형태의 회사가 주를 이루고 있으므로 현재 기업법상 인정되는 기업형태로도 충분히 대처가 가능하지만, 장차 소규모 전문기업이나 서비스업 기타 콘텐츠 제 작업 등과 같은 다양한 기업의 수요가 있게 될 경우, 현재 기업법상 인정되는 기업의 형태만으로는 대처하기가 쉽지 않을 것이다. 따라서 새로운 기업형태의 도입 및 인정을 통하여 회사 설립에 대한 보다 다양한 선택권을 부여하는 것을 검토해 볼 필요가 있다.

현재 사회주의 국가들인 중국, 베트남, 라오스의 경우에는 기업법 상 국가의 개입에 관련된 조항들을 두고 있다. 특히 베트남 기업법은 기업에 대한 국가관리라는 제목의 장을 두고 있으며, 라오스 기업법 은 기업의 행정과 검사라는 제목의 장을 두어 규율하고 있다. 표면적 으로는 기업의 건전한 발전을 위하여 지도하고 지원하기 위한 규정 들이라고 볼 수도 있지만, 사회주의 국가로서 국가의 역할을 분명히 함을 통해 기업 활동을 제한하고 통제할 수 있는 여지를 두고 있는 것이다. 이러한 국가의 개입과 권한을 보장해 주는 법규들은 활발한 회사 운영은 물론이고 기업투자자들의 투자를 머뭇거리게 하는 요소 가 된다. 따라서 회사에 대한 활발한 투자유치를 위하여 좀 더 과감 한 법제개혁이 요구된다. 한편 중국은 베트남, 라오스와 같은 사회주 의 국가이면서도 2005년 기업법 개정을 통해 국가개입에 대한 규정 들을 최소화하였다. 또한 국유독자기업의 특별규정을 마련하여 국유 기업의 개혁의지를 확실히 보여 주고 있는데, 베트남과 라오스 기업 법상 적극 검토해 볼 필요가 있다. 나아가 한국기업 투자가들도 이러 한 사회주의 시장경제 체제 국가로의 진출 및 투자를 할 경우에는 이 러한 국가간섭에 관한 규정들을 특별히 염두에 두어야 할 것이다.

제3장 회사의 설립과 해산

제1절 회사 설립의 일반 원칙

오늘날 많은 국가들의 회사법은 회사의 설립에 필요한 요건을 엄격하게 강화하고 설립에 관한 발기인 등의 책임을 가중한 엄격준칙주의를 채용하고 있다. 이것은 회사에 관한 일반 법률로 회사의 실체 형성에 관한 대내적 요건과 거래 안전에 관한 대외적 요건을 정하고, 요건을 충족하면 당연히 회사의 성립을 인정하는 입법태도이다.[1] 한국의 경우, 발기인을 포함한 설립 관여자의 책임에 관하여 상세한 규정을 두면서 일정한 영업에 관하여는 영업면허제도를 채용하고 있다. 엄격한 준칙주의를 바탕으로 설립면허주의도 동시에 활용하는 것이다. 준칙주의의 경우에도 법률상 설립요건에 일치하면 당연히 법인격을 취득하는 것이 아니라, 등기에 의하여 법인격을 취득하는 것으로 하고 있다(제172조). 등기의 경우에 등기공무원은 오로지 설립 절차가 적법하게 밟아졌느냐의 여부만을 심사하고 설립의 허가 여부를 결정할 권한을 가진 것이 아니므로, 이것이 준칙주의에 지장을 주는 것은 아니다.[2]

중국법상의 회사 설립 원칙은 자유설립주의, 특허주의, 면허주의, 준칙주의로 변천되어 왔으며, 중국이 계획경제에서 시장경제로 전환하면서 회사 설립 원칙도 변화하고 있다. 즉 1993년부터 실시된 면허주의와 엄격준칙주의가 결합된 회사 설립 원칙에서, 2005년 중국 기업법에서는 엄격준칙주의가 주를 이루고 면허제는 보충적인 입법양

---

1) 이철송, 전게서, 84~85면; 최기원, 『기업법개설』 제14판, 박영사, 2011, 97면.
2) 정찬형, 『회사법강의』, 박영사, 2010, 81면.

식이 되었다.[3]

베트남은 회사 설립에 관하여 면허주의 또는 허가주의를 채택하고 있다. 면허주의 내지 허가주의란, 회사에 관한 일반 법률을 미리 제정하면서 이에 근거한 행정처분(면허 또는 허가)으로 회사의 성립을 인정하는 입법태도이다. 면허 또는 허가주의는 1807년의 프랑스 상법전이 채용한 이후 많은 국가의 상법전이 이것을 따랐으나, 행정관청에 의한 설립허부의 심사가 회사 설립을 빠르고 효율적으로 규제하지 못하면서 자본주의 경제의 발전에 적응하지 못하는 결점이 나타났다.[4]

대부분의 메콩경제권 국가들도 회사 설립에 관하여 여전히 허가주의를 유지하고 있어서 사기업 부문에서 많은 문제가 나타나고 있다. 특히 미얀마는 내국기업과 달리 외국기업에 대해서만 허가제를 운영하고 있는데, 허가 없이는 회사 등록이 불가능하다. 미얀마 기업법상 원칙적으로 단 1주라도 외국인이 주식을 보유한 기업은 내국기업이 아닌 외국기업으로 간주된다.[5]

---

3) 이홍욱, 전게논문, 257면.

4) 정찬형, 전게서, 81면.

5) KOTRA, 『미얀마 투자실무가이드』, 2008, 179면.

제2절 회사의 설립

1. 설립의 주체

1) 중국

중국 기업법상 유한회사를 설립하기 위한 사원의 수는 50명 이하로 제한하고 있다(제24조).[6] 그리고 자연인뿐만 아니라 법인 또는 기타 영업조직도 사원이 될 수 있으며, 국가도 국유자산감독관리기구(國有資産監督管理機構)를 통하여 유한회사의 주주가 될 수 있다(제65조). 주식회사의 설립을 위해서는 발기인이 필요하다. 중국 기업법은 발기인을 '회사 설립 사무를 책임지는 자'로 정의하고 있으며(제80조), 2명 이상 200명 이하의 발기인이 필요하다고 규정하고 있다(제79조).

또한 전체 발기인의 과반수가 중국 내에 주소를 두고 있는 자이어야 하며, 발기인 사이의 협의를 통하여 각 발기인의 회사 설립 과정에서의 권리 및 의무를 명확히 정하도록 하고 있다(제80조). 발기인의 자격에 관하여 기업법상 특별한 제한규정은 없으나, 당정기관 및 국

---

[6] 중국 기업법은 유한회사와 주식회사의 설립조건에 관하여 명문의 규정을 두고 있다. 유한회사의 설립조건으로 첫째, 주주의 수가 법정인수에 부합되어야 하며, 둘째, 주주의 출자액이 법정자본의 최저자본금 이상이어야 한다. 셋째, 주주 공동으로 회사정관을 제정해야 하고, 넷째, 상호와 함께 유한회사의 요구에 맞는 조직기구를 설치해야 하며, 다섯째, 회사주소가 있어야 한다(제23조). 주식회사의 설립조건으로는 첫째, 발기인 수가 법정인원수에 부합되어야 하며, 둘째, 발기인이 인수 및 모집한 주식자본이 법정 최저자본금 이상이어야 한다. 셋째, 주식의 발행, 기획 사항이 법률 규정에 부합되어야 하며, 넷째, 발기인이 회사정관을 제정하고, 모집 방식으로 설립된 창립총회에서 채택하여야 한다. 다섯째, 상호가 있어야 하고, 주식회사 설립 요구에 맞는 조직기구를 설치하여야 하고, 여섯째, 회사주소가 있어야 한다(제77조).

가공무원 등은 회사의 발기인이 될 수 없다.[7] 중국 기업법상 1인 유한회사의 설립은 인정되지만, 1인 주식회사는 허용되지 않는다.[8]

2) 베트남

베트남에서도 회사 설립을 위해서 먼저 설립주체가 확정되어야 한다. 발기인 수와 관련하여 유한회사는 2명 이상 50명 이하의 사원이 요구되며, 주식회사는 발기인이 3명 이상이면 되고 상한선에 제한이 없다. 경우에 따라서는 1인 유한회사를 인정하고 있으며, 베트남 또는 외국의 단체와 개인은 베트남 기업법에 따라 베트남에서 회사를 설립·경영할 수 있다. 다만 일정한 경우에 설립 및 경영권은 제한된다(제13조 제1항). 여기서 '일정한 경우'라 함은 국가의 자산을 사용하는 국가기관 및 베트남인민무력부대가 자기의 이익을 위하여 기업을 설립하는 경우, 공무원법 규정에 따른 간부나 공무원, 베트남인민군 산하 각 기관소속사관, 하사관, 직업군인, 국방공민 및 산하 부대, 미성년자, 행위능력 없는 자 또는 행위능력이 제한된 자, 구금형벌집행 중인 자, 법원에 의한 경영행위 금지자 기타 파산 관련 법률에서 정하는 단체 및 개인 등을 말한다(제13조 제2항).

---

7) 양동석, 『중국 기업법』, 진원사, 2007, 321면.

8) 2005년 개정 이전에는 중국 기업법은 1인 회사의 설립을 허용하지 않았다. 그러나 2005년 개정 시 투자를 권장하기 위하여 1인 회사의 설립을 허용하였다(한대원 외 9, 『현대중국법개론』 개정판, 박영사, 2009, 414면). 중국 기업법상 1인 회사에 대한 자세한 내용은 吳春岐 主編, 전게서, 358~387면 참조.

3) 태국

태국의 경우,9) 회사는 크게 민상법의 규율대상인 비공개주식회사와 공개주식회사법의 규율대상인 공개주식회사로 구분된다. 양자 모두 회사 설립 주체에 관하여 발기인제도를 두고 있다. 발기인 수와 관련하여 비공개주식회사의 경우는 3인 이상의 발기인(태국 민상법 제1097조), 공개주식회사의 경우는 15인 이상의 발기인이 있어야 한다(태국 공개주식회사법 제16조).

특히 공개주식회사법은 발기인의 자격에 대하여 자세히 규정하고 있다. 먼저 발기인은 자연인에 한하며 법인은 발기인이 될 수 없다. 또한 발기인은 성년이어야 하며, 발기인 총수의 과반수 이상은 태국 내에 거주하는 자이어야 한다.10) 또한 발기인은 주식을 인수하여야 하며, 인수된 모든 주식에 대하여 등기 자본의 5% 이상에 해당하는 금액을 금전으로 납입하여야 한다. 금치산자 또는 한정치산자, 파산자 및 자산의 횡령이나 배임에 대하여 유죄판결을 받은 자는 발기인이 될 수 없다(제17조).

발기인자격에서 사임하려면 모든 발기인의 동의가 있어야 한다. 창립총회의 종료 전에 어떤 발기인이 사망 또는 사임으로 인하여 남은 발기인들이 계속 설립을 추진해야 하는 경우, 발기인의 사망 또는

---

9) 태국 민상법상 조합과 회사의 설립은 원칙적으로 2인 이상의 설립자가 투자에 합의함으로써 이루어진다. 즉 설립자들 간에 설립을 목적으로 하는 계약이 성립되고, 그 이행으로써 설립 절차가 진행되는 것이다(제1012조). 비공개 주식회사의 설립 절차에는 상호의 선정(제1115조), 정관작성(제1098조), 창립총회(제1108조), 출자이행(제1105조), 설립등기(제1111조, 제1112조)를 거쳐야 한다. 주식회사에는 발기인제도가 있으며, 설립 절차에서는 상호의 선정, 정관작성, 창립총회 소집, 출자이행, 설립등기를 거치게 된다. 세부내용에서는 발기인의 수, 주식의 모집 여부, 출자이행 등에서 공개주식회사와 비공개주식회사의 차이를 발견할 수 있다.

10) 그러나 태국 민상법상 비공개주식회사의 개인인 발기인은 반드시 태국 내에 거주할 필요는 없다(제1097조).

사임의 날로부터 1개월 이내에 발기인을 보충하여야 한다. 다만 남은 발기인들이 규정된 수(15명) 이상의 범위에서 발기인을 보충하지 않기로 합의한 경우에는 그러하지 아니하다. 이러한 사항은 보충된 날 또는 보충하지 않기로 합의한 날로부터 14일 이내에 서면으로 주식 인수인들에게 통지되어야 한다. 발기인의 사망이나 사임의 날로부터 3개월 이내에 발기인의 수와 남은 발기인에 관한 기본정관의 변경등기가 있어야 한다. 남은 발기인이 설립을 계속 추진하는 것을 원하지 않거나 절차를 따르지 않는 경우, 이미 등기된 기본정관은 발기인의 사망이나 사임의 날로부터 또는 규정된 기간이 만료된 날로부터 무효가 된다. 발기인들은 기본정관이 무효로 되는 날로부터 14일 이내에 등기소와 주식 인수인들에게 통지하여야 한다(제20조). 발기인이 사망한 경우, 관련 통지의 수령이 있는 날로부터 7일 이내에 발기인에게 통지하여 인수인들은 그들의 인수를 철회할 수 있다(제21조).

인수인이 사망한 경우 인수인이 사망한 날로부터 14일 이내에 인수인 상속자는 발기인으로부터 통지를 받고 그 인수를 철회할 수 있다. 다만 모든 주식이 인수 시에 모두 납입되었다거나 발기인들이 이미 창립총회의 소집통지를 한 경우에는 예외를 두고 있다(제22조).

4) 라오스

라오스 기업법상 발기인이라 함은, 회사의 설립을 시작하는 자를 말하며, 최소 1개의 지분을 가져야 한다. 비공개회사 발기인은 창립총회가 소집될 때까지 회사의 설립과 관련된 모든 활동을 맡게 된다

(제87조). 발기인의 수와 관련하여, 원칙적으로 비공개회사는 2명 이상 30명 이하(제85조), 공개회사는 9명 이상의 발기인이 있어야 한다(제79조). 다만 1인 비공개회사를 인정하고 있고, 30명 이상의 사원으로 이루어진 비공개회사라고 하더라도 특별결의로써 인정된 경우에 한하여 유한회사로서의 지위를 유지할 수 있도록 하고 있다(제85조).

라오스 기업법은 공개회사의 발기인의 자격을 제한하고 있다. 발기인은 행위능력을 가진 자연인 또는 법인으로서, 사업을 운영하는 기간 내에 계속하여 파산자이거나 자산의 횡령이나 남용으로 유죄판결을 받은 자가 아니어야 하고, 등록자본의 10% 이상을 대표하는 주식은 공동으로 소유되어야 한다. 라오스 국민, 외국인 거주자, 라오스에 거주하는 국적 불명자나 라오스에 거주하지 않는 외국인은 공개회사주식의 100%를 보유하는 발기인이 될 자격이 있다. 다만 정부가 필요에 의해 과반수의 발기인이 라오스 국민이어야 한다는 등의 예외를 둘 수 있다(제180조).[11]

5) 캄보디아

캄보디아도 기업법상 회사 설립에 있어서 발기인 제도를 두고 있다.[12] 다만 발기인의 수에서, 비공개회사는 원칙적으로 2명 이상 30

---

11) 라오스 기업법 제179조 참조. 라오스 기업법 규정에 관한 자세한 내용은, 김동훈·이준표, 「라오스 기업법」, 『외법논집』 제35권 제1호, 한국외국어대학교 법학연구소, 2011, 257~271면 참조.

12) 캄보디아 기업법 제259조에서는 캄보디아 상무부 상업등록부서(the Commercial Registration Department)를 두도록 하여 회사등기를 포함한 회사 설립 관련 업무를 담당하도록 하고 있다. 또한 캄보디아 기업법은 기본정관에 필요한 기재사항에 대하여 분명하고 객관적으로 특정하고 있고(제93조), 정관 제출 후 설립증명서를 발급받으면(제97조), 회사는 설립증명서에 기재된 날로부터 법인격을 취득하게 된다고 명시하고 있다(제98조).

명 이하로 제한을 두고 있으며 1인 비공개회사도 가능하다. 공개회사의 경우는 1인 이상이라면 발기인의 수나 자격에는 제한이 없다(제86조). 발기인의 직무권한은 회사 설립일로부터 첫 창립총회가 개최될 때까지 유지된다(제116조).

6) 미얀마

미얀마 기업법상 회사를 설립하려면 먼저 발기인이 있어야 하는데, 특히 발기인 수에 관하여는 회사의 형태에 따라 차이가 있다. 공회사의 경우에는 7인 이상의 발기인이 필요하며 그 상한에는 제한이 없다. 반면 사회사의 경우에는 발기인이 2인 이상 50인 이하로 구성된다(제5조).

7) 한국 상법과의 비교

어느 나라를 막론하고 법률상 회사를 설립하기 위해서는 먼저 설립주체가 확정되어야 한다. 특히 주식회사의 경우 일반적으로 발기인이 회사 설립을 기획하고 절차를 주관하도록 하고 있다. 발기인을 포함한 회사 설립주체는 장래 회사의 재산적 기초 및 법적 기초를 창출하는 역할을 한다는 점에서 중요하다. 메콩경제권 국가들의 기업법도 설립주체에 해당하는 사원 및 발기인에 대하여 그 수와 자격 책임 등에 관하여 규정하고 있다.

한국 상법의 경우 발기인은 주식회사 설립의 기획자로서 정관에 발기인이라고 기재하고 기명날인 또는 서명한 자를 말하며, 주식회사 설립을 위한 발기인의 숫자는 1명 이상이라면 아무런 제한이 없다(제288조). 2001년 상법이 개정되기 전에는 발기인의 수를 3인 이상으로 하던 것을 회사 설립 요건을 완화하는 외국의 입법 추세에 따라 그 요건을 완화하여 1인 이상으로 한 것이다.[13] 메콩경제권 국가들은 기업법상 회사 설립의 주체로서 일정한 수의 사원 내지 발기인을 두도록 하고 있다. 다만 회사의 종류에 따라 발기인의 수와 자격에 관한 규정에는 약간의 차이가 있다.

메콩경제권 국가들 중에는 태국 정부가 2008년 민상법 개정(제1097조)을 통하여, 법인을 설립함에 필요한 발기인의 수를 종래의 7명 이상에서 3명 이상으로 낮추는 등 설립요건을 완화하는 방향으로 나아가고 있다. 완화된 발기인의 수는 회사 설립 절차를 보다 용이하게 할 수 있을 것으로 기대된다.[14] 개정 전 7명 이상의 발기인을 두도록 한 제도에서는, 실제로 1인의 진정한 투자자가 대부분의 주식을 보유하고 6명은 명의만 빌려주는 명목상 발기인인 경우가 있었다. 그러나 발기인 수를 3명 이상으로 축소한 개정 민상법은 이러한 불법적 관행을 이론적으로 차단할 수 있을 것이다.

주식회사의 발기인 수와 관련하여 메콩경제권 국가들 가운데서는 중국이 유일하게 상한선을 200명으로 제한하고 있으며, 태국은 15명 이상, 라오스는 9명 이상, 미얀마는 7명 이상, 베트남은 3명 이상, 캄보디아는 1명 이상으로 정하며 상한선은 제한하지 않고 있다.

---

13) 개정을 통하여 기존 50명 이하의 제한을 두던 상법 제545조를 폐지하는 등 설립에 관한 각종 제한규정들을 철폐하였다(김동훈, 『회사법』, 한국외국어대학교 출판부, 2010, 86면).

14) Boonserm Asavapisit, "Thai Corporate Law amendment", *Asian-Counsel*, A Pacific Business Press, 2008, p.56.

<표 15> 국가별 주식회사의 발기인 수

국가명	주식회사 발기인 수
중국	200명 이하
베트남	3명 이상
태국	15명 이상
라오스	9명 이상
캄보디아	1명 이상
미얀마	7명 이상

한국과 비교하여, 메콩경제권 국가들의 발기인 제한 규정의 취지는 경영활동에서 생기는 사기, 권력의 남용, 수뢰 등의 시장성이 없는 위험으로부터 국가의 이익, 사회의 이익 내지 투자자의 이익을 보호하기 위한 것으로 생각된다. 그러나 회사 설립 절차의 간소화라는 측면에서 발기인 수에 대한 제한규정을 완화하는 것이 필요하다. 물론 메콩경제권 국가들의 현실상 이러한 규범 개선이 있더라도 법률의 실효성을 담보할 수 있는가에 대하여는 의문의 여지가 있다.

2. 설립의 절차

1) 상호의 선정

(1) 중국

중국의 경우 회사 설립 시 상호우선심사비준(商號預先核準)[15]을 신

---

15) 중국에서는 회사의 설립 시 상호에 대한 사전 심사·비준을 거쳐야 한다. 즉 투자자가 공상행정관리국(工商行政管理局)에 상호에 관한 사전 심사·비준 관련 자료를 제출하면 공상행정관리국은 관련 규정에 의

청하여야 한다.[16] 법률, 행정법규에서 회사 설립 시 반드시 심사비준을 받아야 한다고 규정한 경우에는 반드시 심사비준 전에 회사의 명칭에 대하여 심사비준을 받아야 한다.[17] 중국 기업법에서는 유한회사의 경우, 상호에 유한회사라는 문자가 명시되어야 하며, 주식회사의 경우 상호에 주식회사라는 문자가 명시되어야 한다고 규정하고 있다(제8조).

(2) 베트남

베트남의 경우, 상호는 베트남어로 하여야 하고, 숫자 및 상징을 포함할 수 있으며, 발음할 수 있어야 하고, 기업의 유형과 지역의 명칭을 포함하여야 한다. 상호는 본사, 지점, 대표사무소에 게시하여야 하고, 기업의 모든 거래문서, 서류 또는 출판물에 표시하여야 한다. 상호등록을 처리하는 담당 공무원은 일정한 기준하에서 기업의 명칭 사용을 승인 또는 불허할 수 있으며, 해당 공무원의 결정은 최종적인 것으로 본다(제31조).

상호선정에서 기존 기업의 명칭과 동일하거나 혼동을 일으키는 명칭 사용은 금지된다. 또한 기업의 명칭 전부 또는 일부에 국가기관이나 인민군의 명칭을 사용하는 경우, 정치단체, 사회단체, 정치전문가단체, 사회전문가단체, 사회전문가단체의 명칭을 해당 단체의 동의 없이 사용하는 경우와 베트남의 역사 및 문화적 전통이나 도덕 및 관

거하여 부합 여부를 심사한 후, 해당 상호의 사용에 대한 허가 또는 불허 결정을 내리게 된다. 중국에서의 상호 선정에 대한 자세한 내용은, 박춘경, 「중국에서의 상호 보호」, KOTRA, 2006 참조.

16) 중국의 상호에 대한 입법규정은, 주로 기업법 제8조와 1994년 6월 국무원이 공포한 '회사등기관리조례(企業名稱登記管理規定)'와 2000년 1월 국가공상행정관리국에서 공포한 '회사명칭등기관리실시방법(企業名稱登記管理辦法)' 등이 있다.

17) 중국회사등기관리조례 제17조, 제19조 참조.

습에 어긋나는 단어 또는 상징을 사용하는 것도 금지된다(제32조). 기업의 외국어 명칭은 베트남어를 해당 외국어로 번역한 것이다. 번역 시에는 지역의 명칭을 표시하거나 하지 않을 수 있다. 기업의 외국어 명칭을 본사, 지점, 대표사무소, 거래서류 또는 출판물에 공시할 때에는 베트남어 명칭보다 작은 크기로 하여야 한다. 기업 명칭의 약어는 외국어 또는 베트남어 명칭에서 축약할 수 있다(제33조).

(3) 태국

태국에서도 회사 설립 절차를 진행하는 중에서 가장 먼저 해야 할 일은 상호를 선정하는 것이다. 태국법상 상호를 선정하는 것은 원칙적으로 자유이나, 여러 제한규정을 두어 상호권의 부정침해에 대한 법적보호를 하고 있다. 상호 선정을 위해서는, 상무부 상업등록부서(Commercial Registration Department in the Ministry of Commerce)로부터 상호 사용에 대한 허가부터 받아야 하는데, 기존에 사용 중인 상호는 등록이 허용되지 않는다. 그리고 설립하려는 회사의 명칭과 유사한 이름이 등기되어 있는 경우에도 지역이나 설립 목적과 상관없이 새롭게 등록할 수 없다. 유사한 이름으로 인하여 손해를 입은 이해관계자는 그 회사의 발기인을 상대로 손해배상을 청구할 수 있고, 법원이 상호변경의 명령을 하도록 청구할 수 있다(태국 민상법 제1115조). 또한 태국 공개회사법에서는 회사의 상호는 '부령'[18)에서 금지된 내용이어서는 안 된다고 규정하여 상호 선정에 제한을 두고 있다(태국 공개주식회사법 제18조).

---

18) 태국법상 '부령(ก0กะหาง, ministerial regulation)'이란, 장관에 의해 공표된 법령을 말한다.

(4) 라오스

라오스 기업법상 상호를 최초로 등록한 기업은 다른 기업에 대하여 그 상호에 관한 우선권을 가진다. 기업의 상호는 항상 그 기업의 형식이나 범주를 표시하여야 한다. 상호를 등록한 기업의 설립 절차 관련 신청이 수리되지 않는 경우, 등록된 상호는 효력을 상실한다.

기업을 등기한 경우 사업운영자는 그 상호를 나타낸 간판을 설치해야 한다(제21조). 다만, ① 동일한 지역이나 도시 내의 다른 기업의 명칭 또는 널리 알려진 다른 기업의 명칭과 유사하거나 동일하여 혼동을 야기하는 상호, ② 건전한 국가적 문화와 전통 또는 사회질서에 상충되는 상호, ③ 국가나 국제기관의 명칭을 포함하는 상호 또는 문화적 정체성의 상징이나 국가적 성지의 명칭을 포함하는 상호, ④ 기업의 형식이나 범주와 동일하거나 유사한 상호의 경우에는 그 사용이 금지된다(제22조). 그 상호나 면허를 다른 사람으로 하여금 사업활동을 위하여 사용하도록 허락하는 것은 라오스 계약법에 따라 서면으로 이루어져야 한다. 타인의 상호나 면허의 사용에 대한 서면승인이 없는 경우, 해당 상호 또는 면허의 보유자가 그러한 사용을 알고도 항의나 반대를 하지 않았거나 묵인했음을 보여주는 충분한 증거가 있는 때에는 적절한 승인이 있었던 것으로 간주한다(제23조).

기업의 상호나 면허를 타인에게 사용하도록 허락한 자는 약정[19] 또는 법률의 규정에 따라 제3자에게 책임을 져야 한다. 법적 능력이 없는 자에게 당해 기업의 상호나 면허를 사용하도록 허락한 자는 능력 없는 자의 행위에 대하여 책임을 부담한다. 기업의 상호나 면허를 사용함에 있어 법적 제한을 받는 개인이나 법인에게 그 사용을 허락

---

19) 이는 해당 상호 또는 면허의 보유자와 그 상호 또는 면허의 사용을 허락받은 자 사이의 계약을 말한다.

한 자는 그 개인이나 법인의 행위에 대하여 연대하여 책임을 진다. 수권 받은 자가 행한 모든 사업 활동은 기업등기 없이 행해진 사업 활동으로 간주한다. 국영회사는 개인이나 법인에게 그 상호 및 면허를 사용하도록 허락할 수 없다. 이를 위반하는 경우 국영회사가 제3자에 대하여 직접 책임을 진다(제24조).

(5) 캄보디아

캄보디아에서도 회사의 설립 절차 중 먼저 해야 할 일은 상호를 선정하는 것이다. 상호는 '크메르어'로 표시하는 것이 원칙이며, 그러한 크메르어 상호는 맨 위에 표시되고 다른 언어의 명칭보다도 표시된 크기가 커야 한다. 회사는 모든 날인, 회사 편지지, 공개 목적을 위해 사용되는 양식과 서류, 그리고 캄보디아 영토 내의 육·해·공에 전시되는 광고물에 크메르 상호를 표시하여야 한다. 다만 캄보디아 밖에서는 다른 언어로 명칭을 고안하여 사용할 수 있다(제5조).

상호 선정에서, 비공개회사는 상호 끝에 "비공개회사" 또는 적절한 약어를 포함시켜야 하며, 공개회사는 상호 끝에 "공개회사" 또는 적절한 약어를 포함시켜야 한다. 상무부 법인국장[20]은 회사에 의해 제안된 상호를 조사하여야 하며, 상호가 기존에 등록된 상호와 유사하여 혼동을 줄 수 있는 경우, 공공질서에 반하거나 비속적·비방적이어서 사용하기 부적절한 경우에는 해당 상호의 등록을 거절할 수 있다. 회사의 상호와 관련하여 상무부 법인국장의 결정은 구속력이 있는 최종결정이다(제92조).

---

20) 법인국장(Director of Companies)은 상무부 장관에 의해 임명된 자로서, 캄보디아 기업법 제3편 제2장 제13절(제259조~제269조)에서는 법인국장의 권한과 의무에 대하여 자세히 규정하고 있다.

(6) 미얀마

미얀마 기업법상 회사는 기존에 이미 등록되어 있는 상호와 동일한 상호를 등록할 수 없다. 또한 혼동되기 쉬운 상호의 사용도 제한된다. 다만 기존에 등록되어 있던 회사가 해산 절차 중에 있고 상호 사용과 관련하여 담당 공무원이 요구하는 방식에 따라 동의가 이루어진 경우에는 기존 상호를 사용할 수 있다.

그러나 회사가 이러한 동의 절차 없이 기존에 이미 등록되어 있던 상호와 동일한 상호 내지 혼동되기 쉬운 유사한 상호를 등록하여 사용하는 경우에는 담당 공무원의 승인을 받아 상호를 변경하여야 한다. 미얀마에서 상호를 변경하고자 할 때에는, 주주총회의 특별결의와 미얀마 대통령의 승인에 의하여 상호를 변경할 수 있다. 상호변경이 인정될 경우, 등록 공무원은 기존 상호가 등록되어 있는 등록부상에 새로운 상호를 삽입하고, 변경된 설립증명서를 발급해 주어야 한다. 상호의 변경은 회사의 권리와 의무에는 영향을 미치지 않는다. 모든 회사는 쉽게 읽을 수 있는 영어 문자로 회사의 등록사무소 내지 회사건물 외부에 그려지거나 부착된 상호를 보유하여야 한다. 이것은 인감상에도 인식하기 쉬운 모양으로 상호를 사용하고, 주식증명서상에도 사용하여야 한다. 상호는 모든 문서, 통지, 광고 기타 공식 출판물에도 표시되어야 한다(제11조).

(7) 한국 상법과의 비교

일반적으로 법률상 회사를 설립하려면 상호를 선정하는 작업이 선행되어야 한다. 상호란, 회사의 동일성을 표시하는 명칭이다. 자연인과 달리 회사는 상호가 없으면 그를 표시할 방법이 없으므로 반드시

상호를 가져야 한다.[21]

한국은 2010년 3월 상업등기법 일부 개정을 통해 유사상호 금지 제도를 폐지하여 동일상호가 아닌 한 유사상호도 등기를 허용하고 있다(제30조). 이러한 상업등기법의 개선으로 상호선정에 소요되는 시간과 노력을 절약하여 신속한 창업 절차를 기대할 수 있을 뿐 아니라, 해당 등록 공무원의 자의적인 판단을 방지하여 예측가능성과 등기업무의 투명성을 높이는 효과를 거둘 수 있을 것으로 기대하고 있다.[22]

메콩경제권 국가들은 기업법상 상호의 선정 및 사용에 관하여 자세한 규정들을 두고 있다. 상호 선정에 관한 메콩경제권 국가들의 기업법 규정들은 일반적으로 한국의 상업등기법 개정 내용과 같은 규정이 없으므로 유사상호 등록 여부의 조사·확인을 위한 시간의 지연 및 추가 상호선정에 많은 시간이 소요될 수 있다. 이 점에서 신속한 회사 설립에 걸림돌이 되며 담당 등록 공무원이 상호의 유사성 여부를 자의적으로 판단할 우려도 배제할 수 없다. 물론 사회주의 국가의 경우, 국가 통제라는 측면에서 회사 설립 절차에 관하여 엄격한 규정을 둘 수밖에 없는 측면이 있다고 판단되지만, 설립 절차의 간소화라는 관점에서 유사상호 제한이라는 사전적 규제는 사후적 책임추궁의 형식으로 전환되는 것이 바람직하다.

---

21) 이철송, 전게서, 195면.
22) 유사상호금지 제도 폐지에 관한 보다 자세한 내용은, 법제사법위원회, 『상업등기법 일부개정법률안 심사 보고서』, 2009. 4, 5~7면 참조.

2) 정관의 작성

(1) 중국

중국 기업법상 회사를 설립하려면 반드시 법률에 따라 회사정관을 제정하여야 하며, 회사의 정관은 회사, 주주, 이사, 감사, 고급관리자에 대하여 구속력을 갖는다(제11조).

유한회사의 정관에는 ① 상호 및 회사의 주소, ② 회사의 경영범위, ③ 회사의 등록자본금,[23] ④ 사원의 성명 또는 명칭, ⑤ 사원의 출자방식, 출자액 및 출자시기, ⑥ 회사의 기구 및 그 구성방법, 직무권한, 의사규칙, ⑦ 회사의 법정대표자, ⑧ 사원총회가 규정할 필요가 있다고 인정하는 기타사항을 기재하고, 사원은 회사정관에 서명, 날인하여야 한다(제25조).

주식회사의 정관에는 ① 상호 및 회사의 주소, ② 회사의 경영범위, ③ 회사의 설립방식, ④ 회사의 주식 총수, 1주의 금액 및 등록자본금, ⑤ 발기인의 성명 또는 명칭, 인수하는 주식 수, 출자방식 및 출자기일, ⑥ 이사회의 구성, 직무권한 및 의사규칙, ⑦ 회사의 법정대표자, ⑧ 감사회의 구성, 직권 및 의사규칙, ⑨ 회사의 이익 배당 방법, ⑩ 회사의 해산 사유 및 청산 방법, ⑪ 회사의 통지, 공고 방법, ⑫ 주주총회가 규정할 필요가 있다고 인정하는 기타 사항 등을 기재하여야 한다(제82조).

---

23) 중국유한회사의 등록자본금은 회사등록기관에 등기하고 전체 주주가 납입하겠다고 약정한 출자금액을 말한다(제26조).

(2) 베트남

베트남 기업법상 정관에 기재되어야 할 사항은 매우 다양하게 되어 있다. 우선, ① 상호, 본점, 지점, 대표사무소의 주소, ② 사업목적 및 사업 분야, ③ 정관자본금과 자본의 증감방법 등은 회사 종류와 관계없이 공통적인 기재사항이다. 또한 회사의 종류에 따라서 ④ 조합기업의 경우 무한책임조합원의 성명·주소·국적, 유한책임회사의 경우 사원의 성명·주소·국적 및 사원 개인의 기본적인 인적사항, 주식회사의 경우 성명·주소·국적 및 발기인 개인의 기타 기본적인 인적사항, ⑤ 유한회사와 조합기업의 경우 사원의 출자지분과 출자가액, 주식회사의 경우 발기인의 보유 주식 수·주식의 종류·액면가·발행주식 총수, ⑥ 유한회사·조합기업의 사원 및 주식회사의 주주의 권리와 의무, ⑦ 회사의 지배구조, ⑧ 유한회사, 주식회사의 경우 법률상 대표자, ⑨ 회사의 의결 방식·내부분쟁 해결원칙, ⑩ 유한회사의 경우 사원총회의 사원·사장, 주식회사의 경우 이사·사장 및 감사에 대한 보수의 지급근거 및 계산방법 등의 사항이 정관에 기재되어야 한다.

이 밖에, ⑪ 유한회사 또는 주식회사에서 사원 또는 주주가 출자금의 반환을 청구하는 경우, ⑫ 이익배당 및 손실분담에 관한 원칙, ⑬ 회사의 해산 및 청산, ⑭ 정관의 개정 및 보충, ⑮ 합병회사의 경우 무한책임사원의 성명 및 서명, 유한회사의 경우 법률상 대표자·소유주·사원 또는 대리인의 성명 및 서명, 주식회사의 경우 법률상 대표자·발기인 또는 대리인의 성명 및 서명, ⑯ 기타 법에 위배되지 않는 주주 또는 사원 간의 합의내용 등이 정관의 기재사항으로 되어 있다(제22조).

(3) 태국

태국의 경우, 회사의 상호 사용이 상무부 상업등록부서로부터 승인된 후 발기인은 정관을 제출하여야 한다(태국 민상법 제1098조, 태국 공개주식회사법 제18조). 태국 기업법은 영미법의 경우와 마찬가지로 정관을 기본정관과 부속정관으로 구분한다. 민상법상 비공개주식회사의 기본정관에는 승인된 상호, 본점소재지, 사업 목적, 주주가 유한책임이라는 것을 확인하는 문구, 등기 자본금 및 1주의 액면가, 발기인의 성명·주소·직업·서명 및 그들 각자가 인수하는 주식 수 등이 기재되어야 한다(제1098조). 기본정관에는 발기인이 서명하여야 하며, 최소 두 개의 원본이 있어야 한다(제1099조).

공개주식회사의 경우도 기본정관의 기재사항은 비공개주식회사의 경우와 유사하다. 다만 정관상 주식을 공개모집하고자 하는 공개회사로서의 목적을 분명하게 특정하여야 한다(제18조). 기본정관에는 발기인 전원이 서명하여야 하고, 등기소에 등기를 신청하여야 한다. 이미 등기된 기본정관은 발기인 전원의 동의로써 변경할 수 있고, 변경된 기본정관은 등기소에 제출하여야 한다. 다만 이러한 변경은 주식이 공개되기 이전에 이루어져야 한다(제19조).

태국 정부는 2008년 민상법 개정을 통하여, 법인설립 절차에서 종래 발기인의 정관작성과 허가에 소요되는 법정기간이 통상 7일 이상 걸리던 것을 1일로 단축하였다(제1111조의1).[24]

(4) 라오스

라오스 기업법상 회사의 정관에는 설립계약서에 포함되어 있는 내

---

24) 김봉철·이준표, 「태국 기업법상 설립규정에 관한 비교법적 고찰」, 18면.

용 즉 기업의 상호, 사업 목적, 본점과(지점이 있는 경우) 모든 지점의 명칭과 위치, 주식의 가액과 수로 나누어진 법정자본금,[25] 현물출자분, 현금으로 출자된 몫, 보통주와 우선주의 수, 회사 발기인의 성명·주소·국적, 그리고 각각의 발기인이 인수한 주식의 수, 회사 채무에 대한 이사의 무한책임에 관한 규정, 회사 발기인의 성명과 서명 등을 기재하여야 한다(제81조).

또한 회사의 이익이나 배당금의 분배방식, 주식납입의 방식과 기한, 조직과 경영, 결의를 위한 회의 및 그 방식, 분쟁해결방식, 해산과 청산에 관한 내용을 정관에 기재하여야 한다. 회사정관의 내용의 변경은 주주총회가 결의를 채택한 날로부터 10일 이내에 담당 공무원에게 신고하여야 한다.

(5) 캄보디아

캄보디아 기업법도 영미법과 같이 정관을 기본정관(Memorandum of Association)과 부속정관(Bylaws)[26]으로 구분하고 있다. 기본정관에는 회사의 상호, 캄보디아 내에 있는 회사의 등기된 사무소, 회사의 목적[27]과 사업상 제한규정,[28] 국가통화로 표시된 수권자본, 주식의 종류와 발행 수 그리고 회사가 발행하는 주식의 액면가, 회사가 1개 종류를 초과하는 주식을 발행하는 경우, 각 종류주식의 최대주식 수·액면가 등을 기재하여야 하고 각 종류주식과 관련된 권리·특권·제한·

---

25) 회사의 등기자본금을 말한다.
26) 캄보디아 기업법은 회사의 사업이나 업무를 규율하는 부속정관 내지 내규의 채택을 인정하고 있다. 다만 회사 또는 회사의 이사들에게 특별한 권한을 부여하기 위한 부속정관의 채택은 제한하고 있다(제102조).
27) 회사의 목적에는 법률에 반하지 않는 1개 이상의 사업종목을 포함시킬 수 있다(제93조 3호).
28) 회사는 기본정관에 의해 제한되는 어떤 권한 혹은 사업을 할 수 없으며, 정관에 반하는 회사의 권한을 행사할 수 없다(제103조).

조건 등을 기재하여야 한다. 또한 종류주식이 연속으로 발행되는 경우, 정관에 의하여 이사에게 각각의 주식 수를 고정하고 지정할 수 있는 권한 및 각 종류주식과 관련된 권리·특권·제한·조건 등을 결정할 수 있는 권한을 부여하여야 한다. 이 밖에 주식의 발행, 양도 또는 소유가 제한되는 경우, 그 제한에 관한 효력과 목적이 기재되어야 하며, 각 사원의 성명과 주소, 이사의 수 등을 기재하여야 한다(제93조). 기본정관에는 필요한 규정을 추가로 포함시킬 수 있다(제94조).

정관에는 모든 발기인의 서명이 있어야 하며(제95조), 정관을 제출할 때에는 회사 설립과 관련된 기타 등록서류들도 함께 상무부 법인국장에게 제출하여야 한다(제96조). 유한회사는 언제든지 특별결의로써 회사정관을 수정할 수 있는데(제235조, 제236조), 정관의 개정과 관련된 모든 서류에는 주주들이 승인한 개정사항에 날짜를 기재하고 이사회 의장 또는 의장이 승인한 이사가 서명하여야 한다. 개정을 승인하는 특별결의와 함께 모든 개정내용을 기재한 정관은 개정이 승인된 날로부터 15일 이내에 상무부에 제출되어야 한다(제239조). 상무부의 법인국장은 개정된 정관을 수령한 즉시 수정증명서를 발급해 주어야 하며 개정증명서에 표시된 날짜로부터 개정의 효력이 발생한다(제240조).

그러나 실무상 비공개회사의 경우에는 캄보디아 상무부에서 사용하는 표준정관만이 인정된다. 또한 주주, 회사의 주소, 의사·의결정족수 등 기본적인 사항을 제외하고는 변경이 허용되지 않는 반면에 공개회사의 경우, 새로이 정관을 제정하여 캄보디아 상무부의 승인을 얻으면 이를 사용할 수 있다.[29]

---

29) 법무부, 『Investment & Business Guide-캄보디아 회사·세무·투자』, 2010. 10, 11면.

(6) 미얀마

미얀마 기업법 제17조는 정관을 기본정관과 부속정관으로 구분하여 규정하고 있다. 기본정관은 모든 회사가 의무적으로 등기하여야 하지만, 부속정관의 경우에는 그렇지 아니하다. 즉 주식회사의 경우에는 부속정관을 등기하는 것이 임의적인 반면에, 보증유한회사나 무한책임회사는 기본정관에 서명날인한 자가 다시 서명한 부속정관을 등기하여야 하는 것이다.

(7) 한국 상법과의 비교

회사의 정관이란 실질적 의미에서는 회사의 조직·활동을 정한 근본규칙을 총칭하는 것이며, 형식적으로는 그 규칙을 기재한 서면 그 자체를 뜻한다. 각 국법상 일반적으로 법인을 설립하려면 일정사항을 기재한 정관을 작성하여야 한다. 영미법에서는 정관을 기본정관과 부속정관으로 구별하고, 기본정관은 상호·설립목적·자본·발기인 등 회사의 가장 기본적인 사항을 규정하여 그 수정은 엄격한 법적 규제를 받는다. 반면에 부속정관은 총회·이사회의 소집·이익배당 등 주로 회사운영에 관한 사항을 규정하며, 그 수정은 주주총회나 이사회의 결의로 용이하게 할 수 있도록 한다.[30] 그러나 한국 상법에서는 이러한 구별이 없으므로, 모든 정관기재사항이 동등한 효력을 가진다고 해석해야 한다.[31]

메콩경제권 국가들의 기업법상 회사 설립 절차에서 정관 작성은 필수적인 요소이다. 다만 태국, 캄보디아, 미얀마 등의 기업법과 같이

---

30) 개정미국모범회사법 (Revised Model Business Corporation Act 1984, R.M.B.C.A) 제2장 2. 02조 참조.
31) 이철송, 전게서, 193면; 최기원, 전게서, 101~102면.

영미법체계를 따르고 있는 기업법의 경우에는 정관의 내용에서, 기본 정관과 부속정관으로 구분되는 등 대륙법계 기업법의 모습과는 다소 차이가 있다. 이러한 입법태도는 한국과도 다르다.

한국 상법상 주식회사 설립의 첫 단계도 발기인이 정관을 작성하고 기명날인 또는 서명을 하는 것이며(제289조 제1항), 정관은 원칙적으로 공증인의 인증을 받음으로써 효력이 생긴다. 정관과 관련하여 메콩경제권 국가들의 기업법도 공증의무를 부과하고 있는데, 이는 공증을 통해 회사관계에서의 분쟁을 예방한다는 측면에서 유용한 기능을 가지고 있다고 할 수 있다. 그런데 한국의 경우, 공증 절차가 형식적으로 이루어지는 경우가 많아서 정관에 대한 공증의무부과의 실효성에 관한 비판이 많았다. 일본에서도 회사법 개정 시 공증의 실효성이 별로 없다는 이유로 공증제도 폐지에 대한 논의가 있었으나, 공증인 등 이해관계자들의 입장 때문에 공증제도가 유지되었다.[32]

한국은 2009년 상법개정을 통해 자본금 총액이 10억 원 미만인 회사를 발기 설립하는 경우에는 각 발기인이 정관에 기명날인 또는 서명함으로써 정관의 효력이 발생되도록 하였다(제292조).[33] 회사 설립에 있어서 정관을 공증받으려면 보통 법무사 등을 이용하는데, 회사 설립 과정에서 이들의 개입은 회사 설립 등기에 따른 기간을 단축하는 역할을 하지만, 회사 설립 등기과정에서 법무사에게 의존하도록 하여 설립에 따른 비용부담을 가중시키는 요인으로 작용할 수도 있기 때문이다. 회사 설립의 간소화라는 측면에서 볼 때, 소규모 회사에

---

32) 일본의 공증제도에 대한 자세한 내용은 조희종, 「일본의 공증제도」, 『대한공증협회지』 제1호, 대한공증협회, 2008, 96~107면 참조.

33) 한국 상법 제292조 단서 조항은 규모가 영세한 회사의 경우 설립에 필요한 비용을 절감해 줌으로써 회사 설립을 촉진하기 위한 특례이며, 2009년 5월 개정에 의해 신설되었다(이철송, 전게서, 205면).

한하여 공증제도에 예외를 두는 것이 바람직하다. 메콩경제권 국가들의 경우에도 이 점에 관하여 적극적인 검토를 해야 할 것이다.

3) 출자의 이행

(1) 중국

중국 기업법은 유한회사의 총 사원이 최초로 출자해야 하는 금액을 등록자본금의 100분의 20 이상으로 정하고 있으며, 나머지 이행하여야 할 출자부분은 회사 설립일로부터 2년 이내에 납입하도록 하고 있다. 다만 지주회사의 경우 5년 이내에 납입할 수 있다(제26조 제1항). 유한회사 등록자본금의 최저 한도액은 3만 위안이며, 법률·행정법규에 의해 별도의 유한회사 등록자본금 최저한도 규정이 있는 경우 이에 따라야 한다(제26조 제2항).

사원은 현금으로 출자할 수도 있고 현물, 지적재산권, 토지사용권 등은 현금으로 가격환산이 가능하고 동시에 양도가 가능한 자산을 금전으로 환산하여 출자할 수도 있다. 다만 법률·행정법규에서 출자를 금지한 자산은 예외로 한다. 자산의 가격 산정에 관하여, 법률·행정법규에 이에 관한 규정이 있으면 이에 따른다. 모든 사원이 출자하는 금액은 유한회사 등록자본금의 100분의 30 이상이어야 한다(제27조). 사원은 출자금을 납부한 후 법에 따라 설립된 검증기관으로부터 출자검증을 받고, 해당 증명서를 교부받아야 한다(제29조). 유한회사는 회사성립 후 사원에게 출자증명서를 발급하여야 하는데, 출자증명서에는 회사의 명칭, 성립일자, 등록자본금, 사원의 성명 또는 명칭,

납입한 출자액과 출자시기, 출자증명서의 번호 및 발급한 날짜 등의 사항이 기재되어야 하고 회사의 날인이 있어야 한다(제32조).

중국 기업법상 주식회사를 설립함에 있어서는 발기설립 또는 모집 설립의 방식을 취할 수 있다.[34] 발기설립이란 발기인이 회사에서 발행하는 주식을 전부 인수하여 회사를 설립하는 것을 말하며, 모집설립이란 발기인이 회사에서 발행하는 주식의 일부를 인수하고, 기타 부분은 사회적으로 공개 모집하거나 특정대상을 상대로 모집하여 회사를 설립하는 것을 말한다(제78조).

주식회사가 발기설립 방식을 채택하는 경우 등록자본금은 회사등 기기관에 등기된 전체 발기인이 인수하는 주식자본의 총액이다. 회사 전체 발기인의 최초 출자액은 등록자본금의 100분의 20 이상이어야 하고, 그 나머지 부분은 발기인이 회사 설립일로부터 2년 내에 완납해야 한다. 다만 지주회사는 이를 5년 내에 납입할 수 있다. 출자액의 납입이 완료될 때까지 회사는 타인에게 주식을 모집할 수 없다. 주식 유한회사가 모집설립 방식을 채택하는 경우, 등록자본금은 회사등기 기관에 등기한 실제 주식자본 총액이다. 주식회사 등록자본금의 최저 한도액은 500만 위안이다. 법률·행정법규에서 주식회사의 등록자본 금의 최저 한도액에 관해 별도의 규정을 둔 경우 그 규정에 따른다 (제81조). 발기인의 출자방식에 대해서는 유한책임회사에 관한 규정 (제27조)을 준용한다(제83조).

주식회사가 발기설립의 방식으로 주식회사를 설립하는 경우, 발기인은 회사정관에 인수하기로 규정한 내용을 서면으로 인수확인하고 주금을 납입하여야 한다. 일시불일 경우 출자금 전액을 즉시 납부해

---

34) 유한회사의 경우에는 주식회사와 달리 발기설립만 인정되고, 모집설립은 허용되지 않는다.

야 한다. 이에 대하여 분할납부하는 경우에는 1회분 출자금을 즉시 납부해야 한다. 현금이 아닌 재산으로 출자하는 경우, 법에 따라 그 재산권의 이전 절차를 밟아야 한다(제84조). 한편 모집설립의 방식으로 주식유한회사를 설립할 경우 발기인이 인수하는 주식은 회사주식 총수의 100분의 35보다 적어서는 안 된다. 다만 법률·행정법규에 별도의 규정이 있는 경우 그에 따른다(제85조). 주식회사의 모집설립은 불특정한 일반 공중을 대상으로 하는 경우와 특정인을 대상으로 하는 경우로 나눌 수 있다. 발기인이 일반을 대상으로 공개모집할 때에는, 주주 모집설명서를 공고하고 주식청약서를 작성하여야 한다(제86조). 주식청약서에는 기업법 제87조에 열거된 사항이 기재되어야 하며, 주식 인수인이 인수주식 수, 금액, 주소를 기재하고, 서명 또는 날인한다. 그리고 주식 인수인은 인수하는 주식 수에 따라 주금을 납입한다.[35]

주식모집설명서에는 발기인이 작성한 회사정관이 첨부되어야 하며, 발기인이 인수하는 주식 수, 1주의 금액 및 발행가격, 무기명 주식의 발행 총수, 모집자금의 용도, 주식 인수인의 권리 및 의무, 모집의 개시 및 종료일자, 또한 기일이 만료되었음에도 모집이 완료되지 못할 경우 주식 인수인의 인수가 철회될 가능성에 대한 설명 등이 명시되어야 한다(제87조).

발기인이 일반 공중을 대상으로 주식을 공모할 때는 법에 의하여 설립한 증권회사가 그 판매를 담당하여야 한다(제88조). 회사가 발행한 주식의 주금이 완납된 후에는 검증기구의 승인을 받고 증명서를 교부받는다(제90조).[36]

---

35) 李飞·王学政 主编, 전게서, 176~177면.
36) 李飞·王学政 主编, 전게서, 180면.

(2) 베트남

베트남에서 단체와 개인은 주식회사로부터 주식을 매입하거나 유한회사 및 조합에 출자할 수 있다(제13조 제3항). 그러나 국가기관 및 베트남인민무력부대가 자기의 이익을 위하여 국가자산을 사용하여 기업을 설립하는 경우에는 출자가 제한된다(제13조 제4항).

기업설립 시 출자자산의 평가에 대하여는 모든 사원 또는 창립주주가 동의하여야 한다. 출자자산의 가치를 지나치게 높게 평가한 경우, 사원 또는 창립주주는 합의된 가치와 실제가치의 차액에 상당하는 채무 및 기타 재정적인 의무를 기업에 대하여 이행할 연대책임을 진다. 한편 기업운영 중 출자자산의 평가는 기업과 출자자의 합의에 의하거나, 독립적 단체가 행한다. 당해 자산을 독립적 단체가 평가한 경우에는, 그 평가된 가치에 대하여 기업과 출자자의 동의가 있어야 한다. 출자된 자산의 가치를 지나치게 높게 평가한 경우, 출자자 또는 독립적 단체 및 기업 대표는 합의된 가치와 실제가치 사이의 차액에 상당하는 채무 및 기타 재정적인 의무를 기업에 대하여 이행할 연대책임을 진다(제30조).

유한회사의 사원은 출자를 이행할 의무가 있다. 사원이 출자하기로 한 자산의 종류가 변경되는 경우에는 다른 사원 전원의 승인을 얻어야 하고, 그 승인일로부터 7일 이내에 등기하여야 한다. 기업의 대표는 출자를 약속한 날로부터 15일 이내에 등기 담당 공무원에게 출자의 경과를 서면으로 보고할 의무를 지고, 출자가 지연되거나 부정확한 또는 허위의 보고로 인하여 기업 또는 제3자에게 손실 또는 손해가 발생된 경우 직접 책임진다. 사원이 약속한 자산의 전부를 즉시 출자하지 못한 경우, 출자의 부족분은 회사에 대한 채무로 본다. 당해 사원은 적절하게 출자하지 못한 사실로 인한 손실에 대하여 회사에게 배상책임을 진다(제39조).

주식회사의 발기주주는 보통주식 총수의 100분의 20 이상을 인수하여야 하며, 설립등기증명서 발급일로부터 90일 이내에 주금을 납입하여야 한다. 발기주주가 인수주식의 주금을 납입하지 않는 경우, 잔여주식은 타 발기주주들이 보유주식비율로 납입하거나, 1인 또는 수인의 발기주주가 납입하거나 발기주주 아닌 타인이 납입할 수 있다. 만일 발기주주의 인수주금납입이 완료되지 않으면 모든 발기주주가 연대하여 주금납입의 책임을 부담한다(제84조).

조합의 경우에도 무한책임조합원과 유한책임조합원은 출자를 약속한 자산 전부를 즉시 출자하여야 한다. 무한책임조합원이 약정한 출자 전부를 즉시 이행하지 않아 회사에 손실을 끼친 경우 그 손실을 보상하여야 한다. 유한책임조합원이 약정한 출자 전부를 즉시 출자하지 않은 경우, 출자의 결손은 회사에 대한 채무로 본다. 이 경우 당해 유한책임조합원은 총회의 결의로 사원자격을 박탈당할 수 있다(제131조).

(3) 태국

태국 기업법상 회사 설립 절차에서는 창립총회 이후 발기인이 대표이사에게 회사운영을 넘기고, 대표이사는 설립 시 발행된 주식의 출자가 모두 이행되도록 하여야 한다. 출자이행과 관련하여, 비공개주식회에서는 설립 시 발행된 주식의 전부를 등기 전에 주주가 인수해야 한다(태국 민상법 제1104조). 주식은 기재된 액수보다 낮은 가격으로 발행되어서는 안 되지만, 정관에 다른 정함이 있으면 기재된 액수보다 높은 가격으로 발행할 수 있다. 주식 인수인은 인수금액 전부를 설립등기 전에 납입할 필요는 없으나, 최초납입한 자금은 최소한 전체의 100분의 25 이상이어야 한다(제1105조).[37]

공개주식회사의 경우는 등기소에 기본정관을 등기한 후, 회사발기인이 주식을 공개모집할 수 있다(태국 공개주식회사법 제23조). 주식 공개는 증권 및 주식거래에 관한 법률에 따라야 하며(제24조), 발기인이나 회사는 등기소에 주식공개모집과 관련된 서류의 사본을 제출하여야 한다.[38] 그리고 이사회는 인수인들에게 특정된 기간 내에 각자의 지분을 전액 출자할 것을 요청하는 통지를 하여야 한다. 금전이 아닌 다른 자산으로 주금을 납입하는 인수인들에게도 같다(제37조). 인수인이 주금을 납입하지 않거나 회사에 자산 소유권을 양도하지 않은 경우, 이사회는 인수인에게 독촉장을 발행하여 14일 이내에 출자를 이행하도록 하여야 한다. 인수인이 주금을 전액 납입하지 못하거나 출자자산에 대한 소유권을 이전하지 못한 경우, 이사회는 규정된 기간이 만료된 날로부터 7일 이내에 주식을 경매에 부쳐야 한다. 경매로부터 얻어진 금액이 주금의 총액보다 적은 경우, 이사회는 인수인 주식으로부터 부족분을 채워야 한다(제38조).

공개주식회사법은 회사 설립 시에 주식의 발행가액이 전액 납입되도록 규정함으로써(제37조) 거래의 안전과 채권자 보호 등을 목적으로 하는 자본충실의 원칙을 반영하고 있다. 그러나 태국 민상법상 비공개주식회사의 경우에는 주식 인수인이 인수금액 전부를 설립등기 전에 납입할 필요가 없다고 규정하고 있어서(태국 민상법 제1111조)

---

37) 김봉철·이준표, 「태국 기업법상 설립규정에 관한 비교법적 고찰」, 22면.

38) 이것은 등기소에 의하여 규정된 규칙, 절차, 조건에 따라 제출된 날로부터 14일 이내에 증권 및 주식거래에 관한 법률에 따라서 해당 관청에 제출되어야 한다(태국 공개주식회사법 제25조).

공개주식회사의 처지와 다르다. 그리고 주식 인수인은 주식의 인수대금을 분할 납입할 수 있다(제1104조).

그밖에 태국의 민상법은 주식회사 설립에 관하여 최저자본금제도를 두고 있지는 않지만, 주식의 액면가가 5바트(baht) 이상이라는 점을 고려할 때, 공개회사는 설립 시에 최저 75바트 이상의 자본금이 있어야 하고, 비공개회사는 최저 35바트 이상의 자본금이 필요하다고 할 수 있다.[39]

(4) 라오스

라오스 기업법의 경우, 회사 설립 절차상 발기인은 창립총회에서 선출된 이사에게 모든 사무를 이전하여야 하며, 이사는 발기인과 인수인에게 그들이 인수한 지분 전부에 대하여 납입을 요청하여야 한다(제86조). 유한회사의 각 지분은 액면가가 2,000킵(Kip) 이상이어야 하며(제87조), 공개회사의 액면가는 10만 킵(Kip)을 초과해서는 안 된다. 그리고 공개회사의 주주는 회사 설립일에 현물이나 금전으로 주식인수대금 전부를 납입해야 한다(제183조).[40]

(5) 미얀마

미얀마 기업법에 따르면 일반 국내기업에 대하여는 최저자본금에 관한 제한이 없다. 그러나 외국기업 또는 외국기업의 지사, 사무소, 국내기업이라 하더라도 금융·보험을 영위하는 경우 최저자본금 규정의 적용을 받도록 하고 있다.[41] 즉 제조업의 경우 1백만 짜트에 해

---

39) 김원규, 전게논문, 87면.
40) 김동훈·이준표, 「라오스 기업법에 관한 고찰」, 32~33면.

당하는 외화, 무역업은 50만 짜트, 서비스업은 30만 짜트에 해당하는 최소자본금이 필요하다.[42]

(6) 한국 상법과의 비교

한국 상법상 주식회사를 설립하려면 주식 총수에 대한 인수가 끝나면 모든 인수인은 지체 없이 각 주식에 대하여 인수가액의 전액을 납입하여야 한다(제295조, 제305조). 발기설립의 경우 설립 시에 발행하는 주식 전부를 발기인이 인수하여야 하고 납입해태가 있으면 인수인이 일반채무 불이행 책임을 부담한다. 그러나 모집설립의 경우에는 주식의 일부만 발기인이 인수하고 나머지는 주주를 모집하며, 납입해태가 있어도 법정의 실권 절차가 마련되어 있다.[43]

주주와 회사 채권자의 권익을 보호하고 회사의 과다한 설립을 방지하기 위하여 메콩경제권 각국의 입법은 일반적으로 최저등록자본금제도를 두고 있다. 최저등록자본금제도란 채권자를 위한 책임재산을 확보하고 주주에게 최소한도의 위험부담을 요구함으로써, 영세한 자본의 주식회사가 남설되고 부실화되는 것을 방지하며 회사제도에 대한 사회적 신뢰를 제고하기 위한 것을 말한다.[44] 그러나 미국·홍콩 등의 회사법에는 이러한 제도가 없으며, 일본은 2005년 신회사법에서 최저자본금 제도를 폐지하여 회사의 창업 여건이 크게 개선되었다.[45] 한국 상법에서도 채권자 보호의 목적이 실제로 형해화되었

---

41) 이때 제조업의 경우 1백만 짜트에 해당하는 외화, 무역업은 50만 짜트, 서비스업은 30만 짜트에 해당하는 최소자본금이 필요하다(KOTRA, 전게서, 181면).

42) KOTRA, 전게서, 181면.

43) 한국 상법상 출자이행과 그 확보를 위한 규제에 관한 자세한 내용은 김동훈, 전게서, 100~110면; 김은경·김봉철, 『로스쿨 회사법 논점강의』, 한국학술정보(주), 2010, 48~62면 참조.

44) 법무부, "상법(회사편) 개정 공청회 자료", 2006. 7. 32면.

다는 등의 이유로, 그 존폐가 오랫동안 논의되었던 회사 설립을 위한
최저자본금제도를 2006년 상법 개정으로 폐지하였다.[46]

최저자본제도는 회사 설립 시에 자본적 기초를 견실히 함으로써
채권자의 이익과 거래 안전을 보호할 수 있으나, 최저자본금이 지나
치게 높을 경우에는 민간자본의 시장진입에 장애를 초래할 수 있다.
이러한 문제인식하에, 중국의 경우 지난 2005년 기업법 개정을 통하
여 최저자본금을 인하하였다. 다른 메콩경제권 국가들도 최저자본금
제도의 개선을 통하여 회사 설립을 용이하게 할 필요가 있을 것이다.
최저자본금액의 인하는 국민의 영업활동을 촉진시킴으로써 국가경
제를 활성화시키는 데 도움이 될 것이다. 한국을 포함한 미국, 일본의
입법례에서 보듯이, 최저자본금제도가 회사 남설 방지나 채권자보호
에 그다지 기여하지 못하면서, 오히려 소규모기업 창업에 걸림돌이
된다는 이유로 폐지되는 경우가 많다는 점을 고려할 때, 메콩경제권
국가들의 기업법상 최저자본금제도 역시 궁극적으로는 최저자본금
제도의 폐지의 방향으로 나아가야 할 것이라고 생각한다.

4) 법인격 취득시기

(1) 중국

중국 기업법상 회사를 설립할 때는 회사등기기관에 설립등기를 신
청하여야 한다. 누구든지 법에서 규정한 설립조건에 부합되면 회사등

---

45) 양현봉・이상신, 『법인설립제도 개선방안』, 산업연구원, 2007, 10면.
46) 한국의 최저자본금제도의 폐지에 관한 입법배경에 관하여는 이철송, 전게서, 178면; 최기원, 전게서,
    117~118면 참조.

기기관에 유한회사 또는 주식회사로 등기할 수 있게 된다. 법률·행정법규에 회사를 설립하려면 심사비준을 거치도록 규정된 경우, 회사 설립을 등기하기 전에 법에 따라 심사비준 절차를 거쳐야 한다(제6조).[47]

유한회사의 경우 사원의 최초 출자가 검증기관의 출자검증을 받은 후, 사원 전원이 지정한 대표 또는 공동위임한 대리인이 회사등록기관에 회사등기신청서, 회사정관, 자금검증증명서 등의 서류를 제출하여 설립등기를 신청하여야 한다(제30조). 주식회사의 이사회는 창립총회가 끝난 후 30일 이내에 회사등기기관에 설립등기를 신청하여야 한다. 이때 제출하여야 할 서류에는 회사등기 신청서, 창립총회의 회의록, 회사정관, 출자검증 증명서, 법정대표자, 이사와 감사의 임명서류 및 신분증명, 발기인의 법인자격 증명 또는 자연인 신분증명, 회사주소 증명, 모집설립 방식으로 설립되어 주식을 공개 발행하는 경우 국무원 증권감독관리기관의 비준문건 등이 있다(제93조).[48]

이상의 절차를 마친 회사는 회사등기기관으로부터 회사영업허가서(營業執照)를 발급받으며, 회사영업허가서의 발급일자가 회사의 설립일자이다. 회사영업허가서에는 회사의 명칭, 주소, 등록자본, 실제 납입자본, 사업범위, 법정대표자의 성명 등이 명시되어야 한다. 회사영업허가서에 기재된 사항이 변경되는 경우에는 회사는 반드시 법에 따라 변경등기를 하여야 하며, 회사등기기관으로부터 새로운 영업허가서를 발급받아야 한다(제7조).[49]

---

47) 李飞·王学政 主编, 전게서, 87~88면.
48) 李飞·王学政 主编, 전게서, 183~185면.
49) 桂敏杰·安建 主编, 전게서, 17~19면.

(2) 베트남

베트남 기업법상 기업은 설립등기증명서 발급일로부터 법인격을 취득하는데, 회사를 설립하려는 자는 관할 등기소에 필요한 서류를 제출하여야 한다. 등기공무원은 제출된 서류를 검토하고, 제출일로부터 10일 이내에 제출된 서류를 심사하여 설립등기증명서의 발급 여부를 결정하여야 한다. 설립등기증명발급이 불허된 경우에는 서면으로 이 사실을 통지하여야 하며, 통지 시에는 불허사유 또는 서류의 개정 또는 보충의 필요성을 기재하여야 한다. 등기공무원은 설립등기증명서를 발급함에 있어서 법에서 정한 서류의 제출을 요구할 수 있다(제15조).

설립등기에 필요한 서류는 설립하려는 기업의 형태에 따라 다르다(제16조~제19조). 개인기업의 구비서류는 등기공무원이 정한 신청서, 신분증, 여권 또는 기타 관련 증명서 사본, 법정자본이 필요한 사업 활동인 경우 관할기관이 발급하는 법정자본 증명서, 전문가 증명서가 필요한 사업 활동인 경우 이사 등의 전문가 증명서(제16조)이다. 조합의 구비서류는 등기공무원이 정한 신청서, 조합의 정관 초안, 조합원 명부, 조합원사원의 신분증, 여권 또는 기타 관련 증명서 사본, 법정자본이 필요한 사업 활동인 경우 관할기관이 발급하는 법정자본 증명서, 전문가 증명서가 필요한 사업 활동인 경우, 이사 또는 무한책임조합원 등의 전문가증명서(제17조)이며, 유한회사의 구비서류는 정관 초안, 각 사원의 신분증, 여권 또는 기타 관련 증명서 사본, 법정자본이 필요한 사업 활동인 경우, 관할기관이 발급하는 법정자본 증명서, 전문가 증명서가 필요한 사업 활동인 경우, 이사 또는 총지배인 등의 전문가 증명서 등(제18조)이다. 주식회사의 구비서류는 사업자등록관이 정한 신청서, 정관 초안, 창립사원명부에 각 사원의 신분증, 여권 또는 기타 관련 증명서 사본 및 기관인 사원의 설립결의서, 사업자등록증 또는 기타 관련 증명서 사본, 승인된 대리인의 신분증, 여권 또는 기타 관련 증명서 사본이 첨부된 창립사원명부, 법정자본이 필요한 사업 활동인 경우 관할기관이 발급하는 법정자본 증명서, 전문가 증명서가 필요한 사업 활동인 경우 이사 또는 총지배인 등의 전문가 증명서(제19조)로 되어 있다.

설립등기신청서에는 상호, 본사소재지, 전화번호, 팩스, 이메일 주소가 있는 경우에는 그 이메일 주소, 사업 활동 목록, 회사의 정관자본금 및 1인 회사의 투자자본이 기재되어야 한다. 유한회사 및 조합의 경우 각 사원 내지 조합원이 소유한 지분, 주식회사인 경우 발기인 각자가 소유한 주식, 주식의 종류 및 액면가, 총수권자본, 개인회사인 경우 소유자가 기재되어야 한다. 1인 유한회사인 경우 소유자 또는 그 대리인, 사원이 2인 이상인 유한회사인 경우 그 사원 또는 그 대리인, 주식회사인 경우 창립주주 또는 그 대리인, 조합인 경우 무한책임조합원의 성명·서명·거주지 주소·국적·신분증·여권 또는 기타 관련 증명서 번호가 기재되어야 한다(제21조).

베트남 기업법은 그 제정 당시 기업의 경영등록 절차를 구체화하면서, 설립등기증명서 발급 조건으로 다섯 가지를 제시하였다. 첫째, 신청한 사업 활동이 금지행위가 아니어야 한다. 둘째, 상호가 베트남 기업법 제31조 내지 제34조에 부합하여야 한다. 셋째, 본사 소재지가 제35조에 부합하여야 한다. 넷째, 법률에서 정하는 설립등기 필요 서류가 유효하여야 한다. 다섯째, 법률에서 정하는 설립등기 수수료를 납부하여야 한다(제24조). 설립등기증명서에는 보통 상호, 본사, 지점 및 대표사무소가 있는 경우 그 대표사무소, 기업 대표자와 사원 및 창립 주주의 성명·거주지 주소·국적과 신분증·여권 또는 기타 신분증명서 번호가 기재되어야 한다. 특히 유한회사 및 주식회사인 경우에는 기관소유자, 사원 또는 창립주주의 설립 및 등록번호가 기재되어야 하며, 조합인 경우에는 무한책임조합원의 성명·거주지 주소·국적·신분증이나 여권 또는 기타 관련 신분증명서 번호를 기재하여야 한다. 유한회사의 각 소유자 또는 사업주의 성명·거주지 주소·국적 및 신분증·여권 또는 기타 신분증명서 번호 등을 기재하여야 한다. 단체 또는 개인은 사업자 등기 공무원에게 법률에서 정하는 수수료를 납부하고 등기증명서의 등본 및 초본, 등기증명서의 사본을 교부할 것을 요청할 수 있다. 이 경우 해당 등기 공무원은 신청인에게 등기에 관한 정보 전부를 즉시 제공하여야 한다(제27조). 기업은 등기증명서를 수령한 날로부터 30일 이내에 등기소의 웹사이트 또는 일간지 또는 전자신문에 3회 연속으로 해당 정보를 공고하여야 한다(제28조).

(3) 태국

태국의 모든 조합기업 및 비공개주식회사는 민상법에 따라 상무부 상업등기소(Department of Commercial Registration)에 등기를 함으로써 법인격을 취득한다(제1015조).[50] 등기는 조합 또는 회사의 본점이 위치한 태국 소재지의 관할등기소에서 이루어지며 등기된 사항을 변경하고자 할 때에도 동일한 장소에서 등기하여야 한다(제1016조). 등기 또는 등기 관련 문서의 신청자가 등기사항을 누락시켰다거나, 등기 내용상 특정 사항이 해당 법률과 모순되는 경우, 또는 기재된 서류의

---

50) 일반조합은 등기가 임의사항인 반면에 유한책임조합은 반드시 등기를 하여야 한다.

일부를 제출하지 않았거나 법률상 부과되고 있는 요건을 충족하지 않는 경우에, 해당 등기공무원은 그 신청서나 문서가 완성 또는 변경되거나 기재된 문서의 제출요건 또는 필요요건이 충족될 때 비로소 등기 절차를 진행할 수 있다(제1019조).

태국법상 세부 규정에 차이가 있을 뿐, 비공개주식회사와 공개주식회사 모두 등기를 통해 법인격을 취득하게 된다는 점에서는 같다. 비공개주식회사의 경우 자본금의 납입이 완료되면 대표이사는 창립총회 개최일로부터 3개월 이내에 기업등기를 하여야 한다(제1111조, 제1112조). 등기되어야 할 사항으로는 인수된 주식의 총수, 납입자본금의 내역, 이사의 성명·국적·주소·직업·주식보유수, 대표이사, 본점 및 지점의 소재지, 정관, 창립총회 의사록 등이 있다(제1111조).

공개주식회사의 경우, 이사회는 창립총회가 종결된 날로부터 3개월 이내에 회사등기를 신청하여야 하며, 신청서에는 출자자본과 총금액이 특정되어야 한다. 또한 현금으로 납입된 보통주 또는 우선주, 현금 아닌 자산으로 납입된 보통주 또는 우선주, 납입된 보통주 또는 우선주의 판매주식 총수를 기재하여야 한다. 이 밖에 이사의 성명·생년월일·국적·주소, 회사를 대표하여 서명할 권한을 부여받은 이사의 성명 및 수, 그리고 부속정관에 특정된 권한의 제한, 본점 및 지점의 위치를 기재하여야 한다. 이사회는 등기를 신청하면서 부속정관, 주주명부, 특정된 상호, 국적, 주소, 납입된 주식 수, 주식증명번호, 창립총회 의사록을 첨부해야 한다(제39조).

등기의 기재사항에 변경이 발생하면, 회사는 그 변경사유가 발생된 날로부터 14일 이내에 해당 사항의 변경에 관한 등기를 신청하여야 한다(제40조). 공개주식회사법에 따라 등기된 회사는 등기소에 등기된 날로부터 법인이 된다(제41조). 만약 등기신청이 기간 내에 이루어지지 않거나, 등기소가 등기를 승인하지 않으면 회사가 설립되지 않은 것으로 간주된다. 이 경우 이사회는 1개월 이내에 현금으로 납입된 주식납입금을 반환하고, 현금 이외의 자산으로 납입한 인수인에게는 자산 소유권의 이전 등을 해야 한다. 회사가 발기인이나 이사회의 과실 없이 등기소의 승인거부로 설립되지 못하는 경우, 이사회는 납입금을 반환하기 전에 창립총회에서 승인된 비용을 공제할 수 있다(제44조).

(4) 라오스

라오스 기업법상 라오스에서 사업을 하려는 자는 기업등기를 하여야 한다(제12조). 이때 기업등기라 함은 라오스에서 기업을 설립하여 운영하고 있는 개인 또는 법인체에 대한 국가의 법적 승인으로서, 기업등기를 위해서는 신청의 접수가 필요하다. 유한회사의 발기이사는 지분 전부의 납입이 있은 날로부터 30일 이내에 기업등기를 하여야 하며(제86조), 이를 통해 법인격을 취득하게 된다. 기업등기를 신고할 때 제출하여야 하는 서류에는 ① 유한회사의 설립계약과 기업등기 신고서를 위한 양식, ② 유한회사의 창립총회의사록, ③ 유한회사의 정관이 있다(제92조). 유한회사가 등기되지 않는 경우, 이사는 기업등기공무원이 기업등기를 거절한 날로부터 3개월 이내에 사원에게 총지분을 반환해야 한다(제93조). 이 규정은 주식회사에 대해서도 준용된다(제190조).

기업등기 신고서를 접수한 상업부문[51]은 등기하려는 사업의 종류

---

51) 부문(sector)이라는 용어는 특수한 활동에 종사하는 정부 부서나 기관의 집단을 가리키는 말로서 많은 라

가 통제사업 목록 또는 비통제사업 목록에 속하는지 여부를 검토하여야 한다. 등기를 신청한 사업이 통제사업 목록에 속하지 않는 경우에는 상업부문의 기업등기당국은 신고서의 접수일로부터 10일 이내에 기업등기의 증명서의 발행을 심사한다. 등기신청서에 기재된 사업의 종류가 통제사업 목록에 속하는 경우, 상업부문은 즉시 통제산업을 규제하는 관련 당국에 그 신청서를 이송하여야 한다. 이 경우 관련 당국은 장기적인 기술적 심사과정이 필요한 특정 사업의 경우[52]를 제외하고, 10일 이내에 등기 여부를 심사하여 회신하여야 한다(제14조).

기업이 등기되면 기업의 목적과 정관의 범위 내에서 기업은 권리와 의무를 갖고 책임을 지게 되며, 주주와는 분리된 조합기업 또는 회사라는 법인체가 창설된다. 또한 통제사업 목록에 특정된 사업의 종류를 제외하고, 기업이 관계당국의 추가적인 승인 또는 심사 없이 그 기업 신청에 대한 허가증에 적시된 사업 부문 내에서 사업 활동을 수행할 수 있게 된다. 기업등기부에 기재된 내용은 공개되어야 하며, 어떤 이해관계자라도 이를 열람할 수 있다. 그리고 기업의 명칭과 세무등록사항도 등기된다(제16조).

기업은 등기를 한 날부터 90일 이내에 사업 활동을 개시해야 한다. 기업이 그 기간 내에 활동을 하지 못하거나 활동이 중지되어 정당한 이유 없이 12개월 이상 계속하여 그 재무상 의무를 이행하지 않는 경우, 관련 기업등기 공무원은 해당 기업에게 그 이유를 소명할 것을 통지해야 한다. 그 기업이 통지를 받은 날부터 10일 이내에, 해당 공무원을 면담하지 않거나 면담해서 충분한 이유를 제시하지 않는 경

오스 법률에서 사용된다.

52) 통제사업 목록과 기술적 심사과정의 일정은 정부만이 승인한다.

우, 해당 기업은 중단된 것으로 간주하며 라오스 기업법에 규정된 절차에 따라 해산하여야 한다(제17조).

기업등기 후 기업의 목적 또는 등기자본 등의 등기 내용의 변경은 그러한 변경을 하기로 결정한 이후 1개월 이내에 관련 기업등기 공무원에게 신고하여야 한다. 다만 통제사업 목록에 속하는 사업의 종류에 관한 기업등기상의 내용 변경은 예외로 한다. 그리고 등기신청자의 고의 여부와 관계없이, 기업등기에서 무효인 내용을 신청하거나 규정된 기간을 초과하여 변경신고를 한 기업은, 선의의 제3자에 대하여 자신의 행위로 인한 책임을 면하기 위하여 그러한 흠결 등을 주장하지 못한다(제18조).[53]

(5) 캄보디아

캄보디아의 회사는 1인 이상의 자연인 또는 법인이 상무부 법인국장에게 정관을 신고함으로써 설립된다(제91조). 캄보디아 기업법상 회사가 기본정관을 제출하면 상무부 법인국장은 이를 접수하고 등록비를 징수한다. 그리고 제출된 서류를 검토하여 문제가 없으면 설립증명서를 발급해 주어야 한다(제97조). 설립증명서가 발급되면 회사는 설립증명서에 나타난 일자에 법인격을 취득하게 된다(제98조).

(6) 미얀마

미얀마 기업법 제23조는 회사정관을 등기함과 동시에 등기공무원은 회사가 설립되었다는 증명을 해주어야 한다고 규정하고 있다. 회사는 설립증명서에 기재된 설립일로부터 법인격을 취득하게 된다.

---

53) 김동훈·이준표, 「라오스 기업법에 관한 고찰」, 30면.

미얀마에서 외국기업이 설립되기 위해서는 무역허가신청과 등록신청이라는 두 가지 중요한 절차를 밟아야 한다. 첫째, 미얀마 기업법 제27조A에 따라 외국기업은 무역허가를 취득하여야 한다. 무역허가를 신청할 때에 함께 제출하여야 하는 문서들로는 등록될 회사의 설립계획서 및 정관상 초기 자본에 대한 법적 요구사항 준수확약서, 자본 구조위원회의 질문 양식, 미얀마에서 실시하기 위한 경제 또는 기업 활동의 목록, 운영 첫 1년 동안의 예상 지출 및 조달정책, 등록될 회사의 업무를 집행할 임원들의 성명·주소·국적 및 주주의 국적 목록, 등록될 회사의 이사의 성명·주소·국적·거래은행, 미얀마에서의 회사 설립을 위한 이사회결의, 영어로 번역된 기타 관련 문서 등이다. 무역허가 신청 및 관련 서류들이 제출되면 상무부는 확인서를 발급해 주어야 한다. 최저자본금에 대하여는 무역허가서가 발급되기 전까지 절반이 납부되어야 하고, 나머지는 무역허가서가 발급된 날로부터 1년 이내에 납부되어야 한다.

일단 무역허가서가 발급되면 회사는 등록될 수 있다. 초기에 납입된 자본금은 회사의 설립증명서가 발급되는 날까지 은행 계좌에 보관된다. 회사의 은행 계좌는 회사가 등록된 이후 무역허가서, 설립증명서 사본 및 기타 관련 서류를 회사가 은행에 제출함으로써 개설할 수 있다.

회사는 위와 같이 무역허가를 받은 후 두 번째 절차로서 회사를 등록하여야 하는데, 이때 요구되는 것으로는 무역허가서 사본, 설립계획서 및 회사정관 2부, 미얀마어로 번역된 설립계획서 및 정관의 증명서, 등록사무소의 위치, 회사의 이사 내지 임원의 성명·주소·국적, 미얀마에서 실행하려는 경제활동의 목록 및 신청수수료의 지급 등이 있다.

(7) 한국 상법과의 비교

한국 상법상 주식회사는 설립등기로써 법인격을 취득하여 회사로 성립된다(제172조). 설립등기제도는 회사 설립의 시기를 획일적으로 판단할 수 있고 대외적으로 공시 가능한 방법으로 결정할 수 있으며, 회사 설립에 관하여 준칙주의를 취하는 관계상 국가가 회사 설립의 법정요건 구비 여부를 심사하는 데 용이한 제도라고 할 것이다.[54]

회사의 실체를 어느 단계에서 인정하느냐의 문제에 있어서 기본적으로 영미법계와 대륙법계 간에는 차이가 있다. 대륙법계의 경우 법인격을 취득하는 시점은 설립등기부터이고, 법인격 취득요건으로 회사의 인적 기초와 물적 기초 및 기관 구성이 모두 종료될 것을 요구하는 반면 영미법계의 경우 법인격 취득 시점은 정관 등록부터이며, 법인격 취득요건으로 회사의 인적 기초와 물적 기초 및 기관 구성이 완료될 필요가 없으며, 이 절차들은 법인격 취득 후 조직행위를 통하여 이루어진다.[55] 이러한 기준으로 볼 때, 중국, 베트남, 태국, 라오스는 설립등록 내지 등기를 통해 회사 설립 절차가 종결되도록 하고 있으므로 대륙법계의 입장을 취하고 있다고 할 수 있다. 이에 대하여 캄보디아, 미얀마에서는 기업이 정관을 등록하고 설립증명서를 발급받음으로써 설립 절차가 종료된다고 규정하고 있으므로 법인격 취득시기와 관련해 영미법의 처지를 따르고 있다고 하겠다.

---

54) 이철송, 전게서, 212면.
55) 양현봉·이상신, 전게서, 43~44면.

3. 설립 관여자의 책임

1) 중국

중국 기업법상 유한회사를 설립한 후, 출자목적인 비현금재산의 실제 가액이 회사정관에 규정된 가액보다 현저히 적은 것을 발견하였을 경우, 그 출자사원은 차액을 추가 납부해야 하며 회사 설립 시의 기타 사원은 이에 대하여 연대책임을 져야 한다(제31조).[56] 주식회사의 경우 회사 설립 후에 특정 발기인이 회사정관에 따라 출자금을 완납하지 않았을 때에는 그 부족분을 보충 납입하여야 하며, 다른 발기인은 연대책임을 진다. 유한책임회사와 마찬가지로 회사 설립 시 출자된 비현금재산의 실제 가액이 회사정관에 평가된 가격에 현저하게 미달되는 것을 발견할 경우, 해당 재산을 출자한 발기인은 그 차액을 보충하여야 하며, 다른 발기인은 이에 대하여 연대책임을 진다(제94조).

주식회사의 발기인은 회사를 설립하지 못하게 되었을 때는 설립행위로 인하여 초래된 채무와 비용에 대하여 연대책임을 진다. 그리고 주식 인수인이 이미 납입한 주금에 대하여는 같은 기간 동안 은행의 예금이자를 가산하여 반환할 연대책임을 진다. 회사 설립 과정에서 발기인의 과실로 인하여 회사에 손해를 끼쳤을 경우에는 회사에 대하여 배상책임을 진다(제95조).

---

56) 李飞·王学政 主编, 전게서, 116~117면.

2) 베트남

베트남의 경우에도 설립 관여자의 책임은 기본적으로 중국과 유사하다. 즉 베트남 기업법상 발기인은 설립등기신청 전에 기업설립과 활동에 관한 계약에 서명하여야 한다. 그리고 이 계약으로부터 발생한 모든 권리와 의무는 설립된 기업에 귀속된다. 기업이 설립되지 않는 경우 발기인은 단독으로 또는 연대하여 책임을 부담한다(제14조).[57]

3) 태국

태국 기업법의 경우도 회사 설립과 관련하여 발기인 및 이사들의 책임에 대하여 민상법과 공개주식회사법상 규정을 두고 있다.

비공개주식회사의 발기인은 설립총회의 승인을 받지 못한 모든 채무와 지출에 관하여 무한연대의 책임을 부담해야 한다(태국 민상법 제1113조). 공개주식회사의 경우도 회사발기인은 창립총회를 종결하지 못한 경우에 회사 설립과 관련된 모든 사업에 대하여 연대하여 책임을 지고, 모든 채무 및 창립총회에 의해 승인되지 않은 납입금에 대하여 무한연대책임을 져야 한다고 규정하고 있다(태국 공개주식회사법 제46조). 공개주식회사의 이사들은 회사가 불성립한 경우 무한연대책임을 진다. 다만 이사가 자신의 책임이 아님을 입증할 수 있는 경우에 해당 이사는 책임을 지지 않는다(제45조). 그리고 일단 회사가 성립한 경우에는 어떤 주주도 착오, 협박, 사기를 이유로 주식매수의

---

57) 정용상, 「베트남기업 입법의 배경과 개정 기업법의 구조」, 『재산법연구』 제25권 제3호, 한국재산법학회, 2009. 2, 530면.

철회명령을 법원에 신청할 수 없다(제47조).[58]

4) 라오스

라오스 기업법상 발기인은 회사의 설립과 관련하여 발생한 수익이나 손실을 은폐하거나, 설립목적을 벗어난 계약을 체결하거나 손실을 발생시키는 행위를 하여서는 안 된다. 만일 이러한 발기인의 행위가 발생되면 그 행위는 무효가 되며, 그로 인하여 손해를 입은 지분인수인에 대하여 손해배상 책임을 진다(제88조). 또한 발기인은 회사의 설립과 관련하여 제3자와 체결한 계약 또는 회사 설립을 위한 승인되지 않은 지출 그리고 승인은 되었지만 회사가 등록되지 않은 경우에 있어서의 지출에 대하여 공동으로 무한책임을 진다(제89조).

설립 관여자의 책임에 관한 면제조항도 규정되어 있는데 설립총회에서의 특별결의로 면제가 가능하다(제91조).

5) 캄보디아

캄보디아 기업법상 회사 설립 관여자의 책임에 대해서는 구체적으로 규정되어 있지 않다. 다만 회사 설립 전에 체결된 계약과 관련하여, 회사가 설립되기 전에 회사를 위하여 또는 회사 명의로 서면계약을 체결하는 자는 그 계약에 대하여 개인적으로 구속되며 그에 대한 이익도 누릴 수 있다(제139조 제1항). 그리고 회사가 설립된 후 합당

---

58) 김봉철·이준표, 「태국 기업법상 설립규정에 관한 비교법적 고찰」, 24~25면.

한 기간 내에 회사는 회사를 위해서 또는 회사 명의로 회사가 존재하기 전에 체결된 서면계약을 받아들일 수 있다. 회사를 위해서 또는 회사 명의로 행동하였다고 주장하는 사람은 법원이 달리 명령하지 않는 한 계약의 구속을 받지 않으며 계약상의 이익을 누릴 수 없다(제139조 제2항).

6) 한국 상법과의 비교

주식회사의 설립은 복잡한 절차에 따라 이루어지므로 설립 절차상 과오나 부정이 개입되기 쉽고, 사기의 목적으로 설립되는 경우도 많다.[59] 한국 상법은 이를 보완하기 위해 발기인 및 이사의 책임에 관하여 규정을 두고 있다(제321조, 제323조, 제326조 등). 이에 따르면 발기인은 회사의 설립으로 회사에 대하여 자본충실책임과 손해배상책임을 지며, 제3자에 대하여는 악의 또는 중대한 과실로 인하여 그 임무를 해태한 때에 연대하여 손해를 배상할 책임이 있다. 회사가 설립되지 못한 경우에는 발기인이 이에 관하여 연대책임을 지며, 회사 설립에 관하여 지급한 비용도 발기인이 부담한다. 이사 및 감사가 설립 절차에 관한 조사·보고의무를 게을리 했을 때에는 회사 또는 제3자에게 손해배상책임을 진다.

또한 한국은 상법 제324조에서 발기인의 손해배상책임면제에 대하여 규정하면서 상법 제400조의 이사의 책임면제에 관한 조항을 준용하도록 하고 있다. 따라서 주주 전원의 동의로 발기인의 손해배상책

---

59) 김동훈, 전게서, 112면; 최기원, 전게서, 95면.

임면제가 가능하다. 다만 2011년 개정상법은 고의 또는 중대한 과실로 손해를 발생시킨 경우 등의 예외조항을 두고 있다(제400조).[60]

메콩경제권 국가들의 기업법상 기업의 설립 절차는 기업법의 개정과정을 통하여 간소화된 측면도 있지만, 기본적으로는 여전히 불필요하고 반복적이며 주변적인 여러 행정 절차의 존재로 인해 기업들이 설립에 어려움을 겪고 있다. 이러한 상황에서, 특히 베트남, 캄보디아, 라오스, 미얀마 등 메콩경제권 국가들의 과도기 경제체제에서는, 기업 설립 절차에 오랜 기간과 비용이 소요되며 그 결과에 대한 예측이 어렵게 된다. 이 모두는 기업에 대한 투자를 방해하는 것들이다. 이러한 장애물들이 기업 활동의 활성화와 외국인 투자에 심각한 결과를 가져오지는 않는다 하더라도, 그것들은 기업의 사기에 부정적인 영향을 미칠 수 있다.

따라서 이러한 국가들에 가장 필요한 기업법의 개혁과제는 기업 특히 회사의 설립 절차를 간소화하여 사회적으로 유용하고 필수적인 존재인 기업이 손쉽게 많이 설립될 수 있는 여건을 조성하는 것이 될 것이다.

---

60) 한국 상법 제400조는 회사에 대한 책임의 감면에 관하여 규정하고 있다. 이에 따르면 상법 제399조에 따른 이사의 책임은 주주 전원의 동의로 면제할 수 있으나, 이사가 고의 또는 중대한 과실로 손해를 발생시킨 경우와 제397조(경업금지), 제397조의2(회사의 기회 및 자산의 유용 금지) 및 제398조(이사 등과 회사 간의 거래)에 해당하는 경우에는 그러하지 아니하다.

제3절 회사의 해산

1. 해산의 의의

1) 중국

중국 기업법상 회사의 해산은 회사청산의 전치(前置) 절차로서 회사법인격의 소멸이 원인이 된다. 회사에 법률에서 정한 해산 사유가 발생하면 회사는 경영활동을 종료하고 청산 절차를 진행하게 된다. 즉 해산한 회사는 합병, 분할, 파산하는 경우를 제외하고 기업법상의 청산 절차를 거쳐야만 소멸될 수 있다.[61]

2) 베트남

베트남 기업법상 회사의 해산은 법인격의 소멸을 가져오는 법률상의 사실행위로서, 해산결정, 기업자산의 청산, 공고, 기업채무의 변제, 사업자 등록기관에의 기록 송부 등의 절차를 거쳐야 한다. 베트남 기업법은 제157조부터 제159조에서 기업의 해산에 관련된 규정을 두고 있다.

---

61) 한대원 외 9, 전게서, 398면. 중국 기업법상 회사의 해산에 관한 자세한 내용은 吳春岐 主編, 전게서, 331~334면; 叶林, 전게서, 325~350면 참조.

3) 라오스

라오스 기업법상 회사의 해산과 관련하여 기본적으로 등기가 무효가 되어 변경이 필요함에도 불구하고 변경이 이루어지지 않는 경우를 해산 사유로 규정하고 있다. 다만 기업의 해산이 있더라도 기업의 책임은 종결되지 않는다(제15조).

또한 기업이 등기를 한 날로부터 90일 이내에 사업 활동을 개시하지 못하거나 사업 활동이 중지되어 정당한 이유 없이 12개월 이상 관련 재정 의무를 이행하지 못하는 경우에, 관련 기업등기 공무원에게서 소명요구의 통지를 받은 날로 부터 10일 이내에, 해당공무원을 면담하지 않거나 면담해서 충분한 이유를 제시하지 않으면 해당기업은 기업 활동을 중단한 것으로 간주되어 법률에 규정된 절차에 따라 해산되어야 한다(제17조).

4) 캄보디아

캄보디아 기업법상 회사의 해산은 회사의 법인격의 소멸을 가져오는 원인으로 회사의 소멸을 위한 절차의 시작이다. 회사는 해산결정후 청산 절차를 거쳐, 상무부 법인국장에게 해산 관련 서류를 송부함으로써 소멸된다(제258조). 캄보디아 기업법은 제251조부터 제258조까지 회사의 해산과 청산에 관하여 규정하고 있다.

5) 한국 상법과의 비교

각국 법에서 일반적으로 회사의 해산은 법인격의 소멸을 가져오는 법률사실이다. 법인격의 소멸은 원칙적으로 청산 절차 내지 파산 절차의 종결에 의한 청산등기에 의하여 이루어지는데, 그 전제가 되는 소멸원인인 법률사실이 회사의 해산인 것이다.[62]

이러한 회사해산의 의의에 있어서는 한국 상법과 메콩경제권 국가들의 기업법 간에 차이가 없다. 다만 한국 상법상 회사의 해산 사유가 회사의 종류별로 또는 해산의 유형별로 좀 더 구체적이고 체계적으로 규정되어 있어 법규 적용의 명확성이 확보되어 있다고 할 수 있다. 회사해산에 관한 법규정은 라오스와 태국, 미얀마의 경우는 회사의 종류별로 좀 더 구체적으로 마련되어 있는 편이다. 반면 중국, 베트남, 캄보디아의 경우에는 해산에 관하여 공통분모에 해당하는 내용을 일률적으로 다루고 있다.

2. 해산 사유 및 절차

1) 중국

중국 기업법상 기업의 해산 사유는 해산이 회사의 임의에 의한 것인지 아니면 국가공권력의 강제에 의한 것인지에 따라 임의해산과

---

62) 김동훈, 전게서, 295면; 손진화, 『상법강의』, 신조사, 2010, 268면; 정동윤, 『상법(상)』, 법문사, 2010, 779면; 최기원, 전게서, 375~376면.

강제해산으로 나눌 수 있다.[63]

임의해산의 사유는 중국 기업법 제181조 제1호에서 제3호까지 규정되어 있다. 구체적으로 살펴보면, ① 회사정관에 규정된 영업기간이 만료되었거나 회사정관에 규정된 기타 해산 사유가 발생한 경우, ② 사원총회 내지 주주총회가 해산을 결의하였을 경우, ③ 회사의 합병 또는 분할로 인하여 해산할 필요가 있을 경우를 들 수 있다. 반면 강제해산의 사유는 중국 기업법 제181조 제4호와 제5호에 규정되어 있는데, ① 법률에 따라 영업허가서가 말소되고, 폐업이나 허가취소를 명령받은 경우, ② 인민법원이 해산을 결정한 경우이다.[64]

한편 회사정관에 규정된 영업기간이 만료되었거나 또는 회사정관에 정한 기타 해산 사유가 발생하여 해산한 경우, 회사는 주주총회 또는 사원총회의 결의로써 회사정관을 개정하여 존속할 수 있다. 회사정관을 개정하는 경우, 유한회사는 3분의 2 이상의 의결권을 가진 주주에 의해 결의되어야 하고, 주식회사는 주주총회에 출석한 주주가 보유한 의결권의 3분의 2 이상의 결의가 있어야 한다(제182조).[65]

회사가 합병 또는 분할로 인하여 해산할 필요가 있을 경우에는 중국 기업법 제184조가 규정한 '해산 사유가 발생한 날로부터 15일 이내에 해산 절차를 밟을 것'이라는 제한을 받지 않는다. 회사의 합병 방식은 흡수합병 또는 신설합병을 채택할 수 있는데, 하나의 회사가 기타회사를 흡수하는 흡수합병의 경우 흡수되는 회사는 해산한다. 두

---

63) 桂敏杰・安建 主編, 전게서, 422~426면.

64) 강제해산의 원인으로 파산에 의한 해산도 있다. 즉 회사가 만기채무를 변제하지 못하여 인민법원에 의하여 파산을 선고받은 경우에다. 다만 이 경우에는 중국 기업법이 아닌 기업파산법의 규정에 따라 파산신청을 하여야 한다(중국 기업법 제191조). 중국의 기업파산법에 대한 보다 자세한 내용은 양효령, 『중국의 신기업파산법』 아시아법제연구 07-01, 한국법제연구원, 2007. 10. 참조.

65) 한대원 외 9, 전게서, 399면.

개 이상의 회사가 합병하여 하나의 새로운 회사를 설립하는 신설합
병의 경우, 합병하는 양측 회사 모두 해산한다(제173조).

회사가 경영과정에서 큰 어려움이 발생하여, 계속해서 존속할 경
우 주주의 이익에 중대한 손실이 발생하게 된 상황에서, 다른 방법으
로 해결이 불가능한 경우, 회사의 발행주식 총수의 100분의 10 이상
을 보유한 주주는 인민법원에 회사 해산을 청구하는 소를 제기할 수
있다(제183조).

중국의 경우 회사의 해산 사유를 회사의 종류에 관계없이 일률적
으로 규정하고 있으며, 해산판결제도를 두고 있다. 보통 행정기관 내
지 사법기관에 의하여 해산이 이루어지고 있지만, 국가단독출자회사
의 해산의 경우에는 반드시 국유자산감독관리기관이 결정한다는 점
이 중국 기업법상 해산 절차에 관한 특징이라고 볼 수 있다. 또한 중
요한 국가단독출자회사가 해산하는 경우에는 해당지역의 인민정부
에 보고하여 인가를 받아야 한다. 여기서 '중요한' 국가단독출자회사
란 국가기간산업에 관해 국가가 수권하거나 투자를 위임하여 설립한
국가단독출자회사를 말하고, 이에 관해서는 국무원이 별도로 정한다
(제67조).[66) 이는 사회주의 국가로서 국가가 단독으로 출자한 회사에
대한 통제를 유지하기 위한 것으로 판단된다.

2) 베트남

베트남 기업법상 회사의 해산 사유는 4가지로 규정되어 있다. 즉

---

66) 李飞·王学政 主编, 전게서, 153~154면.

① 정관에서 정한 존속기간이 만료된 경우, ② 단독사업주, 무한책임 사원 전원, 또는 사원총회, 회사소유자 또는 주주총회의 결의가 있는 경우, ③ 회사 사원의 수가 연속 6개월간 기업법에서 요구하는 수 이하인 경우, ④ 사업자등록증이 취소된 경우가 법정해산 사유에 해당한다. 다만 회사가 모든 채무를 변제한 후에만 해산할 수 있다(제157조).

베트남 기업법상 회사의 해산은 사원총회 내지 주주총회의 해산결의에 의하는데, 사원총회의 경우 정관자본금의 4분의 3 이상을 소유한 사원의 찬성으로 해산결의가 성립되며(제52조), 주주총회의 경우도 총의결권의 4분의 3 이상을 소유하는 참석주주의 찬성으로 해산결의가 성립된다(제104조).

그러나 관계당국이 직권으로 회사의 해산을 명령할 수도 있다.[67] 베트남 기업법상 국가의 기업 관리에 관한 규정에 의하면, ① 사업자등록 신청서류에 허위정보를 기재한 경우, ② 법률규정에 의하여 기업을 설립할 수 없는 자가 기업을 설립한 경우, ③ 기업이 사업자등록증 발급일로부터 1년 내에 세금을 신청하지 않거나 연속 6개월 이상 등록된 본점에서 활동을 수행하지 않는 경우 또는 ④ 기업이 연속 2년 이상 사업자등록관에게 보고서를 제출하지 않거나 통보 없이 1년 이상 사업 활동을 중단한 경우에는 기업의 사업자등록증을 철회하고 사업자등록 시스템에서 그 명칭을 삭제하도록 하고 있다.

회사의 해산결의서는 결의일로부터 7일 이내에 사업자등록 담당 공무원, 채권자, 관련 권리나 이익 및 의무 있는 자, 근로자에게 송부하여야 하고, 본점에 게시하여야 한다. 또한 해산결의의 내용은 법률상 필요한 경우 인쇄 또는 전자 일간지에 3회 연속으로 게재하여야

---

67) KOTRA, 『베트남 투자실무가이드』, 2009, 142면.

한다(제158조).

채무변제의 우선순위와 관련하여, 임금, 수당, 법률이 정하는 사회보험, 기타 단체협약 등에서 정하는 근로자 복지비용을 먼저 변제한 후, 세금 및 기타 채무를 변제하여야 한다. 모든 채무를 변제한 후 잔여 자산은 단독사업주, 사원, 주주 또는 회사소유자에게 귀속된다. 기업의 대표는 채무를 전부 변제한 날로부터 7일 이내에 사업자등록 담당 공무원에게 해산 관련 서류를 제출하여야 한다. 사업자등록 담당 공무원은 그 서류가 제출된 날로부터 7일 이내에 사업자등록 시스템에서 당해 기업의 명칭을 삭제하여야 한다. 기업은 사업자등록이 취소된 날로부터 6개월 이내에 해산 절차를 이행하여야 한다. 사업자등록의 취소일로부터 6개월이 경과한 후에도 사업자등록 담당 공무원이 관련 기업으로부터 해산 관련 서류를 제출받지 못한 경우 사업자등록 담당 공무원은 당해 기업이 해산된 것으로 간주하여 사업자등록 시스템에서 그 명칭을 삭제한다(제158조).

3) 태국

태국 민상법상 유한회사는 법정의 해산 사유가 발생한 경우에 회사는 해산 절차를 따라 해산하며, 해산 사유가 존재하지 않는 경우에도 주주총회의 특별결의에 의하여 해산할 수 있다. 법정 해산 사유에는 회사정관에 정한 해산 사유가 발생한 경우, 정해진 영업기한이 만료된 경우, 특정 사업을 위하여 설립된 회사가 그 사업을 종료한 경우, 해산에 대한 특별결의가 있는 경우, 회사가 파산된 경우가 있다

(제1236조).

만일 주주 간에 회사해산에 관한 합의가 이루어지지 않을 경우에는 법원에 그 판결 내지 명령을 구할 수도 있다. ① 창립보고서에 흠결이 있는 경우, ② 회사가 회사등록일로부터 1년 이내에 사업을 시작하지 않고 있는 경우, ③ 회사가 손실만 있고 회생할 가능성이 없는 경우, ④ 주주의 수가 법정인원수인 7명에 미달하는 경우가 법원에 의한 강제해산 사유에 해당한다(제1237조).

이에 대하여 주식회사의 해산에 대하여 태국 공개주식회사법에서는 제154조부터 제158조에서 규정하고 있다. 주식회사의 해산 사유에는, ① 총 의결권의 4분의 3 이상을 소유하는 참석주주의 찬성으로 이루어지는 주주총회의 해산결의가 있는 경우, ② 회사가 파산하는 경우, ③ 법원이 회사의 해산을 명령 내지 판결하는 경우가 있다(제154조).

또한 회사의 발행주식 총수의 100분의 10 이상을 보유한 주주는 법원을 상대로 회사 해산을 청구하는 소를 제기할 수 있다. 다만 제소사유로서, ① 발기인이 회사 설립 보고서 내지 창립총회를 규율하는 규정을 위반한 경우 또는 ② 이사회가 회사의 권리를 행사함에 있어서 관련 규정들을 위반한 경우, ③ 주주의 수가 15명 이하로 감소한 경우, ④ 회사가 손실만 있고 회생할 가능성이 없는 경우 등이 규정되어 있다. 다만 여기서 발기인과 이사회의 위반행위에 대하여 회사해산청구가 제기된 경우에는 법원이 회사해산명령 대신 6개월을 초과하지 않는 기간 내에서 법률에 따라 회사를 운영하고 문제점을 개선하도록 하는 명령을 내릴 수 있다(제156조).

4) 라오스

라오스 기업법상 유한회사에 대하여는 두 가지의 해산 사유가 인정되는데 하나는 법률에 의한 해산이고, 다른 하나는 법원의 명령에 의한 해산이다. 해산하고자 하는 유한회사는 라오스 기업법 제53조 제2항에 따라 임시 해산 절차를 밟아야 한다(제160조).

우선 법률에 의한 해산은 회사정관에 따른 해산이나 유한회사의 사원총회가 해산에 관한 특별결의를 통과시킨 경우 내지 유한회사의 파산 등에 의하여 해산되는 경우를 말한다(제161조). 그리고 이사나 사원은 유한회사의 해산결의를 법원에 청구할 수 있는데, 그 구체적 사유로는, ① 기업법상 설립에 관한 규정이나 절차를 위반한 경우, ② 유한회사의 설립계약이나 정관을 위반한 경우, ③ 유한회사가 계속해서 손실을 내면서 운영되며, 그 문제를 해결할 수 없는 경우, ④ 불가항력으로 회사를 계속할 수 없는 경우, ⑤ 1명의 사원만이 남거나, 유한회사가 30명 이상의 사원을 가지는 경우를 들 수 있다(제162조). 다만 유한회사에 1인 주주만이 남아 있는 경우, 유한회사는 "1인 유한회사"라는 명칭으로 변경할 수 있다.

해산청구에 의하여 법원은 회사의 해산을 명령할 수 있고, 발생된 해산 사유가 해결될 수 있거나 사소한 문제인 경우에는 해당 회사에 대하여 문제해결을 명할 수도 있다.

한편 국유회사는, ① 정부가 중앙에 있는 국유회사의 해산을 명하거나, 또는 지방 관리자나 시장이 지방에 있는 국유회사의 해산을 명하는 경우, ② 파산의 경우, ③ 국유회사가 계속 손실을 보면서 운영

되거나 회복이 불가능한 경우 해산하여야 한다(제222조).[68)

라오스 기업법상 유한회사는 사원총회의 특별결의로써 회사의 해산이 결정된다. 특별결의는 사원의 3분의 2 이상의 표결에 의해 통과되거나, 납입지분의 80% 이상을 대표하는 총회참석 대리인에 의해 통과된 경우에 한하여 효력이 있다(제144조).

5) 캄보디아

캄보디아 기업법상 회사의 해산 절차에는 세 가지 유형이 있다.

첫째, 주식을 발행하지 않은 회사는 모든 이사의 동의로 언제든지 해산할 수 있다. 둘째, 자산과 채무가 없는 회사는 주주총회의 특별결의로 해산할 수 있다. 셋째, 자산이나 채무가 있더라도 회사가 상무부 법인국장에게 해산에 관한 결의서[69)를 보내기 전에 자산을 분배하고 채무를 정리하는 경우에는 주주총회의 특별결의로 해산할 수 있다(제251조).

이사 또는 정기총회에서 의결권이 있는 주주는 회사의 자발적 해산을 발의할 수 있다(제252조). 이 규정은 파산법에 따라 그 파산 절차가 법원에 계속 중인 회사에는 적용되지 않는다.

---

68) 유한회사나 공개회사의 유형이 이용되고 있는 한, 국유회사에도 유한회사나 공개회사에 관한 규정이 준용된다(라오스 기업법 제223조).

69) 캄보디아 기업법상 해산과 청산에 대한 의결이 승인된 후, 회사는 상무부 법인국장에게 규정된 양식으로 해산에 관한 결의서를 송부하여야 한다. 이를 해산의향서라고도 하는데, 법인국장은 이것을 받은 즉시 해산의향확인서를 발행하게 된다(제253조).

6) 미얀마

미얀마의 경우 회사는 법원에 의하여 또는 사원이나 채권자의 의사에 따라 해산된다(제155조). 미얀마 기업법 제162조에서 정하는 법원에 의한 해산 사유에는, ① 회사가 법원에 의한 해산을 특별결의로 결의한 경우, ② 사원수가 사회사의 경우 2명 미만, 기타 회사의 경우 7명 미만으로 감소한 경우, ③ 회사가 그 채무를 변제할 수 없는 경우, ④ 회사가 해산을 하는 것이 공평하다고 법원이 인정하는 경우가 있다. 법원은 직권으로 회사를 해산하기로 결정하지 않으며, 여기에는 해산에 관한 이해관계자의 신청이 있어야 한다(제166조). 이 신청은 회사, 채권자(불확정한 장래의 채권자를 포함) 등이 할 수 있다.

임의해산과 관련하여 미얀마 기업법은 사원에 의한 임의해산과 채권자에 의한 임의해산으로 구분하여 자세히 규정하고 있다. 회사는 원칙적으로 정관에 규정된 기간이 만료되거나, 특별결의에 의해 회사의 해산을 결의하거나, 채무로 인하여 영업을 계속할 수 없고 해산하는 것이 당연하다고 임시결의를 통해 결정한 경우에는 임의로 해산할 수 있다.

7) 한국 상법과의 비교

한국 상법은 회사총칙 부분에서 모든 회사에 공통적으로 적용될 해산 사유로서 법원의 해산명령제도와 해산판결제도를 두고 있는데, 해산명령제도는 이해관계인의 청구뿐 아니라 검사의 청구 내지 법원의 직권에 의해서도 할 수 있다는 점에서 특색이 있다.[70] 메콩경제권 국가들의 경우에서도 해산명령제도는 규정하고 있으나, 해산판결제도는 국가에 따라 도입하지 않은 경우도 있다.

해산명령제도는 회사가 법령의 위반 내지 일정한 사유로 그 존속을 허용할 수 없다고 인정되는 때에 감독기관에서 해산하라는 명령을 내리는 제도이다. 한국 상법은 해산명령의 사유로서, 회사의 설립 목적이 부정한 경우, 회사가 정당한 사유 없이 설립 후 1년 내에 영업을 개시하지 아니하거나 1년 이상 영업을 휴지하는 경우, 이사 또는 회사의 업무를 집행하는 사원이 법령 또는 정관에 위반하여 회사의 존속을 허용할 수 없는 행위를 한 경우를 규정하고 있다(제176조 제1항). 메콩경제권 국가들의 경우에도 기업법상 일정한 해산명령사유를 규정함으로써 해산명령이 가능하도록 하고 있다.

한편 한국 상법상 해산판결제도는 해산명령과는 달리 사원의 이익을 보호하기 위하여 인정되는 제도로서 해산청구사유에는 인적 회사의 경우 부득이한 사유가 존재하여야 하며, 물적 회사의 경우 회사의 현저한 정돈상태를 계속하여 회복할 수 없는 손해가 생긴 때 또는 생길 염려가 있는 경우가 있다. 특히 물적 회사의 경우 존립기간의 만료 기타 정관으로 정한 사유의 발생을 해산 사유로 정하고 있는데(제517조), 이 경우 회사가 임의로 주주총회의 특별결의에 의하여 회사계속을 할 수 있다(제519조). 발행주식 총수의 100분의 10 이상에 해당하는 주식을 가진 주주는 주식회사의 해산을 법원에 청구할 수 있다(제520조).[71] 즉 소수주주의 해산판결청구권을 인정하고 있는 것으

---

70) 이철송, 전게서, 123면; 최기원, 전게서, 376면.

71) 유한회사의 경우 자본의 100분의 10 이상에 해당하는 출자좌수를 가진 사원에 의해 청구가 가능하다(한

로써, 이사의 권한확대에 대응하여 주주지위를 강화하기 위하여 인정된 것이다.

메콩경제권 국가들 가운데서는 중국과 태국의 경우가 소수주주에게 해산판결청구권을 부여하고 있다. 회사의 발행주식 총수의 100분의 10 이상을 보유한 주주는 인민법원에 회사 해산을 청구하는 소를 제기할 수 있다(중국 기업법 제183조). 다만 회사가 경영과정에서 큰 어려움이 발생하여, 계속해서 존속할 경우 주주의 이익에 중대한 손실이 발생하게 된 상황에서 다른 방법으로 해결이 불가능한 경우에만 해산 청구할 수 있도록 하는 등 해산 사유를 제한하고 있다.

태국 역시 회사의 발행주식 총수의 100분 10 이상을 보유한 주주는 법원을 상대로 회사 해산을 청구하는 소를 제기할 수 있다. 다만 청구사유로서 발기인이 회사 설립 보고서 내지 창립총회를 규율하는 규정을 따르지 않고 위반한 경우 또는 이사회가 회사의 권리를 행사함에 있어서 관련 규율들을 따르지 않고 위반한 경우, 주주의 수가 15명 이하로 감소한 경우 회사가 손실만 있고 회생할 가능성이 없는 경우 등이 있다. 다만 여기서 발기인과 이사회의 위반행위에 대하여 해산청구를 제기한 경우에는 법원이 회사 해산 판결 대신 6개월을 초과하지 않는 기간 내에서 법률에 따라 회사를 운영하고 문제점을 개선하도록 하는 판결을 내릴 수 있다(태국 공개주식회사법 제156조).

회사 운영의 어려움을 타개할 수 없을 경우 주주의 이익보호를 위하여 주주의 청구에 따라 법원의 판결로써 회사를 해산시키는 해산판결제도는, 회사의 손실을 회복할 가망이 없고 그렇다고 자발적 해산도 하지 아니하는 경우에 회사존속으로 인한 보다 큰 손해를 피하

___
국 상법 제613조 제1항).

기 위하여 소수주주에게 인정되는 구제책이다.[72] 향후 메콩경제권 지역으로의 민간자본의 급격한 유입과 기업지배구조의 변화 등 회사 제도의 발전이 예상되므로, 궁극적으로는 주주의 이익을 보호하기 위한 차원에서라도 이러한 구제책들이 필요할 것으로 생각된다.

3. 해산의 효과

1) 중국

회사의 합병, 분할 등으로 인한 해산 외의 회사의 해산이 초래하는 직접적인 법률효과는 회사의 청산이다. 그러나 회사의 법인격은 회사의 해산으로 소멸하는 것이 아니며, 회사의 청산을 끝낸 후 등기기관에 말소등기를 한 후에 비로소 소멸된다. 회사가 해산되면 회사의 청산인은 청산완료일로부터 30일 이내에 원래의 회사 등기기관에 말소등기를 하여야 한다(제180조).

2) 베트남

베트남 기업법은 기업 해산에 따른 효과로서 당해 기업 및 경영자의 금지행위를 규정하고 있다(제159조). 금지행위에는 자산을 임대 또는 증여하는 행위, 채무이행청구권을 감소 또는 소멸시키는 행위,

---

72) 정찬형, 전게서, 145면; 최완진, 전게서, 421~422면.

무담보채무를 회사 자산담보부 채무로 전환하는 행위, 신규 계약을 체결하는 행위(해산에 필요한 경우는 제외), 회사 자산에 대한 저당 설정 기타 담보의 설정, 기존 계약의 해지, 기타 자본 동원 등이 있다.

3) 태국

회사가 해산하면 이사회는 모든 자산 및 문서를 청산인에게 해산 일로부터 7일 이내에 이전하여야 한다(태국 공개주식회사법 제158 조). 회사의 해산은 해산등록일로부터 효력이 발생하므로 청산이 완료될 때까지는 회사가 존재하는 것으로 간주된다(제158조).

4) 라오스

개인기업이 해산하는 경우 기업소유자는 스스로 회사를 청산하거나 청산인으로서 제3자를 선임하여야 한다. 그러나 법원이 해산명령을 내리거나 기업이 파산한 경우에는 법원이 청산인을 선임하여야 한다(제31조).

라오스 기업법은 일반조합기업의 임시적 해산의 효과에 대하여 규정하고 있다. 일반조합기업이 해산되면, 먼저 일반조합기업으로부터의 이익청구권이 일시적으로 정지된다. 또한 미납입 지분에 대한 조합원들의 책임은 소멸되지 않으나 미납금의 납입은 일시적으로 정지된다. 다만 조합원들이 기업에 대하여 부담한 채무는 납입되어야 한다. 회사 해산 시 일반조합기업은 사업 활동에 대한 경영권을 상실하게 되는데, 완결되지 않은 문제들을 종결하고 청산 절차를 밟기 위하여, 해산이 등록되고 기업등록증이 영구적으로 취소될 때까지 일정기간 동안 법인으로서 존재하게 된다(제57조). 유한회사의 임시 해산 역시 조합기업의 해산과 같은 효력을 가진다(제162조).

일반조합기업의 경우 파산이나 법원의 명령 또는 조합기업에 1명의 조합원만 남게 됨으로써 일반조합기업이 해산하는 경우에는 법원이 청산인을 선임해야 한다. 일반조합기업이 조합원의 사망으로 인하여 해산하는 경우에는 사망한 조합원의 상속자에게 청산인으로서의 자격이 부여된다. 상속자가 다수인 경우에는 한 사람이 대표로 선임되어야 한다(제60조).

청산인은 관련 기업등록 공무원에게 일반조합기업의 영구적인 해산을 등록해야 한다. 관련 기업등록 공무원은 기업등록부로부터 기업의 상호를 말소하고, 말소된 날로부터 10일 이내에 말소사실을 공표해야 한다. 상호가 말소되면 상호권 소유자는 말소의 통지를 한 날로부터 7일 이내에 상호를 표시한 간판을 제거해야 한다(제26조). 그런데 조합의 해산 이후에도 상호를 표시한 간판을 제거하지 않으면, 해당기업은 재교육조치를 받거나 50만 킵(Kip)의 벌금을 납부하여야 하며 간판제거명령을 받게 된다(제242조).

일반조합기업은 법원이 조합기업의 영구적 해산을 명령한 날부터 법인격을 상실한다. 그리고 파산이나 조합기업의 합병에 의한 일반조합기업의 해산은 해산의 통지를 요하지 않는다(제67조).[73] 모든 조합원은 법원이 영구적 해산을 명령한 날로부터 3년 동안 지급하지 않은

---

73) Article 67. The dissolution of a general partnership enterprise due to bankruptcy or merger of the partnership does not require notice of dissolution.

채 남아 있는 일반조합기업의 채무에 대하여 공동으로 책임을 져야
한다(제68조).

5) 캄보디아

회사가 해산에 대한 의결을 승인한 후에는 상무부 법인국장에게
규정된 양식의 해산의향서를 송부하여야 하며, 법인국장은 해산의향
서를 받은 즉시 해산의향확인서를 발행하여 해당회사에 송부한다. 해
산의향확인서를 발행받은 즉시 청산에 필요한 범위를 제외하고 회사
의 업무와 영업은 정지되지만 회사의 법인격은 상무부 법인국장이
해산확인서를 발행할 때까지 계속 존재한다(제254조).

청산이 종결된 후 회사는 해산정관(articles of dissolution)을 상무부
법인국장에게 송부한다. 해산정관을 받은 즉시 상무부 법인국장은 해
산증명서를 발행하게 되고 회사는 해산증명서에 나타난 날짜에 소멸
하게 된다(제257조).

6) 한국 상법과의 비교

한국 상법상 기업해산의 효과와 관련하여 회사의 해산으로 바로
회사의 법인격 소멸이 초래되는 것은 아니므로 해산 후에도 회사의
법인격은 청산 및 파산의 목적의 범위 내에서 존속하며, 청산 및 파
산 절차의 종료에 의하여 그 법인격이 소멸하게 된다. 다만 합병의
경우에는 해산원인인 합병의 효력발생과 함께 청산 절차 없이 합병

당사 회사의 전부 또는 일부가 합병 등기로 소멸하며, 회사분할의 경우 분할 전의 회사가 분할 후에 소멸하는 때에도 분할 전의 회사는 분할의 효력발생시기인 분할 등기와 함께 소멸하므로 청산이 필요하지 않다. 이와 같은 한국 상법상의 기업해산의 효과는 메콩경제권 국가들의 기업법상의 해산제도에서도 기본적으로 차이가 없다. 다만 라오스의 경우 일반조합기업은 법원이 조합기업의 영구적 해산을 명령한 날부터 법인격을 상실한다는 점에서 특이하다.

한국 상법은 주식회사 중에 실제로 영업활동을 종식하였음에도 불구하고 해산 절차를 밟지 아니하는 휴면회사를 법적으로 제거하기 위하여 휴면회사의 해산 의제 규정을 두고 있는데(제520조의2), 상법 등기부상 무익한 기재를 방치함으로써 오는 다른 상인의 상호 선정의 제약을 방지하고 거래의 안전을 확보하기 위한 제도이다. 베트남의 경우에도 유사한 제도가 운용되고 있는데, 사업자등록증 취소일로부터 6개월이 경과한 후에도 사업자등록관이 관련 기업으로부터 해산관련 서류를 수령하지 못한 경우, 사업자등록관은 당해 기업이 해산된 것으로 간주하여 사업자등록 시스템에서 그 명칭을 삭제하도록 되어 있는 것이 그것이다(베트남 기업법 제158조).

제4절 설립과 해산에 관한 규정의 문제점과 제안

　지금까지 메콩경제권 국가들의 기업법상 회사 설립 및 해산의 주요내용을 한국 상법과 비교하여 살펴보았다. 일반적으로 회사 설립 절차 중 어느 단계에서 회사의 실체를 인정하느냐의 문제에 있어서 영미법계와 대륙법계 사이에 차이가 있다. 즉 대륙법계의 경우 회사는 설립등기를 한 시점부터 법인격을 취득하며, 법인격 취득조건으로 회사의 인적·물적 기초 및 기관 구성의 완성을 요구한다. 반면 영미법계의 경우 법인격 취득 시점은 정관을 등록한 때부터이다. 또한 회사의 인적·물적 기초 및 기관 구성의 완료는 회사 법인격의 취득요건이 아니며, 이러한 절차들은 회사 법인격의 취득 후 일정한 조직행위를 통하여 이루어진다. 이러한 기준으로 볼 때, 중국, 베트남, 태국, 라오스는 설립등기를 통해 법인격을 취득하는 대륙법계의 특징을 가지고 있으며, 캄보디아, 미얀마는 정관을 등록하고 설립증명서를 발급받음으로써 설립 절차가 종료된다는 점에서, 법인격 취득시기와 관련해서는 영미법 체계를 따르고 있음을 알 수 있다.

　회사 설립의 일반 원칙과 관련하여, 캄보디아, 라오스, 미얀마 등의 메콩경제권 국가들의 불안정한 정치·사회·경제적 현실을 고려할 때 허가주의가 적합하다고 볼 수도 있다. 그러나 설립허가주의를 취하게 되면, 회사 설립의 허가 여부에 대한 판단이 국가나 주무관청의 태도, 정책에 따라 좌우될 여지가 많기 때문에, 외국투자자들의 회사 설립을 위축시키는 결과를 가져올 수 있다. 따라서 회사 설립이 보다 활발하게 이루어질 수 있는 환경이 조성되어 투자확대로 이어지기 위해서는 허가주의에서 준칙주의로의 전환을 검토해 볼 필요가 있을 것이다. 물론 이들 국가들에게 있어서 준칙주의의 채용이 시기상조일 수도 있겠지만, 준칙주의는 회사 설립의 자유를 보다 확대할 수 있으며 설립자의 사적자치를 강화할 수 있다는 면에서 장점이 많다. 또한 회사 설립에 관한 법리적 구성도 간단하기 때문에 회사 설립 절차를 간소화하는 데 기여할 것이다 이 밖에 준칙주의는 등기를 성립요건으로 하여 회사 조직에 관한 구체적 내용을 공시하도록 하는 것이 보통이다. 따라서 메콩경제권 국가들의 경우에도 제3자 보호 및 거래의 안전을 확보하기 위하여 회사 설립에 관한 공시기능을 하는 회사등기제도를 강화하는 것도 필요하다고 생각된다.

주식회사의 발기인 수와 관련하여 메콩경제권 국가들 가운에서는 중국이 유일하게 상한선을 200명으로 제한하고 있으며, 태국은 15명 이상, 라오스는 9명 이상, 미얀마는 7명 이상, 베트남은 3명 이상, 캄보디아는 1명 이상으로 정하며 상한선은 제한하지 않고 있다. 한국의 경우와 비교하여, 메콩경제권 국가들의 발기인 제한 규정의 취지는 경영활동에서 생기는 사기, 권력의 남용, 수뢰 등의 시장성이 없는 위험으로부터 국가의 이익, 사회의 이익 내지 투자자의 이익을 보호하기 위한 것으로 판단된다. 메콩경제권 국가들의 현실상 법률의 실효성을 담보할 수 있는가에 대하여는 의문의 여지가 있지만, 회사 설립 절차의 간소화라는 측면에서는 발기인 수에 대한 제한규정을 완화하는 것이 바람직하다고 본다.

구체적인 회사 설립 절차와 관련하여, 상호 선정에 관한 메콩경제권 국가들의 기업법 규정들에 의하면 유사상호 등기 여부의 조사·확인을 위한 시간의 지연 및 추가 상호 선정에 많은 시간이 소요된다는 점에서 신속한 회사 설립에 걸림돌이 된다. 그리고 등기관이 상호의 유사성 여부를 자의적으로 판단할 우려도 배제할 수 없다. 물론 사회주의 국가의 경우 국가 통제라는 측면에서 엄격한 규정을 둘 수밖에 없겠지만, 설립 절차의 간소화라는 관점에서 유사상호 제한이라는 사전적 규제는 사후적 책임추궁의 형식으로 전환하는 것이 바람직하다고 생각한다.

또한 주주와 채권자의 권익을 보호하고 회사의 과다한 설립을 방지하기 위하여 메콩경제권 각국의 기업법에서는 최저자본제도를 두고 있다. 이는 회사 설립 시에 자본적 기초를 견실히 함으로써 채권자의 이익과 거래 안전을 보호할 수 있다는 장점은 있으나, 최저자본금이 지나치게 높을 경우 민간 자본의 시장 진입에 장애를 초래할 수 있다는 단점이 있다. 한국을 포함한 미국, 일본의 입법례에서 보듯이, 최저자본금제도가 회사 남설 방지나 채권자 보호에 그다지 기여하지 못하면서, 오히려 소규모기업 창업에 걸림돌이 된다는 이유로 폐지되는 경우가 많다. 이러한 문제인식하에, 중국은 지난 2005년 기업법 개정을 통하여 회사의 최저자본금액을 인하하였다. 그 취지를 고려하여 다른 메콩경제권 국가들도 최저자본금액의 인하를 통하여 회사 설립을 용이하게 하는 것을 검토해 볼 필요가 있을 것이다. 최저자본금의 인하는 기업의 영업활동을 촉진시킴으로써 국가경제를 활성화시키는 데 도움이 될 것이다.

현재 중국과 베트남, 태국 등은 기업법 개정을 통하여 회사의 설립과 활동에 관한 규제를 점차 완화하는 방향으로 가고 있다. 이러한 변화는 앞으로 자유로운 회사 설립 및 투자활동을 촉진함으로써 각 국가의 경제활성화를 이끌어낼 것이라고 생각한다. 다만 캄보디아, 라오스, 미얀마 등 과도기 경제체제에서는 여전히 기업 설립 절차가 길고 비용이 많이 들며, 미래에 대한 예측이 불가능하다는 문제점이 존재한다. 이러한 문제들은 기업에 대한 투자를 위축시키는 결과를 초래한다는 점에서 부정적인 것이므로 좀 더 과감한 규제 완화가 필요하며 이는 곧, 각 국가가 현재 추진하고 있는 개혁개방정책의 가속화를 의미한다. 그러므로 메콩경제권 국가들의 공통된 기업법상 개혁과제는 설립 절차의 간소화를 통하여 회사 설립 절차의 신속·효율·저비용을 달성하는 것이라고 생각한다.

　　나아가 메콩경제권 국가들의 기업법상 기업의 해산과 관련하여 좀 더 체계적이고 구체적인 해산 관련 규정을 마련하는 것이 중요하다고 본다. 구체적으로는 기업의 해산 사유에 관하여 한국 상법과 같이 회사의 종류별 또는 해산의 유형별로 규정함으로써 법규 적용의 명확성을 확보할 수 있을 것이다. 또한 주주의 이익 보호를 위하여 회사해산판결제도의 확립도 검토해 볼 필요가 있을 것이다. 이러한 제도들은 메콩경제권 국가 내 기업의 시장경쟁구조 확립과 경영관리 강화는 물론, 경제효율의 제고 및 채권자 등의 합법적 권익의 보호라는 측면에서 많은 도움을 줄 것이기 때문이다.

제4장 기업지배구조

제1절 개관

넓은 의미의 기업지배구조(Corporate Governance)는 주주, 경영자, 채권자 등 기업의 이해관계자들 사이를 조정하는 메커니즘을 말한다. 즉 이들 각 집단의 권한, 책임 등을 규율하는 제도적 장치와 운용체계를 의미하는 것이다. 그러나 좁은 의미의 지배구조는 기업의 소유와 경영의 분리로 인하여 발생하는 주주와 경영자 사이의 이해상충 문제로 축소될 수 있다. 결국 지배구조에 관한 논의는 효율적이고 건전한 기업경영을 위하여 경영관리 구조를 재편성하고 경영권이 적절하게 행사되고 있는지 여부를 감시하는 것이 주된 대상이다. 이러한 논의는 기업이 실질적인 소유자의 이익을 도모하면서 사회적 책임을 다할 수 있도록 유도하려는 목적이 있다.[1]

전 세계적으로 기업지배구조의 유형을 분류하는 방법에는 여러 가지가 있는데, 크게는 미국 및 영국의 '앵글로-색슨 모델'과 독일을 비롯한 유럽대륙 국가들의 '유럽 모델'로 구분한다. '앵글로-색슨 모델'은 주주 중심의 외부자 체제로, 기업에 대한 분산된 소유를 바탕으로 주주들이 경영에 관여하는 정도가 상대적으로 약하다는 특징이 있다. 반면 '유럽 모델'은 주주를 포함하여 채권금융기관과 노동자 등이 내부자 체제를 구성하며, 핵심적인 소유자가 경영에 참여하고 다른 이해관계자들 역시 내부 통제시스템 내에서 참여가 가능하여 직·간접적으로 경영자를 견제할 수 있다.[2] 1990년대 들어 금융산업의 세계화

---

1) 최완진, 『기업지배구조법 강의』, 한국외국어대학교 출판부, 2011, 4면.
2) 홍종학, 「미국과 영국의 기업집단 개혁과 시사점」, 『한국경제연구』 제21권, 한국경제연구학회, 2008, 134면.

가 진전되고 미국의 생산성이 빠르게 상승하면서 '앵글로-색슨 모델'
이 국제적인 표준으로 인식되기도 한다.[3]

1999년에는 경제협력개발기구(Organization for Economic Cooperation
and Development; OECD)가 '기업지배구조의 기본원칙'을 마련하였다.
이는 영·미식 기업지배모델인 주주자본주의를 중심으로 주주의 이
익 중시, 이사회의 활성화, 자본시장의 역할 제고 등을 주요 원칙으로
하고 있다. 또한 EU회사법모델 및 유엔국제상거래법위원회(United Nations
Commission on International Trade Law; UNCITRAL)모델 등도 기업지배
구조에 관한 기본원칙들을 제시하고 있다.[4]

현행 한국 상법은 미국의 영향을 받아 기업경영의 합리화를 위하
여 주주총회 중심주의에서 이사회 중심주의로 전환하고, 주주총회의
권한을 상법 또는 정관에 규정된 사항으로 국한하였다. 즉 회사편은
여러 차례의 개정을 통하여 소유와 경영의 분리를 지향하여, 주주총
회의 권한을 대폭 축소하고 이사회의 권한을 강화한 것이다. 나아가
감사의 업무감사권을 부활시키면서 업무감사를 위하여 필요한 권한
을 보강하는 등 감사의 권한도 확대하였다.[5] 특히 2011년 상법개정은
상당부분 기업지배구조의 개선에 관한 것이었다. 구체적인 내용으로
는 이사와 회사 간 자기거래의 범위 확대, 회사의 사업기회 유용금지,
이사의 회사에 대한 책임감면, 집행임원제도 도입, 감사제도의 개선

---

3) 이세인, 「미국기업지배구조의 시대적 변천」, 『법학논총』 제30권 제2호, 전남대학교 법학연구소, 2010, 199면.

4) 세계적인 기업지배구조법제의 유형과 변화에 대한 자세한 내용은, 송종준, 「회사법상 기업지배구조법제의 동향과 평가, 그리고 새로운 제언」, 『상사판례연구』 제24집 제1권, 한국상사판례학회, 2011. 3. 3~41면; 정찬형, 「주식회사의 지배구조」, 『상사법연구』 제28권 제3호(통권 제64호), 한국상사법학회, 2009. 11, 9~67면; 최완진, 전게서, 7~19면 참조.

5) 이철송, 전게서, 396면; 최기원, 전게서, 172면; 최완진, 전게서, 74~75면.

등이 있다.

메콩경제권 국가들의 기업법 역시 지배구조에 관한 규정을 꾸준히
개선하고 있다. 특히 중국, 베트남, 라오스와 같은 사회주의 국가들은
기업지배구조의 문제를 국유기업의 개혁과 관련지어 인식한다. 따라
서 경제개혁의 일환으로 시작된 국유기업의 회사화에 있어서, 소유권
과 경영권이 분리되는 과정에서 어떻게 국유주권을 관리하고 행사할
것인가가 이들 국가에게 있어서는 매우 중요한 문제이다.

다음에서는 메콩경제권 국가들의 기업법상 기업지배구조의 주요
내용과 특징들을 의사결정기관, 업무집행기관, 감사기관을 중심으로
한국 상법상 회사편 규정들과 비교하여 살펴본다.

제2절 의사결정기관

1. 주주총회(사원총회)[6]의 의의와 권한

1) 중국

중국 기업법 제99조는 주식회사의 주주총회를 "주주로 구성되며,

---

6) 원어로는 '股東大会(股东会)'이다. 이는 한국 상법상 주주총회(사원총회)에 해당하는 용어이다. 따라서 이하
에서는 통일적으로 '주주총회(사원총회)'라는 명칭을 사용하기로 한다.

기업법에 따라 권한을 행사하는 회사의 최고기구"로 규정하고 있다.[7] 주주총회의 권한은 회사의 의사결정에만 그치고, 결의의 집행 및 감독업무는 하지 않는다. 중국 기업법상 주주총회(사원총회)는 필요 상설기관이므로 회사 내에 반드시 설치하여야 한다. 이러한 주주총회(사원총회)의 지위는 이사회나 감사회를 회사의 유형과 규모에 따라 설치하지 않을 수 있도록 정하고 있는 것과 비교된다. 다만 1인 유한회사나 국가단독출자회사의 경우에는 사원총회를 설치하지 않아도 된다. 그러나 사원총회의 지위에 상당하는 기관을 회사 내에 두어야 한다.

중국 기업법에서 주주총회(사원총회)의 구체적 권한은 회사 주요기관 구성원에 대한 임면·결정권(제38조 제1항 2호), 이사회나 감사회의 보고를 청취할 권한(3~4호), 경영 관련 사항의 심의권(5~6호) 및 회사의 경영과 관련된 일체의 사항에 관한 의결권(7~9호) 등이다.

2) 베트남

베트남 기업법상 주주총회(사원총회)[8]는 회사의 최고의사결정기관으로서, 회사의 발전전략을 승인(제96조 제2항 a호)하며 수권주식의 종류 및 각 종류별 주식 총수를 결정(b호)한다.[9] 또한 주주총회(사원

---

7) 중국 기업법상 회사의 기관은 최고 권력기관인 주주총회(사원총회), 대표기관인 법정대표자, 업무집행기관인 이사회 내지 집행이사, 감독기관인 감사회 내지 감사, 노동조합으로 구성된다. 이 외에도 상장회사의 경우에는 사외이사와 이사회비서가 회사의 기관에 포함된다. 중국 기업법상 노동조합은 근로자의 합법적인 권익을 보호하기 위한 조직일 뿐만 아니라, 근로자 대표가 회사의 경영에 직접 참여할 수 있도록 하는 회사법상 조직기구의 하나이다.

8) 원어로는 'Đại hội đồng cổ đông(Đại hội đồng cổ đông)'이다. 이하에서는 '주주총회(사원총회)'라고 한다.

9) 베트남 기업법은 서구의 기업지배규범을 계수하여 이사의 의무, 고지, 소수주주의 권한, 이사회 및 감사의

총회)는 이사회 및 감사회 구성원을 선임 및 해임할 권한(c호)을 가지며, 재무보고서에 기록된 자산 총액의 50% 이상(정관에서 다른 비율을 정하는 경우에는 그 비율)에 상당하는 자산의 투자 또는 매각을 결정(d호)하는 역할도 한다. 이 밖에도 주주총회(사원총회)는 다양한 권한을 행사할 수 있는데, 추가 수권주식의 매각으로 인하여 발생하는 주식자본의 조정을 제외한 정관의 개정(e호)과 연차재무보고서의 승인(f호) 및 각 종류주식의 10%를 초과하는 주식의 환매결정(g호), 이사회 및 감사회의 위법행위로 회사 및 주주에게 손해가 발생하는 경우에 있어서의 조사 및 처리방법의 결정(h호), 회사의 구조조정 및 해산 결정(i호) 등의 권한이 대표적인 예이다.

3) 태국

태국 기업법상 회사의 의사결정기관은 주주총회[10]이다(태국 민상법 제1171조).[11] 기본적으로 이사·감사의 선임 및 계산서의 승인 결정 등이 주주총회의 권한이다. 공개회사의 경우에는 회사의 회계연도 종료일로부터 4개월 내에 주주총회를 개최하여야 한다(태국 공개주

권한과 의무 등에 관하여 규율하고 있다(John Gillespie, Transplanted Company law: An Ideological and Cultural analysis of Market-entry in Vietnam, *International and Comparative Law Quarterly*, Vol. 51, Cambridge Journal, July 2002, p.649). 베트남 기업법상 2인 이상의 유한회사의 기관은 출자자에 의해 구성되는 사원총회, 사원총회 의장, 대표이사로 구성되고, 11인 이상의 사원이 있는 경우에는 감사회도 조직되어야 한다. 주식회사의 기관은 의사결정기관인 주주총회와 업무집행기관인 이사회, 대표이사, 감독기관인 감사회로 구성된다.

10) 원어로는 'ประชุมผู้ถือหุ้น(Shareholders' meeting)'이다. 이하에서는 '주주총회'라고 한다.

11) 태국의 기업현실에는 지배주주가 존재하며, 주식분산도가 매우 낮다는 특징이 있다. 이와 관련하여 기업지배구조의 문제가 과제로 대두되고 있다. 태국 주식회사법은 영국법의 영향을 받았고, 기관은 주주총회, 이사회, 이사회 의장, 회계감사, 검사인 등으로 구성되어 있다. 기타 캄보디아, 라오스의 경우도 회사의 기관은 크게 이사회, 주주총회, 감사로 구성된다.

식회사법 제108조).

4) 라오스

라오스 기업법상 주주총회는 주식회사의 최고의사결정기관이다(제
136조). 주주총회는 정기총회와 임시총회의 두 가지 종류가 있다. 정
기총회는 1년에 1회 이상 개최되어야 하며, 총회의 개최 시기는 회사
의 정관에서 정한다. 정기총회는 주로 회사의 정관과 설립계약을 결
의하며, 이사나 감사를 선임하고 보수를 정하는 기능도 한다. 또한 정
기총회는 회사의 사업보고서, 수취계정, 비용, 사업계획 등을 결정하
고 배당금 분배방식을 결정하는 역할도 있다.

반면 임시총회는 이사의 과반수가 주주총회(사원총회)의 개최를 약
정했거나 주주(사원)가 청구하여 법원이 총회개최를 명령한 경우, 또
한 발행주식 총수의 100분의 20 이상을 보유하는 주주(사원)가 총회
개최를 요청하게 되면 언제든지 임시총회를 개최할 수 있다(제136조).

5) 캄보디아

라오스와 마찬가지로, 캄보디아 기업법상 주주총회는 최고의사결
정기관으로서 이사 및 감사의 선임과 해임을 주요권한으로 한다. 캄
보디아 기업법은 주주총회 장소 및 소집 절차 등에 대하여 일반적인
규정을 두고 있다. 주주총회는 정관 또는 이사회 결의에 따라 캄보디
아 내에서 개최된다. 회사가 설립된 후 12개월 내에, 이전의 정기총회

를 개최한 후 15개월 내에 정기총회를 소집하여야 한다. 한편 캄보디아 기업법상 임시총회는 언제든지 소집될 수 있다(제206조).[12]

6) 미얀마

미얀마 기업법상 주주총회는 주식회사의 최고의사결정기관으로서 주주는 주주총회를 통하여 자신의 의견을 개진할 수 있다. 미얀마 기업법에 따르면 모든 회사의 정기총회는 회사 설립일로부터 18개월 내에 개최되어야 한다. 정기총회는 매년 개최되어야 하며 이전 정기총회로부터 15개월을 경과하지 못한다. 정기총회는 주로 이사와 감사를 선임 및 해임할 권한을 가지며, 구체적인 사업계획 등을 결정하는 역할을 한다.

7) 한국 상법과의 비교

메콩경제권 국가들의 기업법상 기업지배구조에 있어서 의사결정기관은 주주총회(사원총회)이다. 메콩경제권 국가들의 기업법이 주주총회(사원총회)의 지위를 '주주(사원)로 구성되는 필요상설기관으로서 법률 또는 정관에 정하여진 사항을 결의하는 회사의 최고의사결정기관'으로 보고 있다는 점에서 한국 상법상의 주주총회(사원총회)의 지위와 일치한다.

한국 상법은 주주총회의 정의에 관한 규정을 갖고 있지 않으나, 일

---

12) 김봉철·이준표, 「캄보디아 기업법상 회사지배구조의 특징」, 123면.

반적으로 주주총회란 "주주로 구성되며 회사의 기본적인 사항에 관하여 회사의 의사를 결정하는 필요상설의 기관"이라는 것이 통설이다.[13] 메콩경제권 국가들 중에서는 중국과 라오스의 기업법이 명문으로 주주총회를 '최고의사결정기관'이라고 정하고 있다.

각 기업법이 형식적으로 명시하는 것과 상관없이, 메콩경제권 국가들의 기업법상 주주총회(사원총회)는 실제로 회사의 중요한 의사를 결정하는 최고권력기구라는 성격을 지니고 있다. 또한 주주총회(사원총회)는 반드시 설치하여야 하는 필요적 기관이기도 하다. 한국의 경우 유한회사의 운영기구와 관련하여 의사결정기관인 사원총회와 업무집행기관인 이사가 필요하며, 감독기관인 감사는 임의기관으로 하고 있다. 사원총회는 유한회사의 의사를 결정하는 법정의 최고기관이란 점에서 주식회사의 주주총회와 같으나 결의사항에 제한이 없다.[14] 사원(주주)총회가 회사의 의사를 결정하는 최고의 기관이라는 점에서는 한국과 메콩경제권 국가 간에 서로 일치한다.

주주총회의 권한과 관련하여, 규정방식에 대한 구별이 가능하다. 즉 중국이나 베트남 기업법의 경우에는 하나의 조문으로 열거하여 규정하고 있다. 그러나 한국[15]과 기타 메콩경제권국가들의 기업법은 주주총회의 권한에 관하여 부문별로 나누어 별도로 규정하고 있다.

---

13) 이철송, 전게서, 407면; 정찬형,『상법강의 上』제12판, 박영사, 2009, 758면.

14) 이철송, 전게서, 983면; 최기원, 전게서, 174~175면.

15) 한국 상법상 주주총회의 권한으로 우선 기관구성에 관한 권한(이사, 감사, 청산인의 선임 및 해임(제382조, 제385조 등), 검사인의 선임(제367조 등)이 있고, 회계와 관련된 권한(재무제표의 승인(제449조 제1항), 주식배당의 결정(제462조의2), 청산인의 승인(제540조 제1항) 등), 그리고 업무감독과 관련한 권한(이사, 감사, 청산인의 보수결정(제388조 등), 책임면제(제32조 등), 사후설립(제375조), 주주 이외의 자에 대한 전환사채 또는 신주인수권부사채의 발행(제513조 제3항, 제516조의2 제1항) 등)과 기본기구의 변경과 관련한 권한(영업의 양도(제374조), 정관의 변경(제433조 제1항), 합병(제522조), 분할(제530조의2 내지 530조의12), 조직변경(제519조), 해산(제518조) 등)이 있다.

현대회사법은 대체로 소유와 경영의 분리를 원칙으로 주주총회의 권한을 약화시키고 이사 또는 이사회에 경영권을 집중시키는 경향이 있다.[16] 한국 상법의 경우 주주총회는 상법상 또는 정관에 정하는 사항에 한하여 결의할 수 있다(제361조)고 하여 주주총회의 권한을 제한하고 있다.

중국 기업법의 경우에도 명문상 주주총회(사원총회)를 최고권력기관으로 확정하고 있다. 그러나 실제로는 이들의 지위가 형식적이고, 점차 주주총회(사원총회)의 지위가 약화되어 가고 있다. 구체적인 이유로서, 첫째 대부분의 대형 회사들이 국유기업에서 조직변경을 하여 전환되었다는 점, 둘째 이들 회사에서 비유통주인 국유주가 차지하는 비율이 60% 이상이 되고, 이사장[17]이나 경리[18] 또는 지배주주가 그 권한을 행사하고 있다는 점, 셋째 중국의 지리적 특색 때문에 총회에 참석하는 사원이나 주주의 수가 상대적으로 적다는 점 등이 최고권력기관으로서의 주주총회 지위를 약화시키는 요인이 되고 있다.[19]

---

16) 이철송, 전게서, 384면; 최기원, 전게서, 172면.

17) 원어로는 '童事長'이다. 이하에서는 '이사장'이라고 한다.

18) 중국 기업법상 경리(經理)는 회사의 일상적 생산경영관리와 영업거래를 책임지는 업무집행기구로서, 한국 상법상 '이사'에 해당하는 회사의 기관이다(소삼영, 「중국회사법상 경리의 지위와 권한」, 『한양법학』, 제20권 제3집(통권 제27집), 한양법학회, 2009. 8, 591면).

19) 법제처, 전게서, 76면.

2. 주주총회(사원총회)의 소집

1) 소집권자

(1) 중국

중국 기업법상 주식회사의 경우, 주주총회의 소집권은 원칙적으로 이사회에 있다.[20] 다만 이사회가 주주총회를 소집할 수 없거나 소집하지 않은 경우에는 감사회가 적시에 주주총회를 소집하여야 한다. 또한 감사회가 총회를 소집할 수 없거나 하지 않을 경우에는 전체 주식 중 100분의 10 이상을 보유한 주주가 독자적으로 회의를 소집할 수 있다(제102조).

유한회사의 경우에도 사원총회의 소집권은 원칙적으로 이사회가 가지고 있다(제41조). 다만 최초로 열리는 사원총회의 소집권은 최다 지분을 소유한 자에게 있다(제39조). 이것은 유한회사의 특수사정을 고려한 것이다. 이사회가 구성되지 않은 경우에는 집행이사가 사원총회를 소집할 수 있다. 이사회 또는 집행이사가 사원총회를 소집하지 않거나 소집할 수 없는 경우에는 감사회가 사원총회의 소집권을 행사할 수 있다. 감사회가 설치되지 않은 유한회사에서는 단독 감사가 총회를 소집할 수 있다. 만약 감사가 사원총회를 소집할 수 없거나 소집하지 않을 경우, 100분의 10 이상의 의결권을 가진 사원이 독자

---

20) 중국 기업법상 회사의 주주총회(사원총회)의 소집권은 원칙적으로 이사회에 있지만, 그 주최권은 이사장이 갖는다. 이사장이 사원총회의 회의를 주최할 수 없거나 하지 않을 경우 부이사장이 주최하고, 부이사장도 직무수행이 불가능하게 된 경우에는 과반수의 이사에 의해 선출된 1인의 이사가 주최한다(제41조). 주식회사의 경우에도 유한회사의 규정과 마찬가지로 주주총회는 이사장이 주최한다. 이사장이 주주총회를 주최할 수 없거나 하지 않는 경우에는 부이사장이 주최하고, 부이사장의 회의주최도 불가능하면 과반수의 이사가 선출한 1인의 이사가 주최한다(제102조).

적으로 총회를 소집할 권한이 있다(제41조).

중국 기업법상 원칙적으로는 모든 사원 또는 주주가 임시총회의 소집을 요구할 수 있다. 그러나 실제로는 정관을 통해 일정한 정도 이상의 의결권 있는 지분 또는 주식을 보유한 사원이나 주주에게 소집청구의 권한을 부여하는 것이 일반적이다. 유한회사의 경우 100분의 10 이상의 의결권을 대표하는 소수사원도 임시총회의 소집권이 있고, 3분의 1 이상의 이사, 감사회 내지 감사에게도 임시총회 소집청구권이 인정된다(제40조).

유한회사의 이사는 3인에서 13인으로 구성되는데, 정관에서 정한 이사의 총수 중에서 3분의 1 이상의 합의로 임시총회 소집을 청구할 수 있다. 그러나 소규모 유한회사의 경우에는 이사회를 설치하지 않고 1명의 집행이사를 둘 수 있으며(제51조), 그 집행이사가 임시총회를 제안할 수 있다. 감사회도 임시총회의 소집을 청구할 권한이 있지만, 소규모 유한회사의 경우에는 감사회 대신 1인에서 2인 정도의 감사를 둘 수 있고, 그 감사가 총회를 제안할 수 있다(제52조).

중국 기업법상 주식회사에서 회사주식의 100분의 10 이상 보유한 소수주주가 단독 또는 합의로 주주총회 소집청구를 하면 이사회는 임시총회를 소집할 수 있다. 또한 이사회가 임시총회 소집이 필요하다고 인정하는 경우나 감사회가 임시총회의 소집을 제의한 경우(제101조), 회사 정관에서 회사의 중요 자산을 양도하거나 양수한 경우, 외부에 담보를 설정하는 것과 같은 주주총회 결의를 거치도록 정한 사항에 대해서는 이사회가 적시에 임시총회를 소집할 수 있다(제105조).[21]

---

21) 중국 기업법은 구 회사법에 비하여 소수주주에 관한 보호규정을 상대적으로 상세하게 입법하였을 뿐만 아니라, 지배주주가 기업의 법인격을 남용하는 경우 이를 구제하기 위한 법인격부인의 법리 등을 명시하였다. 이와 함께 소수주주나 소수지분권을 갖는 사원들의 권한남용을 방지하기 위한 손해배상제도를 새롭

(2) 베트남

베트남 기업법상 주주총회의 소집권자는 원칙적으로 이사회이지만, 주주나 감사회가 주주총회를 소집하는 경우도 있다. 이사회는 주주 내지 감사회의 소집청구가 있으면 정관에 다른 정함이 없는 한, 30일 내에 주주총회를 소집하여야 한다. 다만 이사회가 30일 이내에 주주총회를 소집하지 않으면, 감사회가 이사회를 대신하여 주주총회를 소집할 수 있다. 이사회 및 감사회도 주주총회를 소집하지 않는 경우, 이사회 및 감사회의 의장은 이로 인하여 발생하는 회사의 손해를 배상할 책임이 있다(제97조).

감사회가 주주총회를 소집하지 못한 경우에는 주주가 이사회 및 감사회를 대신하여 주주총회를 소집할 수 있다. 이때 주주는 6개월간 발행주식 총수의 100분의 10 이상(정관이 그보다 낮은 비율을 정하는 경우에는 그 비율)을 소유한 주주이어야 한다. 주주는 이사회가 주주의 권리를 침해하거나 권한을 넘는 결정을 하는 경우 또는 이사회의 임기가 6개월 이상 초과되었으나 새로운 선임이 이루어지지 않는 경우에 주주총회의 소집을 청구할 수 있다(제79조).

(3) 태국

태국 공개주식회사법은 원칙적으로 주주총회 소집권자를 이사회로 정하고 있다(태국 공개주식회사법 제98조 제1항, 제99조). 태국 공개주식회사법은 소수주주에 의한 주주총회 소집을 인정하고 있다. 태국공개주식회사는 발행주식 총수의 100분의 20 이상을 소유한 주주

게 도입하였다. 중국 기업법상 소수주주보호에 관한 자세한 내용은 吉南·丹尼斯, 『公司法』, 法律出版社, 2005, 236~255면 참조.

또는 발행주식 총수의 100분의 10 이상을 소유한 25인 이상의 주주들이 언제든지 임시총회를 소집하기 위하여 이사에게 이사회의 소집을 요청하는 통지를 서면으로 청구할 수 있도록 하고 있다.[22] 반면 주주의 주주총회청구권을 인정하지 않는다. 이러한 취지는 공개주식회사의 경우 주주의 청구가 있으면 주주총회의 소집은 의무적인 것으로 해석된다.[23]

민상법의 규율대상인 비공개주식회사의 경우, 주주총회의 소집권자는 원칙적으로 이사이다. 이사는 언제나 임시총회[24]를 소집할 수 있으며, 특히 회사가 회사자본의 2분의 1을 손실한 때에는 그 손실을 주주에게 알려서 사업의 계속 여부를 검토할 수 있도록 하기 위하여 지체 없이 임시총회를 소집하여야 한다(태국 민상법 제1172조). 임시총회는 회사주식의 100분의 20 이상을 보유한 주주가 서면으로 요청을 하는 경우에 소집되어야 한다. 이때 요청서면에는 총회소집의 목적이 특정되어야 한다(제1173조). 임시총회의 소집요청이 주주에 의해 제기된 경우, 이사들은 그 총회를 즉시 소집하여야 한다. 그 총회가 요청이 있는 날로부터 30일 이내에 소집되지 않으면, 요청자 또는 주주들이 직접 그것을 소집하여야 한다(제1174조).

---

22) 통지에는 소집사유를 명시하여야 하며, 이사회는 해당 통지의 수령일로부터 1개월 이내에 주주총회 개최 여부를 결정하여야 한다(태국 공개주식회사법 제100조).

23) 그러나 이를 위반한 경우 벌금이 2만 바트를 넘지 않아 실효성이 담보되지 않으므로 주주에 의한 소집을 인정하여야 한다는 개정요구가 크다(정용상, 「태국의 기업입법발전배경」, 117면).

24) 비공개주식회사의 경우, 주주총회는 등기 후 6개월 이내에 개최되어야 한다. 이후에는 최소 12개월마다 개최되어야 하는데, 이를 정기총회라고 한다. 정기총회 이외에는 모두 임시총회라고 한다(태국 민상법 제1171조).

(4) 라오스

라오스 기업법의 경우, 이사의 과반수가 주주총회의 개최를 약정한 경우에 소집된다. 또한 주주가 청구하여 법원이 총회개최를 명할 수도 있는데, 총 납입지분의 100분의 20 이상을 대표하는 주주가 요청한 경우에는 개최될 수 있다(제136조).[25]

(5) 캄보디아

캄보디아 기업법상 주주총회의 소집권자는 원칙적으로 이사이다. 이사는 회사 설립 후 12개월 내에 정기총회를 소집하여야 하며, 임시총회는 언제든지 소집할 수 있다(제206조). 또한 이사 이외에 주주도 이사에게 주주총회의 소집을 요청할 수 있다. 다만 이 경우에 총회에서 의결권을 행사할 수 있는 발행주식의 100분의 51 이상을 보유한 주주만이 소집을 요청할 수 있으며, 소수주주의 주주총회 소집권은 인정되지 않는다(제207조).[26]

(6) 미얀마

미얀마 기업법상 주주총회의 원칙적인 소집권자는 이사회이다(제83A). 단독이사만으로는 회사를 위한 행위를 할 수 없고 이사회의 결의를 따라야 하기 때문이다. 미얀마 기업법상 총회에는 법정총회, 연간정기총회, 임시총회의 3종류가 있다.

법정총회는 비상장 개인회사를 제외한 모든 회사가 법인으로 회사의 영업을 시작한 후 6개월 내에 소집해야 하는 총회이다(제77조). 연

---

25) 김동훈·이준표, 「라오스 기업법에 관한 고찰」, 39면.
26) 김봉철·이준표, 「캄보디아 기업법상 회사지배구조의 특징」, 124면.

간정기총회는 새로 설립된 회사가 회사 설립일로부터 18개월 이내에 최초의 개최하여야 하는 총회이며, 이전 총회개최 후 15개월 이내에 반드시 한 번은 개최되어야 한다(제76조). 임시총회는 발행주식 총수의 100분의 10 이상을 보유한 주주의 요청으로 개최하는 총회를 말한다(제78조). 이러한 총회를 개최하는 데 있어서 흠결이 있는 경우, 회사와 각 이사 내지 회사 임원들은 벌금형의 책임을 져야 한다. 해당 흠결이 회사의 특정 사원과 관련된 경우, 법원은 정기총회를 소집하거나 소집을 지시하여야 한다(제76조).

(7) 한국 상법과의 비교

한국 상법상 주식회사의 주주총회 소집은 원칙적으로 이사회가 결정한다(제362조). 그러나 경우에 따라 이사회 이외에도 소수주주에 의한 소집, 감사에 의한 소집, 법원의 명령에 의한 소집 등이 가능하다. 주주총회의 소집을 주주가 아닌 이사회가 결정한다고 하는 것은 주주의 경영간섭을 차단하는 의미를 가지므로 소유와 경영의 분리를 실질적으로 확보하는 장치가 된다.[27]

주주총회는 정기총회와 임시총회로 나뉘는데, 정기총회는 매 결산기에 1회 일정한 시기에 소집해야 하며, 결산기가 1년을 넘더라도 매년 1회는 반드시 소집해야 한다. 반면에 임시총회는 필요에 따라 수시로 소집할 수 있다(제365조). 임시총회와 정기총회는 그 소집시기가 다를 뿐 그 권한 내지 결의의 효력에는 큰 차이가 없다.

앞서 살펴본 바와 같이, 캄보디아를 제외한 중국, 베트남, 태국, 라오스, 미얀마 기업법에서는 소수주주에 의한 주주총회 소집을 인정하

---

27) 이철송, 전게서, 413면; 최기원, 전게서 180~181면.

고 있다. 소수주주에 의한 총회소집권의 인정은 1차적으로 주주의 정당한 의사형성 및 개진을 막으려는 이사의 전횡을 견제한다는 점에서 의의가 있다. 나아가 지배주주의 지지를 받는 이사의 세력에 대항하여 소수주주가 그것에 대항할 수 있는 수단을 마련해 주기 위한 제도적 장치라는 점에서도 중요한 제도이다.

소수주주에 의한 주주총회 소집청구권에 있어서 소수주주의 요건에서는 국가 간의 차이가 있다. 중국은 단독 또는 합계로 회사의 주식을 100분의 10 이상 보유한 주주, 베트남은 6개월간 발행주식 총수의 100분의 10 이상의 보통주식을 소유한 주주, 태국은 공개주식회사의 경우, 발행주식 총수의 100분의 20 이상을 소유한 주주 또는 발행주식 총수의 100분의 10 이상을 소유한 25인 이상의 주주, 비공개주식회사의 경우, 회사주식의 100분의 20 이상을 보유한 주주, 라오스는 총 납입지분의 100분의 20 이상을 대표하는 주주, 미얀마는 발행주식 총수의 100분의 10 이상을 보유한 주주를 그 요건으로 하고 있다. 메콩경제권 국가들 가운데 태국의 경우 주주 수에 대한 요건도 함께 정하고 있는 것이 특징이다.

〈표 16〉 국가별 주주총회 소집에서의 소수주주권 행사요건(지주비율)

국가명	지주비율
중국	100분의 10 이상
베트남	100분의 10 이상
태국	100분의 20 이상/발행주식 총수의 100분의 10 이상을 소유한 25인 이상의 주주
라오스	100분의 20 이상
캄보디아	100분의 51 이상
미얀마	100분의 10 이상

한국 상법은 소수주주의 청구에 의해 주주총회가 소집될 수 있음을 규정하면서(제366조), 주주총회의 소집을 청구할 수 있는 주주를 발행주식 총수의 100분의 3 이상을 가진 주주로 정하고 있다(제366조 제1항).[28] 상장회사의 경우에는 이 요건이 1,000분의 15 이상으로 완화되어 있다. 대신 이 주식을 6개월 전부터 계속 보유할 것을 요구하고 있다(제542조의6 제1항).[29] 소수주주권 행사의 요건이 완화되면 남용될 가능성이 있으므로, 한국 상법상 상장회사는 6개월간의 주식 보유를 요건으로 하고 있다.

메콩경제권 국가들의 기업법상 주주총회의 소집권자는 원칙적으로 이사회 내지 이사이다. 다만 정관에 다른 정함이 없는 한 예외적으로 주주, 감사회(감사), 법원에게도 주주총회의 소집권을 인정하는 경우도 많다.

메콩경제권 국가들의 기업법상 소수주주권의 행사요건인 지주비율은 보통 100분의 10에서 100분의 20 정도이며, 한국에 비해 높은 편이다. 결국 한국에 비해 소수주주에 의한 주주총회 소집권 등이 어렵다고 할 수 있다. 장기적으로 이들 국가에서 소수주주를 보호하고 경영에 대한 감시를 강화하기 위해서는 소수주주권의 요건을 완화하여 그 행사를 용이하게 하는 것이 필요하다. 이를 통해 소수주주권 행사가 보다 활성화될 수 있을 것이다.

---

28) 2011년 상법개정을 통해, 소수주주들이 이사회에 회의목적과 소집이유를 기재한 서면을 제출하여 청구하였는데 이사회가 지체 없이 총회의 소집 절차를 밟지 아니하는 경우에는 소수주주들이 직접 법원의 허가를 얻어 이를 주주총회를 소집할 수 있도록 하였다. 또한 소수주주가 청구한 주주총회의 실질화를 위하여 소수주주가 청구한 주주총회에 있어서 해당 의장을 법원이 선임하도록 하였다(제366조 제2항).
29) 소집청구권을 단독주주권으로 하지 않고 소수주주권으로 한 이유는 총회결의에 거의 영향을 줄 수 없는 영세한 주주가 무익한 소집청구를 거듭하여 생기는 비효율을 방지하기 위함이다. 한국 상법상 소수주주에 의한 소집에 관한 자세한 내용은 이철송, 전게서, 413~415면; 최기원, 전게서, 181면 참조.

2) 소집 절차

(1) 중국

중국에서 주주총회(사원총회)를 소집할 때에는 먼저 총회에 대한 통지 및 관련 결의사항이 확정되어 있어야 한다. 유한회사의 사원총회는 회의를 소집하기 15일 전에 전체 사원에게 통지되어야 한다. 다만 회사 정관에 다른 규정이 있거나 전체 사원이 약정을 별도로 정하였을 경우에는 그것을 따라야 한다(제42조).[30] 주식회사의 정기주주총회는 소집장소, 시간 및 심의사항이 회의소집 20일 전에 각 주주에게 통지되어야 하고, 임시주주총회는 회의소집 15일 전에 각 주주에게 통지되어야 한다. 특히 무기명 주권을 발행한 경우에는 회의소집 30일 전에 장소, 시간 및 심의사항을 공고하여야 한다.[31] 사원총회와 주주총회에서 심의할 내용을 통지사항으로 기재하여야 하는데, 특히 주식회사의 임시주주총회에서 통지에 기재되지 않은 사항은 결의할 수 없다(제103조).

(2) 베트남

베트남 기업법상 총회의 소집청구는 서면으로 하여야 한다. 이러한 소집청구 서면에는 개인주주인 경우 성명, 거주지 주소, 국적 또는 신분증, 여권 또는 기타 관련 증명서 번호, 기관주주인 경우 명칭, 거주지 주소, 국적, 각 주주가 소유하는 총 주식 수 및 매수일, 주주가 보유하는 주식 총수 및 회사의 자본에 대한 비율, 주주총회 소집청구

---

30) 桂敏杰·安建 主編, 전게서, 102~103면.
31) 상장회사인 경우에는 주주총회의 통지를 30일 이전에 하여야 한다(중국상장회사주주총회규범의견 제5조).

의 이유 등을 기재하여야 한다. 만약 하자 있는 결정 등 이사회의 위반이 있는 경우에는 위반을 증명하는 증거를 첨부하여 붙여야 한다(제79조 제2항).

주주총회를 소집한 자는 참석주주명부를 작성하고, 참석주주명부에 관한 정보를 제공하고 그에 관한 분쟁을 해결하며, 회의의 의안, 요령 및 자료를 작성하고, 회의 시간과 장소를 정하며, 각 참석주주에게 소집통지서를 송부한다. 주주총회 소집 및 개최로 인한 모든 비용은 회사가 부담한다(제97조). 주주총회를 소집하는 자는 총회에 출석하여 의결권을 행사할 주주의 명부를 작성하고, 의안 및 요령을 작성하며 그 결의 초안을 만들고 총회 시간 및 장소를 결정하고 자격 있는 주주에게 소집통지를 송부하여야 한다.

원칙적으로 주주총회를 소집하는 자는 총회일로부터 7일 이전에 주주총회에 참석할 수 있는 모든 주주에게 소집통지서를 송부하여야 하는데, 정관에서 7일 이상의 기간으로 달리 정할 수 있다. 소집통지서는 주주의 거주지 주소에 우편으로 송부하여야 한다. 소집통지에는 상호, 본사, 사업자등록증번호 및 발급일, 사업자등록지, 주주 또는 그 승인된 대리인의 성명 및 거주지 주소, 총회 시간 및 장소 등을 기재하여야 한다. 소집통지서에는 위임장 표준양식, 의안 및 기타 관련 자료와 결의서 초안을 동봉하여야 한다. 회사에 웹사이트가 있는 경우, 소집통지서 및 관련 자료는 주주에게 송부하는 외에도 그 웹사이트에 게시하여야 한다(제100조).

(3) 태국

태국 공개주식회사법상 주주총회 소집 절차와 관련하여, 이사회는 장소, 날짜, 시간, 안건 및 세부사항들이 명시된 통지서를 주주 및 등기 사무소에 총회일 7일 이전에 송부하여야 한다. 나아가 총회의 통지는 총회일 3일 전에 신문에 공고하여야 한다(태국 공개주식회사법 제101조 제1항). 총회가 개최되는 장소는 회사본점소재지가 위치한 지역 또는 인근 지역이어야 한다. 다만 정관에 다른 규정이 있으면 예외로 한다(제101조 제2항).

민상법의 규율대상인 비공개주식회사는 모든 주주총회의 소집통지는 총회일 7일 전까지 지역신문에 최소 2회 공표하거나 주주명부에 기재된 모든 주주에게 우편을 보내야 한다. 그 통지는 총회의 장소, 날짜, 시간 및 거래사업의 성질에 대하여 특정하여야 한다(태국 민상법 제1175조).

(4) 라오스

라오스 기업법은 정기 또는 임시총회가 개최되기 전, 5일 동안 이사회나 이사가 총회의 개최 날짜, 장소 그리고 시간을 모든 사원에게 통지하여야 한다고 규정한다. 이러한 통지와 함께 필요한 서류를 사원들에게 제공하여야 한다(제137조 제1항). 총회가 연기된 경우, 이사회나 이사는 위의 절차를 반복하여야 한다. 사원들에 대한 통지방법은 직접 전달될 수도 있고, 적절한 통신시스템을 이용할 수도 있다(제137조 제2항).

(5) 캄보디아

캄보디아 기업법상 주주총회의 통지는 총회일 전 20일에서 50일 이내에 서면으로 모든 주주, 이사, 감사에게 이루어져야 한다. 주주총회의 통지서에는 총회 일자, 안건, 장소가 기재되어야 한다(제214조). 특별한 사업이 주주총회에서 논의되어야 하는 때에는 주주가 합리적인 판단을 내릴 수 있도록 상세하게 그 사업의 성격을 설명하는 문서와 주주총회에 제출될 특별결의에 대한 설명서가 제출되어야 한다. 주주가 통지를 받지 않았다고 해서 주주총회의 의결권이 박탈되는 것은 아니며, 주주총회가 30일 이내로 연기되는 경우 연기된 주주총회에 대한 통지는 별도로 필요하지 않다.[32] 주주들이 소집한 회의에서 주주들이 의결을 하지 않는다면 회사는 총회를 요구·소집·개최하여 합리적으로 발생된 비용을 주주들에게 지불하여야 한다(제207조).

(6) 한국 상법과의 비교

한국 상법상 통지는 총회일 2주간 전에 하여야 하고, 공고는 총회일 3주간 전에 하여야 한다(제363조 제1항, 제3항). 과거 한국 상법상의 주주총회의 소집 절차는 매우 엄격하여 영세한 회사에게는 준수비용이 상당한 부담이 되었다. 이에 2009년 5월 상법개정을 통하여 소규모회사(자본금 총액이 10억 원 미만인 회사)의 주주총회에 관해서는 총회일 10일 전에 통지를 발송할 수 있고, 무기명식의 주권을 발행한 경우에는 총회일 2주 전에 공고할 수 있도록 하였다(제363조 제4항).[33] 이와 같이 주주총회 소집 절차를 간소화함으로써 소규모

---

32) 김봉철·이준표, 「캄보디아 기업법상 회사지배구조의 특징」, 124면.
33) 손진화, 전게서, 443면; 이철송, 전게서, 409면.

주식회사의 주주총회 개최와 관련된 비용 및 시간이 절약될 것으로 예상된다.[34)]

통지기간과 관련하여 중국의 경우 정기총회는 소집 20일 전, 임시 총회는 소집 15일 전에 통지되어야 한다. 베트남과 태국의 정기총회는 소집 7일 전까지 통지하도록 규정하고 있으며, 라오스의 경우에는 소집 5일 전까지 통지하도록 정하고 있다. 이때 베트남은 웹사이트, 라오스는 전자적 통신시스템을 활용하여 통지할 수 있다고 정하고 있다. 이는 주주총회의 전자화에 관한 입법으로서 긍정적으로 평가할 수 있다.

〈표 17〉 국가별 정기주주총회 소집통지기간

국가명	통지기간
중국	총회일 전 20~50일
베트남	총회일 전 7일
태국	총회일 전 7일
라오스	총회일 전 5일
캄보디아	총회일 전 20~50일
한국	총회일 전 14일

각국 기업법상 통지에 기재되지 않은 사항은 결의할 수 없는데, 이는 대주주들이 회의사항을 임의로 변경하여 자신의 이익을 꾀하거나 회사를 통제하는 수단으로 삼는 것을 방지하기 위한 조치라고 할 수 있다. 결국 이것은 회사 내의 소수 대주주들의 횡포를 막을 수 있는 제도적 장치라는 점에서 의의가 있다.

---

34) 법제사법위원회, "상법일부개정법률안(위원회안)", 2009. 4. 23, 3면.

3) 주주제안권

(1) 중국

중국 기업법상 주식회사의 경우 단독 또는 합계로 회사의 발행주식 총수의 100분의 3 이상을 보유한 주주는 주주총회 소집 10일 전에 임시제안을 서면으로 이사회에 제출할 수 있다. 이사회는 임시제안의 수령 후 2일 이내에 기타 주주에게 통지하고, 해당 임시제안을 주주총회에 제출하여 심의토록 한다. 위의 통지는 반드시 서면으로 하여야 하고, 통지할 장소는 주주명부에 기재된 주주의 주소로 하거나 주주가 회사에 대하여 통지한 주소로 한다. 임시제안의 내용은 주주총회의 직권 범위 내에 포함되어야 하며, 명확한 의제와 구체적으로 결의할 수 있는 사항이어야 한다(제103조). 유한회사의 경우 사원총회에 대한 임시제안권과 관련된 규정이 없다. 중국의 구 기업법은 주주제안권을 규정하고 있지 않았으나, 개정 기업법은 주주제안권을 명시하였다.[35]

(2) 베트남

베트남에서도 주주총회에서의 주주제안권이 인정된다. 즉 6개월간 발행주식 총수의 100분의 10 이상(정관이 그보다 낮은 비율을 정하는 경우에는 그 비율)을 소유한 주주는 의안을 발의할 수 있다(제79조 제2항). 발의는 서면으로 하여야 하며, 총회일로부터 3일 전까지 회사에 송부하여야 한다. 발의서에는 주주의 성명, 각 종류주식의 수, 주주등록번

---

35) 桂敏杰・安建 主編, 전게서, 242~245면.

호 및 날짜와 발의하는 의안을 기재하여야 한다. 그러나 발의가 시한 내에 도달하지 않았거나 필요 정보를 흠결한 때, 의안으로 발의된 사항이 주주총회의 결의사항이 아닌 경우, 기타 정관에서 정하는 경우에는 주주총회를 소집하는 자가 해당 발의를 거절할 수 있다(제99조).

다만 최소 6개월간 계속하여 보통주식 100분의 10 이상을 보유한 주주라는 요건이 국영기업의 회사화라는 현실적 측면에서 소수주주들의 이익을 위한 제도적 보장의 기능을 발휘할 것인지에 대해서는 의문이 있다.[36)]

(3) 태국

태국 공개회사법의 경우 주주제안권을 두어 소수주주의 보호를 꾀하고 있다. 태국에서 주주총회가 개최되어 결의가 본 법 규정이나 회사의 규칙에 모순되게 통과된 경우, 법원은 이사나 주주의 청구가 있는 때에 그 결의나 비정기적 주주총회에서 통과된 결의를 취소할 수 있다. 다만 그 청구는 결의가 있는 날로부터 1개월 이내에 제기되어야 한다(태국 민상법 제1195조).

(4) 캄보디아

캄보디아 기업법상 정기주주총회에서 의결권 있는 주주는 총회에서 제안하고자 하는 안건을 회사에 제출할 수 있으며, 주주제안에 적당하다고 판단되는 기타 사안들을 주주총회에서 논의할 수 있다(제216조). 한국 상법이 소수주주권으로서의 주주제안권에 관한 규정을

---

36) 정용상, 「베트남법상 주식회사 운영기구에 관한 법적 검토」, 『경영법률』 제13집 제1호, 한국경영법률학회, 173면.

두고 있는 반면에 캄보디아 기업법은 의결권 있는 주주라고만 명시함으로써 개개의 주주에 대하여 주주제안권을 인정하고 있다.[37]

(5) 한국 상법과의 비교

한국 상법도 경영에서 소외된 일반주주에게 회사의 의사결정을 촉구할 수 있는 기회를 줄 목적으로 주주제안제도 두고 있다. 상법상 주주제안권이란 주주가 일정한 사항을 주주총회의 목적사항으로 할 것을 제안할 수 있는 권리를 말한다. 주주제안권은 주주의 의결권과 함께 주주권 중 공익권에 해당한다.[38] 한국의 경우, 주주제안은 의결권 있는 발행주식 총수의 100분의 3 이상을 소유한 주주에게 허용된다(제363조의2 제1항). 상장회사의 경우 의결권 있는 발생주식총수의 100분의 1 이상을 가진 주주에게 제안권을 인정한다. 자본금이 1,000억 원 이상인 회사는 다시, 1,000분의 5 이상에 해당하는 주주로 완화해 놓고 있다(제542조의6 제2항).[39][40]

---

37) 김봉철·이준표, 「캄보디아 기업법상 회사지배구조의 특징」, 125면.

38) 한국에서는 1997년에 구 증권거래법을 개정하여 주권상장법인에 대하여 이를 인정하다가 1998년 개정 상법이 이를 규정함으로써 모든 주식회사에 일반화되었다.

39) 외국의 입법례를 보면 주주제안권을 인정하는 예가 많다. 미국에서는 상장회사의 경우, 발행주식의 100분의 1 이상을 1년 이상 소유한 주주는 사전에 회사에 의안을 제출할 수 있다. 일본도 회사의 유형별로 요건을 달리하면서 주주에게 주주제안권을 인정하고 있다. 독일에서는 이와 취지가 다르지만, 주주가 회사의 의안에 대해 사전에 반대 동의를 할 수 있는 권리를 부여하고 있다(이철송, 전게서 423면).

40) 상법 제363조의2(주주제안권) ① 의결권 없는 주식을 제외한 발행주식 총수의 100분의 3 이상에 해당하는 주식을 가진 주주는 이사에게 주주총회일(정기주주총회의 경우 직전 연도의 정기주주총회일에 해당하는 그 해의 해당일)의 6주 전에 서면 또는 전자문서로 일정한 사항을 주주총회의 목적사항으로 할 것을 제안할 수 있다.
② 제1항의 주주는 이사에게 주주총회일의 6주 전에 서면 또는 전자문서로 회의의 목적으로 할 사항에 추가하여 당해 주주가 제출하는 의안의 요령을 제363조에서 정하는 통지와 공고에 기재할 것을 청구할 수 있다.
③ 이사는 제1항에 의한 주주제안이 있는 경우에는 이를 이사회에 보고하고, 이사회는 주주제안의 내용이 법령 또는 정관을 위반하는 경우와 그밖에 대통령령으로 정하는 경우를 제외하고는 이를 주주총회의 목적사항으로 하여야 한다. 이 경우 주주제안을 한 자의 청구가 있는 때에는 주주총회에서 당해 의안을 설명할 기회를 주어야 한다.

한국의 주주제안권[41]은 의제제안권에 더하여 의안제안권도 포함하고 있고, 의결권이 없는 주식을 제외하고 있으며 이사회가 아닌 이사에 대해서 행사한다는 측면에서 그렇지 않은 중국의 주주제안권과 차이가 있다. 또한 제안시기가 한국은 주주총회일의 6주 전이지만 중국은 주주총회일의 10일 전이고, 한국은 서면뿐만 아니라 전자문서로 제안할 수 있음을 규정하고 있다. 그 밖에 한국은 주주제안을 한 자의 청구가 있을 때 주주총회에서 당해 의안을 설명할 기회를 부여하고 있다는 차이점이 있다.

메콩경제권 국가들이 기업법제에서 주주제안권을 인정한 것은 법리적인 측면에서 볼 때 매우 선진적 입법태도라고 할 것이다.[42] 이론적으로 주주제안권은 이사회의 경영정책에 관한 의사결정의 주도권을 독점함으로 인해 생기는 폐해를 줄일 수 있고, 경영에서 소외된 일반주주들에게 회사의 의사결정을 주도할 수 있는 기회를 줄 수 있기 때문이다. 그러나 현실적으로 주주제안권의 활용에 대해서는 의문을 가질 수 있다.

향후 메콩경제권국가의 기업이 발전하고 증권시장이 활성화되면 주식분산도가 심화될 것이며, 소수주주 보호의 필요성이 증대될 것이다. 이에 따라 주주제안권제도의 입법 내지 활용도도 높아질 가능성이 있다.

---

41) 주주제안권에 대한 자세한 내용은, 김지환, 「주주권 실현을 위한 주주제안제도」, 『기업법연구』 제22권 제2호, 한국기업법학회, 2008, 103~124면; 정경영, 「주주제안제도에 관한 비교법적 고찰」, 『상사판례연구』, 한국상사법판례학회, 2004, 94~133면 참조.

42) 정용상, 「베트남법상 주식회사의 운영기관에 관한 법적 검토」, 185면.

3. 주주총회(사원총회)의 의결권 행사 방법

1) 의결권의 대리행사

(1) 중국

중국의 기업법상 유한회사의 사원이나 주주회사의 주주는 의결권을 직접 행사할 수 있고, 대리의 방식으로도 행사할 수 있다. 주식회사의 주주는 자기의 의결권을 행사하는 대리인을 1인에 한하여 선임할 수 있으나, 수권을 받는 대리인이 다수의 주주로부터 위탁을 받을 경우에는 그 수권의 범위 내에서 각각의 주주를 위하여 의결권을 행사할 수 있다. 대리의 방식을 행사할 경우, 대리인은 회사에 수권위임장을 제출하고 수권의 범위 내에서 의결권을 행사하여야 한다(제107조).[43]

(2) 베트남

베트남의 경우, 개인주주 및 기관주주의 수권대리인은 직접 또는 대리인에 의하여 주주총회에 출석할 수 있다. 기관주주는 법률에 따라 그 권리를 행사할 1인 또는 그 이상의 자를 대리인으로 정할 수 있다. 수권대리인이 2인 이상인 경우, 각 수권대리인의 주식 수 및 의결권수를 명시하여야 한다. 수권대리인의 해임, 선임 또는 변경은 서면으로 하여야 하며, 지체 없이 회사에게 통지하여야 한다(제96조).

베트남 기업법상 회사는 그 통지를 수령한 날로부터 5일 이내에 수권대리인에 관한 사항을 등기공무원에게 통보하여야 한다. 수권대

---

43) 李飞・王学政 主编, 전게서, 199면.

리인이 없는 기관주주는 주주총회에 참석할 자를 정하여야 한다. 위임장은 회사가 정하는 서식의 서면으로 하여야 한다. 위임인이 사망 또는 행위능력을 상실하거나 위임을 철회한 경우라 하더라도 대리인의 의결은 유효한 것으로 본다(제101조).

(3) 태국

태국 공개주식회사법상 주주들은 주주총회에 참석하여 의결권을 행사할 자격이 있으며, 다른 사람들 대리인으로 하여 본인을 대신하여 총회에 참석 및 의결권을 행사하도록 자격을 부여할 수 있다(태국 공개주식회사법 제102조). 대리권의 수여는 위임장을 통하여만 할 수 있으며, 법령에서 정하고 있는 양식 이외의 위임장은 무효이다.[44]

비공개주식회사의 경우에도 주주는 대리인에 의해 의결권을 행사할 수 있지만, 그 권한이 서면으로 그 대리인에게 주어져야 한다(태국 민상법 제1187조). 대리인을 선임한 문서에는 날짜 및 주주의 서명이 기재되어야 하며, 주주가 보유한 주식의 수, 대리인의 이름, 대리인이 선임된 기간 또는 총회 등의 사항들을 포함하여야 한다(제1189조).

(4) 라오스

라오스의 경우에도 주주는 총회에 참석하기 위하여 대리인을 선임할 수 있다. 그러나 선임은 총회가 개최되기 전, 서면으로 작성하여 이사회나 이사에게 제출해야 한다(제142조). 국유기업에 있어서 선임된 모든 국가대리주주[45]나 그들의 대리인은 국유기업의 주주총회에

---

44) 2002년의 상업등기소규칙에 따른 새로운 위임장 서식이 결정되고, 의결권의 행사의 내용에 관해서도 지정이 되어 있다(정용상, 「태국의 기업입법발전배경」, 116면).

참석해야 한다. 총회에 참석할 수 없는 국가의 대리주주는 주주총회에 그들의 대리인을 보내야 하며, 주주는 총회의장에게 위임서면을 제출해야 한다.

(5) 캄보디아

캄보디아 기업법상 의결권을 가진 모든 주주와 그의 대리인은 주주총회에 출석하여 투표할 권리를 가진다. 2인 이상이 주식을 공동으로 보유하고 있는 경우에는 주주총회에 출석한 공동주주 가운데 1인은 다른 주주의 부재 시에 단독으로 투표할 수 있다. 한편 공동주주 또는 그들의 대리인이 모두 주주총회에 참석하는 경우에는 1개의 주식에 1개의 의결권을 행사하여야 한다(제218조). 캄보디아 기업법은 주주총회의 출석 및 결의와 관련하여, 주주가 다른 사람에게 자신의 대리인으로서 자신을 대표하고 의결권을 행사할 수 있도록 하는 권리를 부여할 수 있다. 모든 대리인은 서면으로 증명되어야 하고 그 서면에는 주주의 서명 및 날짜가 기재되어야 한다(제219조).

(6) 한국 상법과의 비교

주주총회에서의 의결권이란 주주가 의사표시를 통해 주주 공동의 의사결정에 지분의 비율에 따라 참석할 수 있는 권리이다.[46] 오늘날 주식회사가 대규모화되고 주식이 광범위하게 분산되면서 주주는 시간적·경제적 이유로 주주총회에 참석하기가 어려워졌다. 또한 단순히

---

45) 라오스 기업법상 국유기업에서 국가주주의 권리를 행사하고 업무를 집행하는 자를 말한다. 중앙에 있는 국유회사의 경우에는 재무부장관에 의하여, 지방에 있는 국유회사의 경우에는 지방 관리자나 시장에 의하여 선임된 2명 이상의 대리주주를 가진다(제208조).

46) 이철송, 전게서, 433면.

이익배당만을 목적으로 하는 투자주주와 주가변동을 이용한 투기를 목적으로 하는 투기주주가 증가하였고, 주주의 무관심으로 인한 정족수 미달로 주주총회가 무산될 우려가 증가하였다. 이는 회사의 중요한 의사결정에 지장을 초래한다. 따라서 회사에 대하여는 정족수 미달로 인한 주주총회 무산이라는 위험을 감소시켜 주고, 주주는 의결권을 보다 용이하게 행사할 수 있도록 한국 상법은 명문의 규정으로 의결권의 대리행사를 허용하고 있다(제368조 제3항). 의결권의 대리행사란 제3자가 특정주주를 위하여 주주총회에서 의결권을 행사하고 그것을 주주 본인의 의결권행사로 보는 제도이다. 이는 주주권행사의 편의를 보장해 주는 동시에 주식이 널리 분산된 회사에서 결의정족수의 확보를 용이하게 하는 의미도 있다.[47]

메콩경제권 국가들 가운데 중국은 지역적인 특성 및 주식회사의 규모의 면에서 볼 때, 다수의 주주가 동일한 장소에 모여 주주총회를 하는 것이 곤란한 경우가 많다. 중국 기업법은 이러한 상황에 대비하여 대리인을 통한 의결권의 행사가 가능하도록 규정하고 있다. 다만 정관에서 그 행사 방법에 대하여 제한을 가할 수 있다.

유한회사 사원의 경우에는 기업법상 의결권의 대리행사에 관한 규정은 없으나, 주식회사의 주주와 같이 당연히 의결권의 대리행사가 허용된다고 해석한다.[48] 의결권의 대리행사와 관련하여 정관에 의해 대리인의 자격을 주주로 제한할 수 있는가가 문제되는데, 중국 기업법은 이에 대해 규정하고 있지 않다. 한국에서는 이에 관해 다툼이 있으나, 대리인의 자격을 주주로 제한하는 정관의 규정은 유효하다고

---

47) 김동훈, 전게서, 242면; 이철송, 전게서, 446면.
48) 정찬형, 전게서, 1159면.

보는 쪽이 우세하다. 그 이유는 제3자에 의한 주주총회의 교란을 막고 회사의 이익을 보호하기 위해서는 대리인의 자격을 주주에 한정할 필요가 있기 때문이다.

2) 서면에 의한 의결권 행사

(1) 중국

중국 기업법은 주주총회의 서면결의에 관하여 명확히 규정하고 있지 않다. 주주는 총회에 직접 출석하거나 대리인을 통하여 출석할 수 있을 뿐, 원칙적으로 통신결의의 형식으로 표결할 수 없다고 본다. 중국회사규범의견(中國公司規範意見)은 주주총회는 제한적으로 통신의결방식을 채택할 수 있다고 인정하고 있다. 그러나 정기총회와 주주 또는 감사회의 요구에 의하여 개최되는 임시총회는 통신의결방식을 채택할 수 없고, 임시총회의 경우에도 일정한 중요사항에 대해서는 통신의결방식이 인정되지 않는다.[49] 여기서 통신의결방식이란 서면에 의한 투표 외에도 인터넷투표를 포함한다. 그런데 유한회사의 경우, 특정 사항의 서면 결의에 관하여 정관에 정함이 있으면 예외적으로 서면결의방식을 취할 수도 있다.

중국 기업법 제38조가 사원총회의 고유한 권한으로 정하고 있는 사항에 관하여 총 사원이 동의한 경우에 사원총회를 소집하지 않고 서면으로 결의를 대체할 수 있다. 결의에 관한 문서에는 총 사원이 서명 또는 날인하여야 하고, 서면결의의 절차와 방식에 관한 사항은 정관에 기재하여야 한다(제38조, 제44조).

---

49) 中國公司規範意見 第6條.

(2) 베트남

베트남 기업법의 경우, 총회의 결정방식은 표결, 서면의견수집 및 전자적 방법 등 정관이 정한 방식에 의한다. 그러나 일정한 사안[50]에 대해서는 반드시 표결방식에 따라 결의하여야 한다(제52조, 제104조).

(3) 캄보디아

캄보디아의 경우 정관에 다른 정함이 없는 한 주주의 결의에 의한 이사의 선임과 기타 사안들의 결정은 표결로 이루어진다(제220조). 다만 주주총회에서 의결권 있는 총 주주에 의해 서명된 서면결의는 주주총회에서 통과된 것과 같은 효력이 있다. 주주총회에서 다루어져야 할 것으로써 주주총회에서 의결권 있는 총 주주에 의한 서면결의는 주주총회와 관련된 본법의 요구를 충족하여야 한다. 주주총회를 대신하는 모든 의결서의 복사본은 주주총회 의사록에 보존되어야 한다(제221조).

(4) 한국 상법과의 비교

서면에 의한 의결권 행사에 관하여 메콩경제권 국가들도 한국 상법과 마찬가지로 명문의 규정을 두고 있다. 주주의결권은 주주가 총회에 출석하여 행사하는 것이 원칙이고, 그 의사를 정확하게 반영할 수 있는 점에서 바람직하다. 그러나 회사 운영에 대한 주주들의 무관심이나 무지 또는 신탁업무의 활성화 등으로 실제로는 출석에 의한

---

50) 여기서 '일정한 경우'라 함은, ① Sửa đổi, bổ sung Điều lệ công ty(정관의 개정), ② Quyết định phương hướng phát triển công ty(회사의 발전전략), ③ Bầu, miễn nhiệm, bãi nhiệm Chủ tịch Hội đồng thành viên; bổ nhiệm, miễn nhiệm, cách chức Giám đốc hoặc Tổng giám đốc(사원총회의장 및 사장, 총사장의 임면에 관한 결정), ④ Thông qua báo cáo tài chính hàng năm(연간재정보고서의 승인), ⑤ Tổ chức lại hoặc giải thể công ty(회사조직의 변경 및 회사의 해산) 등을 말한다.

의결권 행사가 불가능하거나 곤란한 경우가 많다. 이로 인해 주주총회 결의가 성립되지 못하는 것을 방지하고, 주주들의 의결권 행사의 편의를 돕기 위하여 한국 상법에서는 서면에 의한 의결권의 행사가 인정되고 있다(제368조의3 제1항).[51]

한국 상법상 서면투표는 정관에 규정을 둔 경우에 한하여 실시할 수 있다(제368조의3 제1항). 나아가 상법 제368조의4는 전자적 방법에 의한 의결권행사를 규정하고 있다. 회사는 이사회의 결의로 주주가 총회에 출석하지 아니하고 전자적 방법으로 의결권을 행사할 수 있음을 정할 수 있다.

이사회의 경우 화상회의 등 전자적 방식에 의한 이사회 참석 및 진행이 이미 1999년 상법 개정으로 도입되었다. 즉 이사회의 결의방식으로 이사의 전부 또는 일부가 직접 회의에 출석하지 아니하고 이사가 동영상 및 음성을 동시에 송·수신 하는 통신수단에 의하여 결의에 참석하는 것을 허용할 수 있으며, 이 경우 당해 이사는 이사회에 출석한 것으로 간주하고 있다.

메콩경제권 국가들의 기업법에 있어서도 중국과 마찬가지로 전자투표제도를 명문으로 도입한다면 주주의 의결권이 보다 원활하게 행사됨은 물론, 결과적으로 기업지배구조를 개선시켜 건전하고 투명한 기업경영에 도움을 줄 것이다.

---

51) 김동훈, 전게서, 241면; 이철송, 전게서, 471면.

4. 주주총회(사원총회)의 결의 요건

1) 중국

중국 기업법은 유한회사의 사원총회 출석정족수에 관하여 구체적 규정 대신 정관으로 정할 수 있도록 하고 있다(제44조). 주식회사의 경우에도 주주총회의 출석정족수에 관한 규정이 없으므로 제44조의 유한회사 규정을 유추적용을 하여야 할 것이다.[52]

주식회사의 경우 주주총회에 참석할 수 있는 주주는 기명주권과 무기명주권에 따라 그 자격요건이 달라진다. 기명주권을 보유한 주주는 주주명부에 기재된 자에 한하여 주주자격이 인정되고 주주총회에 참석할 수 있다. 무기명주권 소지자가 주주총회에 참석할 때는 회의 소집일 5일 전부터 주주총회가 폐회될 때 까지 주주권을 회사에 공탁하여야 한다(제103조).

사원총회나 주주총회의 결의는 보통결의와 특별결의로 구분되고, 주식회사의 경우 특수한 결의가 추가되는 경우도 있다. 이러한 구분은 사안의 중요성에 따라 의결정족수를 과반수로 할 것인가, 3분의 2 이상으로 할 것인가, 아니면 특수한 의결정족수에 따를 것인가에 관한 것이다. 보통결의와 특별결의사항에는 중국 기업법에서 규정하고 있는 사항과 회사 정관에서 특정하고 있는 사항 및 주주나 사원들이 특별히 결정한 사항 등이 있다(제104조, 제25조).

보통결의는 특별결의사항을 제외하고, 정관에서 규정한 사항에 관

---

52) 이정표, 전게서, 118면.

해 결의할 수 있는 사항이다(제104조). 보통결의는 정관에서 그 의사결정방식과 의결 절차를 규정할 수 있는데, 일반적으로는 다수결의 원칙으로 결정한다. 보통결의의 사항임에도 불구하고 유한회사 사원이 지분권을 제3자에게 양도하는 경우에는 전체 사원 과반수의 결의로 하는 예외적인 경우도 있다. 특별결의사항은 정관 개정, 등록자본의 증자와 감자, 합병, 해산 및 조직 변경과 같은 사안에 관해 의결권이 있는 주식의 3분의 2이상의 결의로 결정하여야 할 사항을 말한다.

이 외에도 유한회사의 경우 사원총회의 결의가 필요 없는 예외적 사항이 있다. 즉 중국 기업법 제38조에서 규정하는 사원총회의 고유의 권한사항에 관하여 모든 사원이 서면으로 동의한 경우 사원총회의 결의가 필요 없다. 이 규정은 폐쇄회사의 특징을 활용하는 중국 유한회사의 특수규정이다. 또한 유한회사의 사원이 지분을 양도함으로써 회사 정관 규정에 변동이 발생한 경우에도 사원총회의 결의가 필요 없다(제74조).

중국 기업법에서는 회사가 중요한 자산을 처분하는 경우 주주총회의 결의를 거쳐서 시행하도록 하였다. 즉 본 법과 회사 정관에서 회사가 중대한 자산을 양도, 인수하거나 외부에 담보를 설정하는 등 반드시 주주총회의 결의를 거치도록 규정한 사항의 경우, 이사회는 적시에 주주총회를 소집하여 주주총회가 상술한 사항에 대해 결의하여야 한다(제105조).

회사는 타인을 위하여 담보를 제공할 수 있지만, 정관에 따라 이사회, 사원총회 또는 주주총회의 결의를 거쳐야 한다(제16조, 제105조). 여기서 타인이란 회사의 외부에 있는 자를 말하지만 주주나 실질 지배주주를 포함한다. 회사가 주주나 실제 지배주주를 위하여 담보를 제공하는 경우에는 반드시 사원총회 또는 주주총회의 결의를 거치도록 제한하였다. 이 경우 당사자 '타인'은 관련 사항의 결의에 참석할 수 없다. 해당 안건의 결의는 출석한 주주 의결권의 과반수로 결정한다. 회사가 주주나 실제 지배주주 이외의 자에게 담보를 제공하는 경우에는 정관의 규정에 의하여 사원총회나 주주총회로 정하거나 또는 이사회가 이에 대하여 결정할 수 있다. 정관에서 타인을 위한 담보의 제공에 관한 총액을 제한한 경우 그 한도를 초과하지 못하도록 규제하고 있다.

2) 베트남

베트남 기업법상 표결방식에 의한 의결정족수는 정관자본의 100분의 65 이상인 경우와 정관자본의 75 이상인 경우가 있다. 의결정족수가 정관자본의 100분의 75 이상인 경우는 최근의 재무제표상 총자산의 100분의 50 이상의 매각, 정관의 개정 및 변경, 회사조직의 변경 및 회사의 해산 등이다(제52조 제2항). 서면의견수집방식은 정관자본의 100분의 75 이상 소유한 사원들에 의하여 이루어진다(제52조 제3항).

3) 태국

태국 민상법상 비공개주식회사의 모든 주주는 주주총회에 출석할 권리가 있는데(태국 민상법 제1176조), 회사자본의 4분의 1 이상을 대표하는 주주가 출석하지 않는 한 어떤 결의도 채택할 수 없다(제1178

조). 주주의 요청에 따라 주주총회가 소집된 경우, 주주총회를 위해 정한 시간으로부터 1시간 이내에 정족수에 미달한 경우 총회는 해산된다(제1179조 제1항). 주주총회가 주주의 요청에 따라 소집되지 않았다면, 다른 주주총회가 14일 이내에 소집되어야 한다. 여기에는 정족수가 필요 없다(제1179조 제2항).

이에 비하여 태국 공개주식회사법은 결의성립 정족수에 대한 규정을 두고 있다. 즉 공개주식회사법상 다른 규정이 없는 한 주주총회에는 주주와 대리인이 25명 이상 출석하거나 총 주주의 과반수가 참석하여야 하며, 보유주식을 합친 발생주식 총수의 3분의 1 이상이 되어야 한다(태국 공개주식회사법 제103조). 한국 상법과 비교하여 주식수뿐만 아니라 주주수도 그 요건으로 하여 지배주주의 견제를 꾀하고 있는 점이 특색이다.

4) 라오스

라오스 기업법상 유한회사의 총회 절차와 정족수는 정관에 구체적으로 규정해야 한다. 이것이 유한회사 정관에 명시되지 않은 경우, 사원총회의 정족수는 총 납입지분의 과반수를 대표하는 2명 이상의 사원으로 한다. 유한회사의 정관은 다른 정족수를 규정할 수 있다. 비합법적으로 이전된 지분은 그 지분 소유자의 총회참석과 상관없이 총회에서 계산되어서는 안 된다(제138조). 사원총회의 결의에는 보통결의와 특별결의가 있다. 보통결의는 한 개의 지분이 한 개의 의결권을 가지는 경우, 총회에 참석하는 지분수의 다수결에 의해 통과된 경우에 한하여 효력이 있다(제143조). 사원총회의 특별결의를 표결하기 위하여 소집된 사원총회는 한 번 이상 개최될 수 있다. 특별결의[53]는 사원의 3분의 2 이상의 표결에 의해 통과되거나, 납입지분의 100분의 80 이상을 대표하는 총회참석 대리인에 의해 통과된 경우에 한하여 효력이 있다.

사원총회의 보통 또는 특별결의는 무기명 또는 기명투표에 의해 표결될 수 있다(제146조). 사원총회의 결의는 법원의 명령에 의해서만 무효로 될 수 있다. 법원은 유한회사가 정관 또는 설립계약을 위반한 경우, 결의 표결 절차를 위반한 경우, 총회통지에 관한 규칙을 위반한 경우에 사원총회의 결의를 무효로 할 수 있다(제147조). 이때 결의무효를 청구할 자격이 있는 자는 사원과 이사이다. 사원총회의 결의무효는 결의를 통과된 날로부터 60일 이내에 청구되어야 한다(제148조).[54]

5) 캄보디아

캄보디아 기업법상 주주총회의 정족수는 회사정관에 다른 정함이 없는 한 직접 또는 대리인에 의해 참석한 의결권 있는 주주의 과반수

---

53) 특별결의를 요하는 사항으로는, ① 기업법상 규정된 사항에 관한 의결, ② 유한회사의 정관이나 설립계약의 수정, ③ 자본의 증감, ④ 유한회사의 합병 또는 해산, ⑤ 유한회사의 주요 부분 또는 전부를 다른 사람에게 매각 또는 양도, ⑥ 다른 기업 사업의 취득 또는 인수 승낙, ⑦ 30명 이상의 사원이 있는 경우 유한회사로서의 지위 등에 관한 것들이다. 표결한 날로부터 10일 이내에, 이러한 결의는 관련 등기 공무원에게 등기되어야 한다(라오스 기업법 제144조).

54) 국유기업의 주주총회 결의에는 2가지 경우가 있다. 첫째, 국가가 1인 주주로 있는 국유회사의 경우에 있어서의 주주총회의 결의로서, 이 경우 국가의 대리주주의 과반수에 의해 채택된 경우에 한하여 그 결의에 효력이 있다. 다만 국유회사의 정관의 규정에 따른 경우에는 예외로 한다. 둘째, 국유회사가 법률에 따라 주식을 매각하는 경우, 주주총회의 결의는 총 주식 수의 과반수에 의해 채택된 경우에 한하여 효력이 있다. 의결권의 계산에 있어서, 한 사람은 하나의 의결권을 가진다. 국유회사의 주주총회는, 정부승인을 요하는 사항을 제외하고 국유회사의 사업과 관련된 모든 사항에 대한 결의를 승인 및 채택할 수 있다(라오스 기업법 제210조).

이다. 정족수가 주주총회 개시의 시점에 충족되면 참석주주는 주주총회를 진행시킬 수 있다. 정족수가 주주총회 개시의 시점에 충족되지 않는다면 참석주주는 정한 시기와 장소로 회의를 연기할 수 있다. 그러나 기타 다른 업무를 집행할 수 없다(제218조).

6) 한국 상법과의 비교

메콩경제권 국가들의 기업법상 의사 내지 의결정족수의 기준 차이는 매우 심하다. 이는 기업환경 및 주주총회 운영의 관행이 국가별로 상이하기 때문일 것이다. 베트남의 정족수가 가장 높으며, 태국과 라오스는 두수(頭數) 정족수 입법을 채용하고 있다. 두수 정족수 입법의 타당성 내지 효용성의 측면에서 볼 때, 주주총회 결의 시 대주주의 전횡 및 독단을 방어하고 소수주주를 보호할 수 있다는 차원에서 적절한 입법이라고 본다.

주주총회의 결의는 주주들의 표결을 통해 형성된 주주총회의 의사표시이다. 결의는 사단적 법률행위이므로 의사형성 과정에 다수결의 원리가 지배하는데, 의안의 중요도에 따라 그 요건을 달리한다. 한국 상법은 주주총회의 의사정족수를 별도로 요구하지 아니하고 출석인의 과반수(보통결의) 또는 3분의 2 이상(특별결의)을 결의 요건으로 한다. 다만 그 가결에 가담한 의결권이 발생주식 총수의 4분의 1 이상(보통결의) 또는 3분의 1 이상(특별결의)일 것을 요구하고 있다(제368조 제1항, 제434조).[55] 한국 상법은 1995년 개정을 통하여 의사정

---

[55] 한국 상법이 총회의 성립요건을 폐지한 이유는 상장회사의 경우 주식의 분산으로 총회의 출석률이 낮은 점을 감안해 총회소집을 용이하게 해주기 위함이라고 한다. 그러나 이는 입법의 보편성을 해치고 단체의

족수 요건을 폐지하였다. 이는 현재의 상장회사 주식이 소액주주에게 넓게 분산되어 있어 주주총회를 소집할 때에 불참하는 주주가 많아 총회의 소집에 어려움이 있음을 고려한 것이다. 그러나 결의가 대표성을 가질 수 있도록 주주총회에 출석하여 결의에 찬성한 주주의 주식 수가 출석한 주식 수의 일정 한도 이상이어야 하는 것으로 할 뿐만 아니라 동시에 회사의 발행주식 총수의 일정 한도 이상이어야 하는 것으로 하였다.

제3절 업무집행기관

1. 이사회

1) 구성과 권한

(1) 중국

중국 기업법에서 이사회[56]는 필요적 상설기관으로서 기업법상 규정된 업무집행권한을 가진다(제45조, 제47조, 제109조). 유한회사의 경우에는 3인 이상 13인 이하의 이사로 구성된 이사회가 설치되어야

사결정의 기본원리를 해한다는 비판이 있다. 현행 결의제도의 문제점에 관한 자세한 내용은 이철송, 전게서, 452~453면 참조.

56) 원어로는 '董事会'이다. 이하에서는 '이사회'라고 한다.

하지만, 소규모 유한회사의 경우에는 이사회를 조직하지 않고 대신 1인의 집행이사를 둘 수 있다. 또한 국가단독출자회사와 같은 특수한 유한회사의 경우57)에는 근로자대표를 이사회의 구성원으로 두어야 한다(제68조, 제45조 2단). 그 밖의 유한회사의 경우에도 이사회의 구성원 중에 근로자 대표를 둘 수 있다.

주식회사의 이사회는 5인 이상 19인 이하의 이사로 구성된다(제109조 1단). 이사의 수는 일반적으로 홀수로 구성하는 것이 관례이다.58) 주식회사의 이사회에도 근로자대표를 참여시킬 수 있다(제109조 2단). 주식회사의 경우 이사회의 구성원을 선출하는 방식은 회사의 설립방식에 따라 다르다. 발기설립방식으로 회사를 설립하는 경우에는 발기인이 이사회 구성원을 선출하는 반면 모집설립방식으로 설립하는 경우에는 창립총회에서 이사회의 구성원을 선출하며(제91조), 회사의 설립 후에는 주주총회에서 이사를 선출한다(제100조, 제38조).

중국 기업법에서 규정하고 있는 이사회의 권한사항을 정리해 보면, 주주총회(사원총회)의 결의에 관한 사항, 회사 중대한 사항의 결정과 집행, 회사 내부관리 기구의 통치와 회사의 기본제도의 입안 및 인사권의 행사로 대별된다. 중국 기업법상 이사회는 회사의 업무집행기관임에도 불구하고 대표이사의 권한까지 보유하고 있다(제47조 제3호~제10호).59)

이사회의 구체적인 권한에 대하여서는 중국 기업법 제47조 및 제109조 제4단이 규정하고 있다. 그 주요한 권한으로는 주주총회(사원

---

57) 두 개 이상의 국유기업 또는 기타 국유투자주체가 투자하여 설립한 유한회사 등을 말한다. 중국 기업법상 유한회사의 이사회 구성에 관한 자세한 내용은 桂敏杰, 安建 主編 전게서, 161~164면 참조.

58) 이정표, 『중국회사법』, 박영사, 2008, 135면.

59) 중국 기업법상 이사회의 권한에 관한 자세한 내용은 李飞・王学政 主編 전게서, 132~133면 참조.

총회) 회의의 소집 및 주주총회(사원총회)에의 업무보고, 주주총회(사원총회)의 결의·집행, 경영계획과 투자방안결정, 연도별예산안·재무제표의 작성, 이익배당안과 결손전보안 작성, 등록자본금의 증자 또는 감자의 계획서 작성, 합병과 분할, 해산 및 회사 조직변경안 작성, 내부관리기구의 설치와 결정, 경리의 선임·해임 및 보수에 관한 사항의 결정, 경리가 지명하는 회사 부경리와 재무책임자를 선임 또는 해임 및 그 보수와 관련한 사항, 회사의 기본 관리제도의 제정 회사정관에 규정된 기타 권한의 수행 등이다.

(2) 베트남

베트남 기업법상 이사회[60]는 회사의 업무집행 및 의사결정기구로서 필요적 상설기관이다. 이사회는 정관에 다른 정함이 없는 한, 3인 이상 11인 이하의 이사로 구성된다.

이사회는 주주총회의 권한사항을 제외한 회사의 모든 결정권을 가진다. 구체적인 권한으로는 회사의 발전전략 및 연간 사업계획 결정, 주식종류 및 각 종류주식의 수권주식 수에 관한 제안, 각 종류별 수권주식의 신규 모집 결정, 주식 및 사채의 모집가격 결정, 주식 환매 결정, 투자 프로젝트 결정, 시장 판촉, 마케팅 및 기술 솔루션에 관한 결정, 재무제표상 총 자산의 50% 이상에 상당하는 매매, 차입, 대여 또는 기타 계약 승인, 이사 또는 총사장 및 기타 핵심 경영자 선임 및 해임과 임금 및 복지 결정, 이사 또는 총사장 및 기타 경영자의 일상적 사업운영 감독 및 지도, 조직구조 및 내부규정 승인, 지점, 대표사무소 및 자회사 설립결정, 다른 회사에 대한 출자 결정 또는 다른 회

---

60) 원어로는 'Hội đồng quản trị'이다. 이하에서는 '이사회'라고 한다.

사가 발행하는 주식의 매수 결정, 주주총회 의안, 자료 승인, 주주총
회 소집 또는 주주총회의 결의 채택 시 자문의견서 담당, 주주총회에
회사의 연간 재무제표 제출, 배당액과 그 배당액의 지급 시기 및 절
차 또는 손실의 분담 방법 결정 회사 구조조정 또는 해산에 관한 제
안 등을 들 수 있다(제108조).[61]

(3) 태국

태국 공개주식회사법상 공개주식회사는 업무집행기관으로 이사
회[62]를 두어야 하며, 이사회는 5명 이상의 이사로 구성된다. 이사의

---

61) 베트남 기업법 제108조에 규정된 이사회의 권한을 원문으로 소개하면 다음과 같다.
  a) Quyết định chiến lược, kế hoạch phát triển trung hạn và kế hoạch kinh doanh hàng năm của công ty;
  b) Kiến nghị loại cổ phần và tổng số cổ phần được quyền chào bán của từng loại;
  c) Quyết định chào bán cổ phần mới trong phạm vi số cổ phần được quyền chào bán của từng loại; quyết định huy động thêm vốn theo hình thức khác;
  d) Quyết định giá chào bán cổ phần và trái phiếu của công ty;
  đ) Quyết định mua lại cổ phần theo quy định tại khoản 1 Điều 91 của Luật này;
  e) Quyết định phương án đầu tư và dự án đầu tư trong thẩm quyền và giới hạn theo quy định của Luật này hoặc Điều lệ công ty;
  g) Quyết định giải pháp phát triển thị trường, tiếp thị và công nghệ; thông qua hợp đồng mua, bán, vay, cho vay và hợp đồng khác có giá trị bằng hoặc lớn hơn 50% tổng giá trị tài sản được ghi trong báo cáo tài chính gần nhất của công ty hoặc một tỷ lệ khác nhỏ hơn quy định tại Điều lệ công ty, trừ hợp đồng và giao dịch quy định tại khoản 1 và khoản 3 Điều 120 của Luật này;
  h) Bổ nhiệm, miễn nhiệm, cách chức, ký hợp đồng, chấm dứt hợp đồng đối với Giám đốc hoặc Tổng giám đốc và người quản lý quan trọng khác do Điều lệ công ty quy định; quyết định mức lương và lợi ích khác của những người quản lý đó; cử người đại diện theo uỷ quyền thực hiện quyền sở hữu cổ phần hoặc phần vốn góp ở công ty khác, quyết định mức thù lao và lợi ích khác của những người đó;
  i) Giám sát, chỉ đạo Giám đốc hoặc Tổng giám đốc và người quản lý khác trong điều hành công việc kinh doanh hàng ngày của công ty;
  k) Quyết định cơ cấu tổ chức, quy chế quản lý nội bộ công ty, quyết định thành lập công ty con, lập chi nhánh, văn phòng đại diện và việc góp vốn, mua cổ phần của doanh nghiệp khác;
  l) Duyệt chương trình, nội dung tài liệu phục vụ họp Đại hội đồng cổ đông, triệu tập họp Đại hội đồng cổ đông hoặc lấy ý kiến để Đại hội đồng cổ đông thông qua quyết định;
  m) Trình báo cáo quyết toán tài chính hàng năm lên Đại hội đồng cổ đông;
  n) Kiến nghị mức cổ tức được trả; quyết định thời hạn và thủ tục trả cổ tức hoặc xử lý lỗ phát sinh trong quá trình kinh doanh;
  o) Kiến nghị việc tổ chức lại, giải thể hoặc yêu cầu phá sản công ty;
  p) Các quyền và nhiệm vụ khác theo quy định của Luật này và Điều lệ công ty.

과반수 이상은 태국 내에 거주할 것을 조건으로 하고 있다(태국 공개주식회사법 제67조). 태국 민상법상 비공개주식회사에서도 이사가 복수인 경우에는 이사회가 구성된다. 그러나 민상법은 비공개주식회사 이사회의 개최시기 등에 관한 구체적인 규정은 두고 있지 않으며(태국 민상법 제1161조), 이사의 수에도 제한이 없다(제1150조).

태국 공개주식회사의 이사회는 목적과 정관, 주주총회의 결의에 따라 회사를 경영할 권리와 의무를 가진다. 이사회는 스스로를 대신하여 업무를 담당할 대표이사나 이사들 기타 다른 자에게 임무를 위임할 수 있다. 다만 정관에 이사회에 이러한 권한을 부여하지 않는다는 별도의 규정을 두고 있는 경우에는 그러하지 아니하다(태국 공개주식회사법 제77조). 또한 이사회는 이사 중 한 명을 이사회 의장으로 선임할 수 있다. 이사회는 1인 이상의 이사를 부의장으로 선임할 수 있다. 부의장은 이사회 의장에 의해 위탁받은 업무에 있어서 회사정관을 따를 의무가 있다(제78조). 이사회 의장이 총회에 참석하지 않거나 업무를 집행하기 불가능한 경우, 부의장이 있다면 부의장이 그 총회를 진행하여야 한다. 만일 부의장이 없거나 있더라도 업무집행이 불가능한 경우에는 총회에서 총회를 진행할 1명을 그들 가운데서 선임하여야 한다(제80조).

민상법상의 비공개주식회사에 있어서도 이사들은 특정 경영인이나 특정한 이사들로 구성된 위원회에 그들의 권한을 위임할 수 있다. 즉 이 경우 회사 임원이나 수권이사에게 회사의 업무집행이 위임된다. 이들의 직위나 권한 행사에 관하여는 이사들이 정한 명령이나 규칙들에 따른다(태국 민상법 제1164조).

---

62) 원어로는 'คณะกรรมการ บริษัท'이다. 이하에서는 '이사회'라 하기로 한다.

(4) 라오스

라오스의 경우, 2명 이상의 이사로 구성된 유한회사는 이사회를 설립할 수 있으며, 약정에 의하여 이사회를 두지 않을 수도 있다. 그러나 자산을 50억 킵(Kip) 이상 가진 유한회사는 이사회를 두어야 한다. 이사회는 유한회사의 정관에 규정된 원칙과 절차에 의하여 업무를 집행한다. 회사정관에 원칙과 절차가 규정되어 있지 않은 경우에는, 라오스 기업법(제131조~134조)에 따라 운영해야 한다.

이사회는 실제로 이사들 사이에 책임을 분배하여 운영된다. 이사회에는 의장이 있어야 하지만, 부의장을 둘 것인지 여부는 선택할 수 있다(제129조). 이사회 의장은 이사회 총회와 사원총회를 진행하고, 유한회사의 정관에 규정된 권리와 의무의 범위 내에서 활동하며, 이사회 부의장은 의장에 의해 맡겨진 업무를 보조하고 집행한다(제132조). 이사회는 중앙조정기구로서의 역할을 하며, 이사의 업무를 감시하기도 한다. 이 밖에 이사회는 정관에서 정한 바에 따라 기타 권리를 행사하고 업무를 집행한다(제130조).[63]

(5) 캄보디아

캄보디아 기업법상 비공개회사는 1인 이상의 이사를 두어야 하며, 공개회사는 3인 이상의 이사를 두어야 한다(제118조). 이사회는 이사들 중에서 이사회 의장을 선출하여야 한다. 이사회 의장은 이사의 과반수 결의로 해임될 수 있지만, 이사로서의 직무는 유지할 수 있다(제127조).

---

63) 또한 3명 이상의 이사가 있는 국유회사는 이사회를 설립할 수 있다. 필요하다면 2명의 이사가 있는 국유회사도 이사회를 형성할 수 있다. 국유회사의 이사회의 권리와 의무는 유한회사에 관한 규정을 따른다(제207조).

(6) 미얀마

미얀마에서는 회사의 이사회가 총회의 지배 아래 회사를 대리하는 역할을 한다. 즉 이사회는 회사업무 전체를 집행할 권한을 갖지만 그 자체는 회의체이다. 따라서 단독이사만으로 회사를 위한 행위를 할 수 없고, 이사들 사이의 유효한 결의를 확정하는 데 있어서는 이사회의 결의를 따라야 한다. 미얀마 기업법상 공개회사 및 공개회사의 자회사로서의 비공개회사는 3명 이상의 이사를 두어야 한다(제83A).

(7) 한국 상법과의 비교

한국 상법상 주식회사의 이사회는 회사의 업무집행에 관한 의사결정을 위해 전원의 이사로 구성되는 주식회사의 필요적 상설기관이다. 이사회는 3인 이상의 이사로 구성되어야 하며(한국 상법 제383조 제1항), 최다수에 대한 제한은 없다. 다만 자본금 총액이 10억 원 미만인 소규모 회사는 1명 또는 2명으로 이사를 둘 수 있도록 정하고 있다(제383조 제1항 단서). 상장회사에서는 이사 총수의 4분의 1 이상을 사외이사로 선임하여야 하고, 대규모 상장회사의 경우에는 사외이사를 3인 이상 그리고 이사 총수의 과반수가 되도록 선임하여야 한다(제542조의8 제1항).[64]

이사회는 이사의 직무의 집행을 감독하며, 중요한 자산의 처분 및 양도, 대규모 재산의 차입, 지배인의 선임 또는 해임과 지점의 설치·이전 또는 폐지 등 회사의 업무집행을 결의한다(제393조 제1항). 주식회사의 업무집행은 소유와 경영의 분리의 관점에서 회사의 구성원인

---

64) 이에 대하여 규모, 업종 등의 특성을 전혀 고려하지 않고 상장회사에 대하여 일률적으로 일정한 수 이상의 사외이사를 두도록 의무화하는 것이 타당하지 않으므로 폐지되어야 한다는 주장도 있다. 자세한 내용은, 정찬형, 「주식회사법 개정제안」, 『선진상사법연구』 제49호, 법무부, 2010, 26~27면 참조.

주주나 주주총회와는 별도로 조직된 기관에 의하여 행하여지는 것이 원칙이다. 한국 상법의 경우 주식회사의 업무집행은 원칙적으로 이사회와 대표이사라는 두 기관의 권한에 속한다.

현대 주식회사제도는 소유와 경영의 분리원칙에 따라 회사의 운영에 관한 권한을 이사 및 이사회에게 집중시키고 있다. 회사 운영의 실태를 보면, 주주총회의 형해화 및 감시기능의 저하로 인하여 이사 및 이사회의 경영독주가 심화되는 경향을 보인다.[65] 한국의 경우 1997년 외환위기 이후 경영자에 대한 감시제도와 책임을 강화하기 위하여 미국식 지배구조를 수용하면서 사외이사제도를 도입하였다. 또한 이사회가 사외이사 중심의 감독기능에 충실하도록 하기 위하여 2011년 개정상법은 제408조의2부터 제408조의9까지 8개 조문을 신설하여 집행임원제를 도입하였다. 한국의 집행임원제는 이사회의 업무집행기능을 별도의 기관에 맡기고, 이사회는 그 업무집행에 대한 감독기능을 담당하도록 함으로써 실효성 있는 감독기능을 수행할 수 있도록 하고 또한 사외이사가 본래의 기능을 회복할 수 있도록 한다는 점에서 의의가 있다.[66]

메콩경제권 국가들이 한국 상법이 시도한 새로운 이사회 관련 제도를 당장 새롭게 도입하는 것은 현실적으로 어려울 것이다. 즉 기업투자 및 운영의 활성화라는 측면에서 볼 때, 장기적으로 현지 기업

---

65) 이철송, 전게서, 401면; 최기원, 전게서, 172~174면. 집행임원제도에 대한 자세한 내용은 최완진, 「집행임원제도에 관한 재조명-2008년 상법개정안을 중심으로」, 『상사법연구』 제29권 제3호(통권 제68호), 한국상사법학회, 2010. 11, 267~292면 참조.

66) 영미법계의 경우, 이사회에서 업무집행기능과 감독기능을 통합하여 운영하는 일원적 경영관리구조를 가지고 있다. 경영관리기구는 이사와 임원으로 분리되어 있으며, 경영집행자인 CEO를 중심으로 한 경영집행진과 이를 보좌·감독하는 외부자로 구성된 이사회가 분리되는 시스템이다. 이사의 수는 적고 업무집행은 집행임원에게 위임된다. 이사는 어디까지나 외부적인 advisor에 불과하고 당해 업무의 전문가도 아니다(정용상, 「기업의 지배구조에 관한 비교법적 검토」, 『비교법학』 제11집, 부산외국어대학교 비교법연구소, 2000, 160면).

입장에서는 비용 등의 문제로 부담스럽게 여길 가능성이 크다. 그러나 이사회의 감독기능 강화 및 회사의 효율적이고 정상적인 운영을 위하여 집행임원제 등의 제도를 도입하여 활용하는 것도 검토해 볼 필요가 있다.

2) 소집

(1) 중국

중국 기업법은 이사회의 소집 횟수, 소집 시기, 소집 사유 등에 관하여 규정하고 있지 않다. 따라서 각 회사의 정관으로 이를 정하여 시행하여야 한다. 이사회는 이사장[67]이 소집하고 주최한다. 이사장이 소집·주최하지 않을 경우, 부이사장이 소집·주최한다. 부이사장이 직무를 수행할 수 없거나 수행하지 않을 경우 과반수 이사가 공동으로 선출한 1인의 이사가 이사회를 소집·주최한다(제48조).

(2) 베트남

베트남 기업법상 이사회의 소집권자는 원칙적으로 이사회 의장[68]에게 있으며, 정기이사회는 분기마다 1회 이상 소집되어야 한다. 정기이사회와는 별도로 의장은 감사의 요청이나 이사 또는 사장, 그리고 5인 이상의 다른 임원의 요청이 있는 경우에는 임시이사회를 소집할 수 있다. 이사회 의장은 이러한 요청이 있는 때로부터 15일 이내에 이사회를 소집하여야 한다. 의장이 이를 소집하지 않으면 의장은 회

---

67) 원어로는 '董事長'이다. 한국 상법상 대표이사 또는 이사회의 의장과 유사한 개념이다.
68) 원어로는 'Chủ tịch'이다. 이하에서는 '이사회 의장'이라고 한다.

사가 입은 손실을 개인적으로 책임지며, 이 경우 임시이사회의 요청인이 이사회를 갈음하여 회의를 소집할 수 있다. 의장 또는 회의를 소집하는 자는 회의 개회로부터 5일 전에 소집통지서를 송부하여야 하며, 해당 소집통지서에는 일시 및 장소, 의안, 논의사항 및 의결사항을 명시하여야 한다. 소집통지서는 우편, 팩스, 전자우편 등으로 송부할 수 있다. 의장 또는 회의를 소집하는 자는 소집통지서 및 관련자료를 감사 및 이사나 사장에게도 함께 송부하여야 한다(제112조).

(3) 태국

태국의 공개주식회사법은 이사회 의장이 이사회 총회를 소집하도록 규정하고 있다. 3인 이상의 이사가 이사회 소집을 요청한 경우, 의장은 그 요청을 받은 날로부터 14일 이내에 총회의 날짜를 지정하여야 한다(태국 공개주식회사법 제81조). 이사회 총회를 소집함에 있어서, 의장 또는 의장에 의해 위임받은 자는 총회일 전 7일 이내에 이사들에게 총회의 개최를 통지하여야 한다. 다만 회사의 권리와 의무를 유지하기 위한 목적의 긴급한 상황이 있는 경우에는 그러하지 아니하다(제82조). 정족수보다 적은 이사 수로 인하여 이사회가 열리지 못한 경우, 남은 이사들은 주주총회를 통해 대체이사를 선임할 수 있다. 이 총회는 이사의 수가 정족수에 미달한 날로부터 1개월 이내에 개최되어야 하며, 대체된 이사들의 임기는 전임 이사의 남은 임기에 한한다(제83조). 태국의 비공개주식회사법은 이사가 언제든지 이사회를 소집할 수 있도록 규정하고 있다(태국 민상법 제1162조).

(4) 라오스

라오스 기업법상 각 이사는 이사회의 총회를 소집할 수 있으며, 이사는 직접 총회에 참석해야 한다. 다른 이사들 전원의 동의가 없는 한, 이사회에 본인이 아닌 다른 사람이 참석하도록 지정하는 것은 금지된다. 전원동의를 얻어 이사의 대리인이나 대표자가 이사회에 참석하는 경우 참석하는 대리인이나 대표자는 의견진술권이 있으나 의결권은 없다. 다만 이사회는 전자적 방법을 포함한 다른 통신수단에 의하여 "비공식적인 회의(informal meeting)"를 개최할 수 있다(제133조).

(5) 캄보디아

캄보디아 기업법에는 대표이사라는 개념이 없으며, 다만 이사회의장이 이사회를 소집할 권한을 가진다. 캄보디아 기업법상 이사회의장은 이사회를 소집하는 등 일정한 권한 외에 업무집행 등에 대한 권한이 없다.[69] 이사회는 총 이사의 3분의 2의 결의로 소집되는데, 정관에 다른 정함이 없는 한 이사회는 캄보디아 내에서 시행되어야 하며, 3개월에 1회 이상 개최되어야 한다(제128조).

(6) 한국 상법과의 비교

한국 상법상 이사회의 소집은 각 이사가 할 수 있다. 그러나 이사회의 결의로 소집할 이사를 정한 때에는 그 이사가 소집한다(제390조 제1항). 일반적으로는 정관에서 대표이사를 이사회 의장으로 정하고 그가 이사회를 소집하도록 한다.[70] 이사회의 소집권자를 별도로 정

---

69) 법무부, 『Investment & Business Guide-캄보디아 회사 · 세무 · 투자』, 14면.

70) 이철송, 전게서, 576면; 손진화, 전게서, 382면; 정동윤, 전게서, 583면.

하였을 때에도, 이것이 주주총회의 소집권과 같은 의미는 아니다. 다만 이사회의 소집실무를 소집권자가 담당할 뿐이다. 따라서 다른 이사도 언제든지 소집권자인 이사에게 이사회의 소집을 요구할 수 있으며, 이사회를 소집함에는 회일을 정하고 1주간 전에 각 이사에 대하여 통지를 발송하여야 한다(제390조 제3항).

메콩경제권 국가들도 원칙적으로 이사회 의장이 이사회를 소집할 수 있도록 규정하는 것이 대부분이다. 그러나 소집 절차와 관련해서는 국가마다 입법상 차이점이 있다. 중국의 경우 구체적 내용을 정관에 정하도록 하고 있으며, 베트남과 태국은 소집 및 운영 절차에 관하여 상세한 규정을 두고 있다.

3) 결의

(1) 중국

중국의 경우, 이사회의 의사방식과 결의 절차는 기업법이 정한 사항을 제외하고는 회사정관으로 정하도록 한다. 이사회에서 결의는 이사 1인이 1표를 행사하는 것으로 진행된다. 중국 기업법상 이사회는 의사결정에 대한 회의록을 작성하여야 하고, 회의에 출석한 이사들이 이에 서명하여야 한다(제48조).

(2) 베트남

베트남 기업법상 이사회는 회의 시 투표, 자문의견서 또는 기타 정관에서 정하는 방법으로 결의할 수 있다. 이사회에서는 이사 1명이 1

의결권을 가진다. 이사회가 권리와 의무를 행사할 때에는 법률, 정관 및 주주총회의 결의를 준수하여야 한다. 법률 또는 정관에 반하는 결의로 회사에 손실을 주면, 그 결의에 찬성한 이사가 연대하여 배상책임을 진다(제108조). 이사회는 이사 총수의 4분의 3이 출석한 때 성립한다. 회의에 직접 참석하지 않는 이사는 우편으로 투표할 수 있다. 이 경우 투표는 밀봉된 봉투에 넣어 이사회 개회 시로부터 1시간 전까지 이사회 의장에게 송부하여야 한다. 투표는 회의 참석자 전원이 보는 앞에서만 개봉할 수 있다. 이사회 결의는 출석이사 과반수로 채택되며, 다수결을 할 수 없는 경우에는 의장이 최종 결정한다(제112조).

(3) 태국

태국의 공개주식회사법에서도 이사회에는 이사의 과반수 이상이 출석하도록 하고 있다. 총회에서의 결의는 다수결에 의하여야 하며, 각각의 이사는 1개의 의결권을 가진다. 다만 특정 사안에 관하여 이해관계가 있어서 의결권을 갖지 못하는 이사의 경우는 예외로 한다. 가부동수일 경우에는 이사회 의장이 결정권을 가진다(태국 공개주식회사법 제80조). 그러나 비공개주식회사의 이사들은 회사의 거래에 필요한 정족수를 이사회 총회에서 정할 수 있는데, 이를 정하지 않은 경우에는 정족수를 3명으로 해야 한다. 다만 기존 이사의 수는 3명을 초과해야 한다(태국 민상법 제1160조). 또한 이사회에서의 현안은 다수결에 의해 결정되며, 가부동수인 경우 이사회 의장이 결정권을 가진다(제1161조).

(4) 라오스

라오스 기업법의 경우, 이사회를 위한 정족수는 이사회 자체의 결정을 따른다. 그러나 정족수가 전체 이사들의 과반수가 되어야 한다. 다만 2명의 이사만 있는 경우에는 정족수는 2명이 되어야 한다. 이사의 수에 결원이 있지만 정족수는 충분한 경우, 이사회는 새로운 이사가 대체자로서 선임될 때까지 업무집행을 할 수 있다. 이사의 수에 결원이 있고 기업법이 요구하는 정족수보다 적은 경우, 이사회는 필요한 이사의 수가 충당되지 않는 한, 업무집행을 할 수 없다.

이사회 결의는 이사회에 참석한 이사들의 다수결에 의한 경우에만 효력이 있어야 한다. 이사로서 이사회의 의장인 자는 다른 이사들과 같이 의결권을 행사해야 한다. 다만 결과가 가부동수인 경우에는, 의장은 1개 이상의 결정 의결권을 가진다. 비공식 회의에서의 표결은, 특수한 통신수단을 사용하는 경우, 구체적으로 회사의 정관에서 표결 절차와 함께 정하여야 한다(제134조).[71]

(5) 캄보디아

캄보디아 기업법상 이사회의 정족수는 출석이사 또는 대리인 총수의 과반수이다(제128조). 이사회는 필요한 경우 이사회 위원회를 설립할 수 있는데, 위원회의 경우에는 정관에 의하여 정족수를 과반수보다 더 높게 요구할 수도 있다(제131조). 캄보디아의 경우, 이사회 결의방법과 관련하여 정관에 다른 정함이 없는 한 이사들은 서면으로 의사를 전달할 수 있다. 이사 각자는 검토, 채택, 배경정보에 관한 안내와 사안에 대한 찬반투표용지를 받게 되는데, 모든 이사가 그 사안

---

71) 김동훈·이준표, 「라오스 기업법에 관한 고찰」, 38면.

을 승인한다면, 그것은 이사회의 승인으로 간주된다. 모든 서면응답은 이사회의 기록물의 일부가 된다. 비서는 서면보고서를 준비하고 이사들에게 배부하여야 한다(제130조). 이사는 1개의 의결권을 가지며, 다른 이사의 대리인이 될 수 있다. 이 경우에는 서면으로 그 권한을 위임받아야 한다(제132조).[72]

(6) 한국 상법과의 비교

일반적으로 메콩경제권 국가들의 기업법에서는 이사회의 결의방법에 있어서 한국만큼 융통성 있는 규정을 두고 있지 않다. 이사회는 회사의 경영에 관한 실무적인 문제를 다루므로, 여러 가지 변환이 가능한 의안을 놓고 상호의견을 교환함으로써 최적의 결론을 내야 하는 집단적 의사결정의 방식을 찾아야 한다. 한국 상법은 이사들의 실질적인 모임을 요하며, 서면결의는 인정되지 않는다는 견해가 있다.[73] 그러나 최근 회사의 규모가 커지면서 이사의 수가 많아지고, 동시에 사업장이 지역적으로 분산되어 있어 이사들이 일시에 한 장소에서 모이기 어려운 회사가 늘고 있다. 그리하여 화상회의 또는 전자회의를 허용하는 입법례가 늘고 있고, 한국 상법도 융통적인 회의방법을 허용하고 있다. 2011년 상법개정을 통해 이사회 결의방법을 확대하였다. 기존 비디오 동영상 회의만 허용하던 것에서 음성회의도 허용함으로써, 이사가 비디오 동영상 회의가 불가능한 곳으로 출장을 간 경우에도 이사회 개최가 가능하게 된 것이다(제391조 제2항).

---

72) 캄보디아의 이사회 결의에 관한 자세한 내용은, 김봉철·이준표, 「캄보디아 기업법상 회사지배구조의 특징」, 121~122면 참조.

73) 그러나 이사회결의를 서면으로 하였을 때 그 효력에 관하여, 서면결의라 해서 부존재라고까지 볼 수는 없다고 본 판례가 있다(대법원 2006. 11. 10. 선고 2005다46233 판결).

라오스는 주주총회와 이사회의 소집 절차 및 이사회 결의방식에 있어서 전자적 운영을 입법화하고 있다(제133조, 제134조, 제137조). 또한 라오스, 태국의 경우, 이사회 결의 시 가부동수가 되면 의장에게 결정권을 부여하고 있는데[74] 이는 영국법의 영향을 받은 것으로 보인다.[75]

2. 이사

1) 이사의 지위와 자격

(1) 중국

중국 기업법에서 인정되는 이사의 종류로는 주식회사편에서 규정하고 있는 일반이사와 사외이사[76] 및 유한회사편에서 규정되고 있는 집행이사가 있다. 사외이사는 상장회사의 지배구조와 관련되어 규정되어 있다.[77] 상장회사는 사외이사를 반드시 두어야 하며, 그 임면에

---

74) 한국의 경우 이사회 결의 시 발생하는 가부동수(可否同數)에 대하여 견해의 대립이 있다. 이사회에서는 주주총회에서와 같은 의결권의 평등을 강조할 필요가 없다는 이유로 긍정하는 견해(서헌제, 『상법강의(上)』, 법문사, 2007, 374면; 정동윤, 전게서, 584면)와 법적 근거 없이 특정인에게 복수의결권을 주거나 결의 요건을 완화시키는 결과가 될 뿐 아니라 다수결의 일반 원칙에 반하므로 부정하는 견해(이철송, 전게서, 579면; 정찬형, 『회사법강의』, 557면; 최기원, 『신회사법론』, 2005, 592면)가 있다.

75) 가부동수의 경우 의장의 결정권에 관한 자세한 내용은 김교창, 「가부동수의 경우 의장의 의결권–택일의 안에 있어서 양자동수의 경우 택일방법과 찬반의안에 있어서 가부동수의 경우 의장의 결정권」, 『저스티스』 통권 제108호, 한국법학원, 2008, 112~130면.

76) 원어로는 '独立董事'이다. 이하에서는 '사외이사'라고 한다. 중국 기업법상 사외이사에 관한 자세한 내용은, 吳春岐 主編, 전게서, 283~315면 참조.

77) 중국 기업법은 상장회사의 기관구성에 관한 특별규정을 두고 있다. 일반적인 조직기관 이외에도 대주주 또는 이사장이 통제하는 이사회를 견제하기 위하여 사외이사제도를 신설하고, 이사회 결의에 이해관계자가 참여할 수 있도록 법제화하였으며, 이사회비서를 설치하도록 하였다. 이 외에도 회사법상의 제도는 아니지만 관련 규정에 의하여 상장회사의 이사회에 이사회전문위원회제도를 설치할 수도 있다. 중국 회사법

관한 구체적인 방법은 국무원규정에 따르도록 하였다(제123조).

구 회사법에서는 주식회사의 이사의 자격에 관하여 별도의 규정을 두지 않은 채, 유한회사의 규정을 준용하도록 하였다. 그러나 개정된 중국 기업법은 이사의 자격에 관하여 제6장 제147조부터 제153조까지 비교적 상세하게 규정하였다.[78] 중국 기업법 제147조 제1호에서 금치산자 또는 한정치산자는 이사의 결격사유임을 명시하고 있고,[79] 제5호에서는 채무상환불능자도 이사의 결격사유로 하고 있다.[80] 이사의 국적에 관해서는 원칙적으로 제한이 없으므로, 외국인도 중국의 유한회사나 주식회사의 이사가 될 수 있다.

(2) 베트남

베트남 기업법상 이사는 이사회의 구성원으로서 주주총회 또는 이사회에서 선임되는 자를 말한다. 이사의 자격과 관련해서는 행위능력이 있어야 하며, 회사의 보통주 5% 이상을 소유한 개인주주 또는 회사의 사업 경영이나 주요 사업 활동에 관한 지식 및 경험이 있는 자이어야 한다. 이처럼 베트남 기업법에서는 이사의 자격과 관련하여 구체적인 조건을 제시하고 있다. 다만 국유자본 지분이 정관 자본금

체계에서 사외이사제도가 처음 도입된 것은 1997년 상장회사 정관 가이드라인이다. 동 가이드라인에서는 사외이사의 개념과 함께 겸직금지규정을 두었다. 그러나 2001년 5월에 증권감독위원회가 제정한 상장회사의 사외이사 설치에 관한 지도의견과 2002년 1월에 증권감독위원회와 국가경제무역위원회가 공동으로 제정한 상장회사지배구조준칙에서 비로소 현대적 사외이사제도가 구현되었다. 상장회사는 이사회에 비서를 두어야 한다. 이사회 비서는 회사 주주총회 및 이사회의 준비업무와 서류보관 및 회사의 주주에 관한 자료의 관리 및 정보공개업무 등을 담당한다(제124조). 상장회사의 이사회는 일정한 경우 의결권이 배제된다. 상장회사의 이사가 이사회 회의 결의사항에 포함되는 기업과 연관관계가 있는 경우, 당해 결의에 의결권을 행사할 수 없고, 또한 다른 이사를 대리하여 의결권을 행사할 수도 없다(제125조).

78) 桂敏杰·安建 主编, 전게서, 348~364면.

79) 无民事行为能力或者限制民事行为能力(第一百四十七条 一).

80) 个人所负数额较大的债务到期未清偿(第一百四十七条 五).

의 50% 이상인 회사의 경우에는 이사 및 회사의 임원을 선임할 수 있는 권한이 있는 자의 관계인은 회사의 이사가 될 수 없다(제110조).

(3) 태국

태국 민상법상 비공개주식회사는 이사의 자격에 있어서 특별한 제한을 두고 있지 않지만, 공개주식회사법에서는 이사의 자격에 대하여 구체적인 제한사유를 두고 있다. 즉 이사는 성년이어야 하며, 파산자 또는 금치산자나 한정치산자는 이사가 될 수 없다. 또한 사기로 인하여 확정판결에 따른 징역형을 선고받은 자 또는 국가공무원이나 국가 기관으로부터 업무상 부정으로 인하여 해임된 자는 이사가 될 수 없다(태국 공개주식회사법 제68조). 위와 같은 제한사유 외에 주주가 이사로 취임하는 것을 금지하는 것은 허용되지 않는다(제69조).

태국의 비공개주식회사는 주주총회의 통제하에 있는 1인 또는 수인의 이사에 의해 경영된다(태국 민상법 제1144조).[81] 이사는 주주총회에서만 선임 또는 해임될 수 있다. 태국 공개주식회사법도 정관에 다른 정함이 없는 한, 이사가 일정한 규칙과 절차[82]를 따라 주주총회에서 선임되도록 규정하고 있다. 회사정관에 다른 정함이 있다 하더라도 그 규정이 이사 선임에 있어서의 주주의 의결권을 박탈해서는 안 된다(제70조).

---

[81] 이사는 회사 정관에 따라 회사를 경영하게 되는데, 회사가 등기된 후에는 특별결의가 없는 한 정관의 규정이나 내용을 추가 또는 변경할 수 없다(태국 민상법 제1145조). 특별결의가 있을 경우, 회사는 해당 결의가 있는 날로부터 14일 이내에 새로운 규정 및 추가나 변경사항에 대하여 등기할 의무가 있다(제1146조).

[82] ① 주주 1명은 자신이 소유하고 있는 주식 수만큼의 의결권을 가지며, 선임되는 이사의 수만큼 의결권은 배가된다. ② 각 주주는 1인 또는 1인 이상의 이사들을 선임하기 위하여 ①호를 따라 그의 의결권 모두를 사용할 수 있다. ③ 높은 득표를 한 순서로 회사의 이사로 선임된다. 가부동수로 인하여 이사의 수가 요구된 것보다 많으면, 추첨을 통해서 탈락시켜야 한다(태국 공개주식회사법 제70조).

공개주식회사법상 주주총회는 총회에 출석한 주주의 4분의 3 이상의 결의로써 임기만료 전 특정 이사 해임에 관한 결의를 통과시킬 수 있다. 이때 총회참석 주주는 의결권이 있어야 하며, 소유하고 있는 총 주식이 총회에 참석한 주주들의 주식 수의 과반수 이상을 차지하여서는 안 된다(태국 공개주식회사법 제76조).

(4) 라오스

라오스 기업법상 유한회사의 이사는 법인이어서는 안 되며, 행위능력이 있어야 한다. 또한 회사 경영에 제한이 있는 파산자여서는 안 되며, 자산의 횡령이나 배임에 대한 유죄판결을 받은 자여서는 안 된다(제117조). 라오스에서 국유회사의 이사는 사업 활동을 위하여 정부에 의해 출자된 자산을 효과적으로 관리·경영하는 국유회사의 대표이며, 뿐만 아니라 제3자와의 거래에 있어서도 국유회사를 대표한다(제203조). 국유회사의 이사는 유한회사의 이사의 자격(제117조)에 부가하여, ① 부정행위나 자기거래가 없어야 하고, ② 자신이든지 아니면 그의 배우자와 자녀들을 통해서든지 관계없이 업무집행에 있어 높은 책임감을 가진 자가 되어야 한다. 또한 ③ 국유회사의 사업거래에 있어서 이해관계가 없는 자가 되어야 하며, ④ 이사의 지위를 승인받기에 앞서 그의 자산을 신고해야 하고, ⑤ 회사 경영과 행정에 기술, 경쟁력, 경험을 소유하여야 한다(제204조).

(5) 캄보디아

캄보디아의 경우 정관에 다른 자격제한을 두고 있지 않는 한 18세 이상의 행위능력이 있는 자연인은 누구든지 회사의 이사 또는 임원이 될 수 있다(제120조). 다만「공무원의 지위에 관한 법률」제35조에 따르면 공무원은 회사의 이사가 될 수 없다.[83]

캄보디아 기업법은 기본정관에 따라 회사의 모든 임원을 임명하고 그들의 권한을 결정하며 보수를 정한다는 원칙을 두고 있다. 이사에 관하여 구체적으로 보면, 이사는 회사의 각서, 채권, 사채와 기타 채무증서를 발급하고 그것들에 관련된 사항들을 정리하며, 주주에게 기본정관의 수정을 제한할 수 있다. 또한 이사는 이사회의 의결을 집행하고 부속정관을 수정 또는 폐지할 수 있으며, 주주에게 회사와 제3자 사이의 합병에 대한 합의서를 제안하고 회사의 자산 전부 또는 일부에 대한 매각을 주주에게 제안할 수 있다. 나아가 회사의 해산과 청산을 주주에게 제안하며, 정관에서 인정되는 한도에서 회사의 주식을 발행하고, 회사의 신용으로 자금을 차입하고 회사의 채무의무를 보증하며, 회사를 대표해서 보증할 권한도 있다. 또한 회사의 의무를 확보하기 위해서 회사의 자산 전부 또는 일부를 담보로 제공할 수 있다(제119조).

(6) 한국 상법과의 비교

한국 상법상 이사는 회사의 수임인이며 이사회의 구성원으로서 회사의 업무를 집행하는 등 법정의 권한을 가진다.[84] 한국 상법상 이사는 주주총회에서 선임하며(제382조), 이는 보통결의에 의한다(제368조). 이사는 위임의 일반적 법정종료사유에 의하여 종임한다(한국민법 제690조). 즉 이사의 사망, 파산, 금치산선고에 의하여 종임하게 된

---

83) Ministry of Commerce · ADB, *A Handbook on Commercial Registration*, 2008, p.21.
84) 이철송, 전게서, 540면.

다. 그리고 이사는 언제든지 일방적 의사표시에 의하여 사임할 수 있다(제689조). 이사의 자격에 관하여 한국 상법은 특별한 제한을 두고 있지 않다. 한편 사외이사에 관해서는 상법상 별도의 결격사유를 두고 있으며(한국 상법 제382조 제3항), 상장회사의 사외이사는 추가적인 결격사유를 두고 있다(제542조의8 제2항).[85]

반면 메콩경제권 국가들은 기업법상 이사의 자격에 대하여 상세한 규정을 두고 있다. 대부분 국가들이 공통적으로 이사에게 행위능력이 있어야 한다고 정하고 있으며 파산자 또는 회사자산의 횡령, 배임 등으로 인한 유죄판결을 받는 자는 이사의 자격이 없다고 규정하고 있다.

2) 집중투표제

(1) 중국

중국 기업법은 집중투표제[86] 규정을 신설하였다. 중국 기업법 제106조에 따르면, 주주총회에서 이사 또는 감사의 선출 시, 회사정관의 규정이나 주주총회의 결의에 따라 집중투표제를 시행할 수 있다. 본 법에서 지칭하는 집중투표제란, 주주총회에서 이사 또는 감사의 선출 시, 주주는 매 1주마다 선출되는 이사 또는 감사의 수만큼 부여된 표결권을 집중하여 사용할 수 있다는 의미이다.[87]

---

85) 이러한 내용들은 2009년 2월 개정상법에 신설된 것이다. 사외이사의 결격사유에 관한 보다 자세한 사항은, (이철송, 전게서, 544~545면; 정준우, 「주식회사의 이사에 관한 2009년 개정상법의 비판적 검토」, 『한양법학』, 제30집, 한양법학회, 2010. 5, 275~279면)을 참고할 것.

86) 원어로는 '累积投票制(누적투표제)'이다. 이하에서는 '집중투표제'라고 한다.

87) 李飞・王学政 主编 전게서, 198~199면.

(2) 베트남

베트남의 경우 이사회와 감사회의 구성원 선출과 관련하여 집중투표제도[88]를 허용하고 있다. 집중투표제를 위하여 의결권 수는 주식 총수에 경영위원회 또는 감사위원회 위원의 수를 곱한 수로 하고, 주주는 그 의결권을 1인 또는 수인의 후보자에게 행사할 수 있다(제104조). 그러나 베트남의 현실을 감안할 때, 의결정족수가 높아서 지배주주가 아니고서는 의안의 통과를 시도할 수 없는 상황에서 집중투표제도가 제대로 기능할 수 있을지는 미지수다.[89]

(3) 태국

이사 선임 방식과 관련하여, 태국 공개주식회사법은 집중투표제[90]를 인정하고 있다. 다만 집중투표제를 정관으로 배제할 수 있도록 하였다. 이 집중투표제는 이사선임에 있어 1주에 대해 선임하고자 하는 이사 수에 상당하는 복수의 의결권을 부여하는 방법이며, 1978년 태국은 공개주식회사법 제정 당시 이를 도입하였다. 이후 태국기업 현실을 반영하여 1992년 공개주식회사법 개정을 통해 집중투표제도를 정관으로 배제할 수 있도록 한 것이다.[91]

(4) 라오스

라오스 기업법상 이사의 선임이나 해임에 대한 결의는 집중투표와 일반투표, 두 가지 방식으로 이루어진다. 집중투표는 두 명 이상의 이

---

88) 원어로는 'bầu dồn phiếu'이다. 이하에서는 '집중투표제'라고 한다.

89) 정용상, 「베트남기업입법의 배경과 개정 기업법의 구조」, 530면.

90) 원어로는 'การออกเสียงลงคะแนนสะสม'이다. 이하에서는 '집중투표제도'라고 한다.

91) 정용상, 「태국의 기업입법발전배경」, 116면.

사를 사원들의 투표로 선임하는 경우에 각 사원에게 각자 보유한 지분의 수에 선임할 이사의 수를 곱한 수만큼의 의결권을 주는 것을 말한다. 집계에 있어서, 한 개의 지분은 한 개의 의결권과 같다. 가장 많이 득표한 순서대로 후보자가 이사로서 선출된다. 집중투표제에 의해 선출된 이사의 해임은 해임결의권과 선임결의권의 수가 최소한 같은 경우에 한하여 발생할 수 있다. 일반투표는 한 개의 지분이 한 개의 의결권과 같은 경우 이사 한 명을 선출하는 투표이다. 선출된 후보자는 회의에 참석한 대리인과 사원의 의결권의 과반수를 얻은 자이다(제119조).

(5) 한국 상법과의 비교

이사 선임방식과 관련하여 한국 상법은 집중투표제도를 도입하고 있다. 지배주주의 경영독점으로 인한 폐해가 두드러지자 경영에 대한 감시강화 및 소수주주보호를 목적으로 1998년 개정법에서 이를 도입하였다(제392조의2).[92] 2인 이상의 이사의 선임을 목적으로 하는 총회의 소집이 있는 때에는 의결권 없는 주식을 제외한 발행주식 총수의 100분의 3 이상에 해당하는 주식을 가진 주주는 정관에서 달리 정하는 경우를 제외하고는 회사에 대하여 집중투표의 방법으로 이사를 선임할 것을 청구할 수 있다. 이사의 선임결의에 관하여 각 주주는 1주마다 선임할 이사의 수와 동일한 수의 의결권을 가지며, 그 의결권은 이사 후보자 1인 또는 수인에게 집중하여 투표하는 방법으로 행사할 수 있다. 다만 한국 상법규정은 정관에서 집중투표의 배제에 관한

---

92) 집중투표제에 관한 보다 자세한 내용은 최완진, 전게서, 320~321면; 유진희, 「집중투표제의 장단점과 그 실효성」, 『상장협』 제44호, 한국상장협의회, 2001, 35면 이하 참조.

규정을 둘 수 있는 opt-out 방식을 인정하였다.[93] 한국의 경우 실제로 대부분의 회사가 정관에서 집중투표를 배제하고 있는 실정이다.[94]

메콩경제권 국가들 중 기업법에서 집중투표제도를 인정하는 국가는 태국, 중국, 라오스, 베트남이다. 캄보디아는 기업법 제221조에서 이사의 선임과 관련하여 정관이나 내규에서 달리 정하지 않는 한 주주의 서면비밀투표에 의해 이루어진다고 규정하고 있다.

집중투표제는 대주주에 의해 이사나 감사가 독단적으로 선임되는 것을 견제하여 소액주주의 이익을 보호한다는 점에서 의의가 있다. 그러나 현실에서의 소액주주들은 단기적인 투자를 하는 경우가 많고 회사의 장기적인 목표를 제정하고 있는 것은 대부분 경영진에서 하고 있는 것이기 때문에, 집중투표제를 강제하는 것은 이사들의 경영 적극성에 영향을 주게 될 여지가 있다는 비판이 있다.[95] 그러나 회사의 의사결정에 있어 다수자의 지배가 고착화되는 현상을 막고, 소주자주주도 자기 측의 사람을 이사로 세워 다수자 측 주주에 의해 선임된 이사들을 견제할 수 있다는 점에서 활성화할 필요가 있다. 한국뿐만 아니라 메콩경제권 국가들의 현실에 비추어 볼 때, 장기적인 안목에서 접근해야 할 것이다.

---

93) 미국의 경우에는 대부분의 주법이 기본정관에 집중투표제가 규정되어 있는 경우에만 이를 허용하는 opt-in 방식을 채택하고 있다(임재연, 『미국기업법』, 박영사, 2009, 407면).

94) 김원규, 전게논문, 93면.

95) 집중투표제에 대한 보다 자세한 내용은 권재열, 「집중투표제의 의무화 주장에 대한 비판적 검토: 회의법 및 회사지배구조론의 시각에서」, 『기업법연구』 제14집, 한국기업법학회, 2003. 9, 193~215면; 전삼현, 「대표소송과 집중투표를 통한 기업지배구조개선 검토」, 『전문경영인연구』 제9권 제1호(통권 16호), 한국전문경영인협회, 2006. 3, 93~117면 참조.

3) 사외이사제도

(1) 도입의 목적

사외이사(outside director)란 회사에 상근하지 않고 이사회에 출석하여 이사회의 의사결정에만 관여하는 이사를 가리킨다. 사외이사제도는 대주주와 관련이 없는 사람들을 이사회에 참석시킴으로써 대주주의 전횡을 방지하려는 목적이 있다. 사외이사제도에 대한 효용성에 관한 많은 논의가 있었으나, 사외이사는 회사의 업무를 집행하는 경영진과도 직접적인 관계가 없기 때문에 객관적인 입장에서 회사의 경영 상태를 감독하고 조언하기도 용이하여, 회사경영에 있어서 실질적 견제와 균형을 이루고, 기업경영의 투명성을 확보하며 지배주주의 전횡을 막기 위한 제도적 장치로서 그 필요성이 제기되어 입법화된 것이다.[96]

(2) 메콩경제권 국가의 사외이사 입법

메콩경제권 국가들의 사외이사제도는 태국과 중국의 기업법만이 명문규정을 명문화하여 두고 있다. 태국의 공개회사는 이사회 정원의 최소 3분의 1 이상이 사외이사로 구성되어야 하며, 어떠한 경우에도 그 수가 3명보다 적어서는 안 된다.[97] 그러나 사외이사제도의 운영에 관한 사외이사는 본사, 자회사, 제휴사, 자신의 이익과 관련 있는 법인과 어떠한 사업상이나 직업상의 직·간접적인 관계를 가져서는 안

---

96) 이철송, 전게서, 527면; 최완진, 전게서, 323~325면.

97) 최초공모를 하는 공개주식회사와 증권회사의 사외이사에 관한 자격요건은 2009년 4월에 수정된 태국증권거래위원회 규칙 제11/2552호에 규정되어 있으며, 2010년부터 공개주식회사의 정기주주총회에 적용되었다.

된다.[98)

중국의 경우 상장회사 조직기구 특별규정을 두어 상장회사에 사외
이사를 두도록 규정하였다. 구체적 방법은 국무원 규정에 따르도록
하였다(제123조).[99)

(3) 한국 상법과의 비교

사외이사제도는 중국과 같은 체제전환국에서 국유기업을 회사화
하는 과정에서 주식회사가 실질적으로 기능하는 데 많은 도움을 줄
것이다. 메콩경제권의 체제전환 국가들은 아직까지 주식회사가 활성
화 되지 않아서 사외이사제도의 도입이 당장에 요구되는 것은 아니
지만, 최근의 베트남, 캄보디아, 라오스의 증권거래소 개설과 더불어
상장회사에 대한 관심이 높아지고 있으므로 한국의 제도운용경험을
기초로 사외이사제도의 도입에 대한 논의가 있어야 할 것이다.

한국 상법 제382조 제3항은 사외이사의 자격에 대하여 규정하고
있다. 먼저 해당 회사의 상무에 종사하지 않아야 한다. 최근 2년 이내
에 회사의 상무에 종사한 이사·감사 및 피용자 최대주주가 자연인
인 경우에는 본인과 그 배우자 및 직계 존속·비속, 최대주주가 법인
인 경우 그 법인의 이사·감사 및 피용자 또는 이사·감사의 배우자
및 직계 존속·비속은 그 회사의 사외이사가 될 수 없다. 또한 회사
의 모회사 또는 자회사의 이사·감사 및 피용자, 회사와 거래관계 등
중요한 이해관계에 있는 법인의 이사·감사 및 피용자, 회사의 이사
및 피용자가 이사로 있는 다른 회사의 이사·감사 및 피용자 등도 사

---

98) 태국투자청, 전게서, 8~9면.
99) 李飞·王学政 主编, 전게서, 216면.

외이사가 될 수 없다.

　이사회는 회사의 주요 업무집행과 관련된 의사결정을 내리고 최고 경영자가 그 결정사항을 집행하며, 이사회와 감사가 이를 감독한다. 그런데 일반적으로 이사와 감사는 지배주주에 의해 선임되며 이사회가 실제 경영을 담당하는 내부이사들로 구성되기 때문에, 내부지배구조의 중심에 서게 되는 이사회가 경영자에 대한 감독이라는 기능을 제대로 발휘할 수 없게 되는 경우가 있다. 이사회의 기능을 정상화시키고 경영자 감시라는 이사회의 가장 기본적인 기능을 회복시키기 위해서는 이사회의 독립성이 필요하고, 그 목적을 위한 것이 사외이사 제도라고 할 수 있다. 사외이사는 독립성을 통해 경영진에 대한 감독뿐만 아니라 전문성을 바탕으로 한 자문을 통해 이사회 기능을 활성화시킬 수 있으며, 주주의 가치를 보호하고 향상시킬 수 있다.

　이러한 관점에서 장기적으로 메콩경제권 국가들이 사외이사제도를 적극 검토하여 도입할 뿐만 아니라, 중국 등 사외이사제도가 도입된 국가들의 경우에는 사외이사의 독립성을 확보하기 위하여 제도의 보완이 이루어져야 한다. 사외이사제도를 도입하더라도 체제전환국의 국유기업을 회사화하는 과정에서 정부지분에 의해 당 간부 등이 사외이사제도를 악용하여 이사회를 구성하고 경영권을 장악하여 오히려 이사회를 형해화하는 일은 막아야 할 것이다.[100] 독립성이 담보되지 않는 한, 감독기능의 충분한 실효성을 거둘 수 없을 것이다.

---

100) 정용상, 「베트남법상 주식회사의 운영기구에 관한 법적검토」, 188면.

4) 이사의 의무와 책임

(1) 중국

중국 기업법 제21조는 "회사의 지배적 주주, 실질적 지배자, 이사, 감사, 고급관리자는 그 관련 관계를 이용하여 회사에 손해를 끼쳐서는 안 되며, 규정을 위반하여 회사에 손실을 끼쳤을 경우, 배상책임을 진다"고 하여 총괄적으로 정하고 있다.[101] 또한 중국 기업법 제148조는 이사 및 감사 기타 고급관리자[102]의 책임과 의무에 대하여 규정하고 있다. 이에 따르면, 이사는 법률과 행정법규 및 회사정관을 준수하여야 하며, 회사에 대하여 충실의무와 근면의무를 진다.[103]

이와 같이 중국 기업법은 이사, 감사 및 고급관리자가 회사의 이익을 극대화하도록 이들에게 충실의무를 부과하고 있는데, 구체적으로는 경업금지의무와 자기거래 금지의무를 주요 내용으로 하고 있다(제148조, 제149조). 특히 회사의 이사와 고급관리자에게 제149조에서 이에 관한 특별한 규정을 두고 있다.[104]

이사, 고급관리자의 자기거래 금지의무는 이들이 궁극적으로 자신을 위하여 회사와 자신의 거래 또는 회사와 제3자의 거래를 주선하는 것을 금지하는 것이다. 자기거래금지의무는 직접적으로 이사나 고급관리자가 회사의 자산이나 기타 이익을 직접 취하는 양수받는 행위

---

101) 이정표, 전게서, 159면.

102) 회사의 기관의 구성원으로서 의무를 부담하는 근거에 관해서는 영미법계의 신탁관계설 또는 대리관계설과 대륙법계의 위임관계설이 있는데, 중국에서는 대륙법계의 전통을 따라 위임설에 의한 위탁관계로 본다. 따라서 회사의 이사, 감사 및 고급관리자는 회사의 수임자로서 선관의무를 지는 것으로 보는 것이 일반적이고, 최근에는 일본 상법의 영향으로 이들의 충실의무가 개정 회사법에 반영되었다(이정표, 전게서, 156면).

103) 중국 기업법상 이사의 의무에 대한 자세한 내용은 吳春岐 主編, 전게서, 270~272면 참조.

104) 上海市高級人民法院編, 『公司法疑難問題解析』, 法律出版社, 2006, 75면.

와 간접적으로 회사가 이사나 고급관리자의 이익을 위하여 담보를 설정하는 행위 등이 포함된다. 중국 기업법은 이에 대하여 제149조 제4호에서 "회사정관의 규정을 위반하여 사원총회나 주주총회의 동의 없이 당해 회사와 계약을 맺거나 거래를 진행하는 행위"라고 규정하였다. 즉 이사와 고급관리자가 주주총회 등의 동의를 얻지 않고 직접적으로 거래행위를 하는 것을 금지하여, 조건부 허가주의를 채택한 것이다.[105]

이사, 고급관리자의 경업금지의무는 이사나 고급관리자가 회사의 동의 없이 독단적으로 회사의 영업과 본질적으로 성격이 같은 영업을 하는 것을 금지하는 것이다. 중국 기업법 제149조 제5호에서는 사원총회 또는 주주총회의 동의 없이, 자기 또는 타인을 위해 직무상 편의를 도모하여 회사의 상업비밀을 이용하여, 재직 중인 회사와 동종의 업무를 자영하거나 타인에게 영업하게 하는 행위가 경업금지의무에 위반되는 것으로 규정하고 있다. 여기서 재직 중인 회사와 동종의 업무를 겸업하거나 타인에게 영업하게 하는 행위란, 완전히 같은 업무뿐만 아니라 유사한 업무도 포함되며 그 판단기준은 회사의 정관에서 정한 회사의 경영범위와 직접적으로 관련된다.[106]

중국 기업법에서 이사, 고급관리자가 충실의무나 근면의무를 위반했을 경우 그 효력은 당연 무효로 되는 것은 아니다. 이는 선의의 제3자를 보호하여 거래의 안전을 보호해야 하기 때문인데, 중국 기업법은 이사나 고급관리자가 충실의무나 근면의무를 위반하였을 경우 이익이 회사에 귀속되도록 규정하였다(제149조). 한편 이러한 행위로

---

105) 趙旭東, 『新公司法講義』, 人民法院出版社, 2005, 179면.
106) 이정표, 전게서, 161면.

인하여 회사에 손실을 초래한 해당 이사나 고급관리자는 회사에 손해배상책임을 진다(제150조).

이사, 고급관리자가 법률, 행정법규 또는 회사정관의 규정을 위반하여 주주에게 손해를 발생시키면, 해당 주주는 인민법원에 소송을 제기할 수 있으므로(제153조), 이사나 고급관리자는 주주인 제3자에 대한 민사책임도 부담할 수 있다.[107] 위에서 언급한 개정 기업법 제150조는 직무집행을 위반한 경우에 이사나 고급관리자가 책임을 추급당하는 경우지만 제153조는 직무집행과 관련 없이 법률이나 정관에 위반되면 주주가 주주권에 근거하여 소송을 제기할 수 있다는 점에 차이가 있다.[108]

(2) 베트남

베트남 기업법상 이사는 법률과 정관 및 주주총회 결의에 따라 권리를 행사하고 의무를 이행하여야 한다. 이사의 의무와 관련하여, 구체적으로 선관주의의무와 충실의무 등을 규정하고 있다. 즉 회사와 주주의 적법한 이익을 극대화하기 위하여 이사는 선량한 관리자의 주의로 권리를 행사하고 의무를 이행하여야 한다. 충실의무와 관련하여 자기 또는 타인의 이익을 위하여 회사의 정보, 노하우, 사업기회를 활용하지 않아야 하고 회사의 직위, 권한 및 재산을 남용해서는 안 된다(제119조).

---

107) 중국 기업법상 이사의 책임에 관한 자세한 내용은 양동석·박승남, 「한·중 회사법상 이사의 책임과 대표소송에 관한 비교연구」, 『법학논총』 제17권 제3호, 조선대학교 법학연구원, 2010, 53～78면; 유정상, 「중국회사법상 이사의 제3자에 대한 책임에 관한 연구」, 『고려법학』 제52호, 고려대학교 법학연구원, 2009. 4, 301～335면 참조.

108) 이정표, 전게서, 162면.

구체적으로 살펴보면, 이사가 회사와 계약이나 거래를 체결하고자 하는 경우에는 주주총회 또는 이사회의 승인을 얻어야 한다. 재무보고서에 기록된 자산 총액의 50% 이상(정관에서 이보다 낮은 비율을 정하는 경우에는 그 비율)에 상당하는 계약 및 거래는 이사회의 승인을 얻어야 하며, 관련 이익이 있는 이사는 의결에 참석할 수 없다. 그 외의 계약 및 거래는 사전에 주주총회의 승인을 얻어야 하는데 총 의결권 중 65% 이상의 동의를 요한다. 이러한 승인을 얻지 않고 체결된 계약 또는 거래는 무효가 되며, 당해 계약 또는 거래와 관련된 이사는 회사의 손해에 책임을 지고, 그 계약 또는 거래의 이행으로 생긴 모든 이익을 회사로 반환하여야 한다(제120조).

(3) 태국

태국 민상법상 비공개주식회사의 이사들은 회사를 경영하는 데 있어서 선관주의 의무를 진다. 특히 이사는 주주에 의한 주식납입이 실제로 이루어졌는가 여부에 주의를 기울여야 하며, 이 법에서 규정하는 장부와 서류들의 존재 및 체계적인 보관을 위하여 노력하여야 한다. 또한 법에 규정된 배당금이나 이익금의 적절한 분배에 관하여 주의를 기울여야 한다. 이사들이 이러한 주의의무를 소홀히 한 때에는 연대하여 책임을 진다. 이사는 자신의 계산이든 제3자의 계산이든 주주총회의 동의 없이 회사와 경쟁관계에 있거나 성질이 같은 상거래, 즉 자기거래를 하는 것이 금지된다(태국 민상법 제1168조).

태국 공개주식회사법은 민상법보다 구체적이고 다양한 이사의 의무를 명시하고 있다. 회사의 업무집행에 있어서 이사들이 주주총회의 결의뿐만 아니라 이 법과 회사의 목적 및 정관에 따라 회사의 이익을 유지하기 위하여 신의와 성실로 의무를 이행하여야 한다고 규정하고 있다(태국 공개주식회사법 제85조 제1항).

그 밖에도 공개주식회사법은 이사의 충실의무와 관련하여 구체적인 규정을 두어 이사의 행위를 제한하고 있다. 이사는 회사와 목적이 같거나 회사와 경쟁관계에 있는 업무를 집행하는 것이 금지되며(제86조), 이사가 자기 명의 또는 타인의 명의로 회사의 자산을 사거나 회사에 자산을 팔거나 또는 회사와 거래를 하는 경우 이사회에 의한 승인이 없는 한 그러한 매입, 매수 또는 거래는 회사를 구속할 수 없다(제87조).[109] 또한 이사가 결산기간 동안 회사에 의해 체결된 계약에 있어서 직·간접적인 이익을 취득한 경우, 계약의 내용, 당사자의 성명, 이사의 이익들을 특정해야 한다(제88조). 이 밖에 이사에 대한 금전대차금지(제89조), 총회결의 없는 보수지급금지(제90조) 등의 규정을 두어 이사의 행위를 제한하고 있다.

태국 공개주식회사의 경우도 이사들은 회사가 입은 손해에 대하여 연대하여 책임을 진다(제91조). 다만 이사가 손해를 야기한 행동에 참석하지 않았다거나 이사회 총회의 결의에 기초하여 이행하지 않았다는 사실을 증명한 경우, 이사회 총회에서 반대하고 그것이 총회의사록에 기재되어 있거나 또는 총회종료일로부터 3일 이내에 총회의장에게 반대서면을 제출한 경우에는 책임을 지지 않는다(제92조).

또한 이사들은 회사와 주주에게 끼친 손해에 대하여 연대하여 책임을 진다. 다만 회계처리, 주식, 사채 매수에 있어서의 회사운영의

---

109) 이사의 자기거래와 관련하여 한국 상법은 2011년 개정을 통하여 이사 본인에게만 적용되던 자기거래의 제한범위를 '배우자 등 친인척 및 계열사'로 확대하고, 이사의 3분의 2 이상이 사전 동의가 있을 때에만 가능하도록 요건을 강화했다. 그러나 이사의 자기거래가 회사의 이익과 충돌할 가능성이 없으면 이사회 승인이 불필요하다(제398조).

결과, 회사의 금융기관에 관하여 허위 또는 은폐 진술을 한 경우, 등기소에 제출한 서류의 내용이 허위 또는 회사의 계산, 등기, 서류들과 일치하지 않은 경우, 제출하는 재무상태표와 포괄손익계산서, 주주총회 의사록, 이사회 총회의 의사록이 허위인 경우에 해당하지 않음이 증명되는 경우에는 예외로 한다(제94조). 주주총회가 정식으로 비준 또는 승인결의를 한 사안을 이행한 이사는 비록 그 결의가 무효로 된다 하더라도, 회사 및 주주나 회사채권자에 대하여 그 사안에 대한 책임을 지지 않는다(제95조). 정관에 다른 정함이 없는 한, 이사와 회사의 관계 및 회사와 제3자의 관계는 민상법의 대리인에 관한 규정에 따른다(제97조).

비공개주식회사의 경우에도 마찬가지이다. 비공개주식회사는 이사에 의하여 야기된 손해에 관하여 이사를 상대로 손해배상을 청구할 수 있다. 회사가 이를 청구하지 않은 경우에는 주주들이 청구할 수 있다(태국 민상법 제1169조 제1항). 회사채권자도 손해배상을 청구할 수 있다(제1169조 제2항). 이사의 행위가 주주총회의 승인을 얻은 경우에는, 해당이사는 회사 또는 이를 승인한 주주들에게 해당 행위에 대하여 책임을 지지 않는다(제1170조). 그 행위를 승인하지 않았던 주주도 승인이 있었던 주주총회의 날로부터 6개월이 지난 후에는 그 행위에 대하여 책임을 물을 수 없다(제1170조 제2항).

(4) 라오스

라오스 기업법상 공개회사와 유한회사의 이사는, ① 회사 사업목적의 범위를 넘는 행위, ② 회사의 정관 위반, ③ 위탁받은 권한 범위를 넘는 권리행사와 의무이행, ④ 위탁받은 권리의 불행사 또는 의무

불이행에 대하여 책임이 있다. 이사는 자신의 행위가 위반과 관련이 없거나 그러한 행위를 반대한 것이 이사회에 반영되었음을 증명하는 경우에 책임을 면제받는다(제121조). 유한회사와 회사의 이사, 임원 또는 사용인 사이의 내부적 책임문제는 관련 법령에 따라 해결되어야 한다(제122조).

이사의 책임에 대한 적절한 조치가 정관에 의해 이루어지지 않은 경우, 유한 회사 납입지분의 4% 이상에 해당하는 1인 이상의 사원은 회사를 상대로 이사에게 벌금을 부과하거나 해당 행위를 종료할 것을 요구하는 통지를 제기할 수 있다. 또한 유한회사가 위반한 이사에 대하여 조치를 취하지 않거나 부적절한 조치를 취한 경우, 사원은 회사를 대신하여, 법원을 상대로 이사에게 벌금을 부과하거나 이사의 행위를 종료할 것을 요구하도록 하는 소를 제기할 수 있다(제123조).

이사는 유한회사의 대리인으로서의 대행과 특별의무이행이라는 2가지 형태로 의무를 이행한다. 유한회사의 대리인으로서의 의무이행이라 함은 관련 법률에 따른 의무의 이행을 말한다. 이 규정은 유한회사의 임원이나 사용인에게도 준용된다. 이사의 특별의무에는, ① 설립계약·유한회사의 정관·사원총회의 결의에 따른 유한회사의 업무집행, ② 지분에 대한 납입금의 산정, ③ 규정된 목적과 목표에 따른 유한회사 자본관리 및 사용, ④ 회계시스템 확립과 유한회사의 서류 보관 및 유지, ⑤ 재무상태표의 사원총회 제출 전 감사와의 협력으로 재무상태표상 자산의 기초자료 제공, ⑥ 사원에 대한 재무상태표 사본 송달 및 무기명식 지분소유자를 위한 등본 비치, ⑦ 이익의 적절한 분배, ⑧ 임원과 사용인의 관리 및 배치, ⑨ 회사에 대한 이익이 될 수 있는 유한회사의 거래, 유한회사나 자회사에서의 지분

보유량의 증감 및 직·간접적인 관계의 통지를 회계연도 이내에 회사에 알림 등이 있다.

이사는 경업금지의무를 부담한다. 구체적으로, ① 사원총회의 승인이 있는 경우를 제외하고, 이사가 자신의 이익 또는 타인의 이익을 위하여 해당 유한회사와 동일하거나 유사한 회사활동을 하는 경우, ② 사원총회의 승인이 있는 경우를 제외하고, 유한회사로서 동일하거나 유사한 회사활동을 하는 일반조합기업의 사원이나 유한조합기업의 일반사원이 되는 경우, ③ 다른 약정이 있는 경우를 제외하고, 이사가 자신의 이익을 위한 것이든지 다른 사람의 이익을 위한 것이든지 간에, 자신의 유한회사와 거래를 하는 경우, ④ 유한회사의 정관에 허용된 경우를 제외하고, 이사와 그들의 가족, 친척들은 유한회사로부터 금전을 차입하는 경우 등을 들 수 있다. 이러한 제한은 유한회사의 사용인과 임원들에게도 준용된다(제125조).

(5) 캄보디아

캄보디아 기업법상 이사는 회사의 최대이익을 위하여 성실하고 정직하게 행동하여야 한다고 규정하고 있으며, 일반적으로 신중한 사람이었다면 행하였을 근면성과 조심성, 숙련성을 요구하고 있다(제289조). 그러나 회사와 이사 사이에 이루어지는 이사의 자기거래 승인에 대한 강력한 규제를 두지 않는다. 캄보디아 기업법상 금전 이외의 대가로 주식을 발행하는 것을 승인하는 결의에 의결권을 행사하거나 동의한 이사들은 의결일자에 주식이 금전으로 발행되었다면 회사가 받았어야 할 가액보다 적은 액수만큼 회사에 공동으로 책임을 진다. 이사가 이 사실을 몰랐거나 알 수 없었다는 것을 증명한다면, 그 이사는 책임을 지지 않는다(제140조). 주식의 매입, 취득 또는 재취득, 자본의 감소 또는 이 법의 요구에 반하는 배당금의 지불을 승인하는 결의에 의결권을 행사하거나 동의한 이사들은, 분배되거나 지불된 금액을 회사에 회수시키는 데 공동으로 책임을 진다(제141조).

(6) 한국 상법과의 비교

한국 상법상 회사와 이사의 관계는 위법에 관한 규정(한국민법 제681조)이 준용되므로 이사는 회사에 대해 이사선임의 본래 취지에 따라 선량한 관리자의 주의로써 사무를 처리할 의무를 진다(제382조 제2항). 이와 별도로 1998년 개정상법은 '이사의 충실의무'라는 표제하에 "이사는 법령과 정관의 규정에 따라 회사를 위하여 그 직무를 충실하게 수행하여야 한다"는 규정을 신설하였다(제382조의3). 이는 이른바 미국의 보통법에서 인정하는 이사의 신인의무의 개념을 성문적으로 표현한 것이다.[110] 충실의무는 매우 광범한 내용을 담고 있는데, 특히 회사와의 경쟁금지(제397조), 회사기회유용금지[111]가 대표적인 예이다. 기타 임원의 보수, 주식거래에 따르는 의무 등도 충실의무에서 파생된 것이라고 할 수 있다.[112] 한국 상법은 이사가 법령 또는 정관에 위반한 행위를 하거나 그 임무를 해태한 때에는 회사에 대하여

---

110) 유영일, 「이사의 충실의무(상법 제382조의3)의 재검토」, 『상사판례연구』 제23집 제1권, 한국상사판례학회, 2010. 3. 523면.

111) 2011년 개정 상법은 기업 경영의 투명성을 높이기 위해 '회사의 기회 및 자산의 유용 금지' 조항을 신설하여, 이사가 회사에게 유리한 사업기회를 친인척 등에게 몰아주지 못하도록 하였다. 이에 따르면 이사가 회사의 사업기회를 제3자에게 이용하게 하려면 이사 3분의 2 이상의 승인이 필요하며, 위반 시 제3자의 이익을 회사의 손해로 추정하게 된다(제397조의2). 회사기회의 법리에 대한 자세한 내용은 김홍기, 「회사기회의 법리와 우리나라의 해석론, 입법방안에 대한 제안」, 『상사판례연구』 제21집 제2권, 한국상사판례학회, 2008. 6. 99~131면 참조.

112) 이사의 충실의무에 관한 보다 자세한 내용은, 김동훈, 전게서, 326면; 이철송, 전게서, 624~625면을 참조.

연대하여 손해를 배상할 책임을 지도록 하고 있다(제399조 제1항).

메콩경제권 국가들의 경우, 캄보디아 기업법은 이사의 자기거래규제를 완화하고 있으며, 라오스의 경우 이사의 경업금지규정을 두어 사용인, 임원에게도 준용하고 있다. 이사의 충실의무에 관하여는 태국이 가장 구체적으로 규율하고 있으며, 중국의 경우에는 특별규정으로 충실의무를 정하고 있다.

5) 주주대표소송[113]

(1) 중국

중국은 기업법 제150조부터 제153조에 걸쳐 주주대표소송에 관하여 규정하고 있다. 이사, 감사, 고급관리자가 회사의 직무를 수행하는 가운데 법률·행정법규 또는 회사정관 규정을 위반하여 회사의 손실을 초래한 경우에는 마땅히 배상 책임을 지게 되는데(제150조), 이 경우 유한회사의 주주 또는 주식회사의 연속 180일 이상 단독 또는 합계로 회사 주식을 100분의 1 이상 보유한 주주는 서면 형식으로 감사회 또는 감사회가 설치되지 않은 유한회사의 감사에게 인민법원에 소를 제기하도록 청구할 수 있다.

감사회 또는 감사회가 설치되지 않은 유한회사의 감사, 또는 이사회, 집행이사가 주주의 서면청구 접수 후 기소를 거절하거나 청구를

---

113) 대표소송(Derivative Action)이란 이사, 감사, 발기인, 청산인 또는 불공정한 가격으로 주식을 인수한 자의 책임을 추궁하기 위하여 주주가 회사를 대표하여 행하는 소송을 말한다. 영미의 대표소송에서 유래된 제도이며, 대위소송이라고도 한다. 대표소송에 관한 보다 자세한 내용은 최완진, 「이중대표소송에 관한 법적 고찰」, 『경영법률』 제18집 제2호, 한국경영법률학회, 2008. 1; 오성근, 「주주대표소송에 관한 소고: 상법과 영국의 회사법제와의 비교를 중심으로」, 『상사법연구』 제29권 제2호(통권 제67호), 한국상사법학회 2010. 8. 참조.

접수한 날로부터 30일 이내에 소를 제기하지 않거나 또는 긴급한 상황이 발생하여 즉시 소를 제기하지 않으면 회사의 이익에 돌이킬 수 없는 손실을 초래하는 경우, 주주는 회사의 이익을 위해 자기 명의로 직접 인민법원에 소를 제기할 수 있다. 타인이 회사의 합법적 권익을 침범하여 회사에 손실을 초래한 경우에는, 주주는 인민법원에 소를 제기할 수 있다(제152조). 이사, 고급관리자가 법률, 행정법규 또는 회사정관을 위반하여 주주의 이익에 손해를 끼친 경우, 주주는 인민법원에 소를 제기할 수 있도록 하고 있다.[114]

구 회사법에서는 주주대표소송에 관한 근거규정이 없었기 때문에 실무상 많은 혼란이 발생하였다. 특히 주주대표소송이 제소되었을 경우, 조정과 소의 철회방식으로 처리됨으로써 원고와 피고 사이에 여전히 불확정적인 판정 결과를 수용하게 하는 결과를 초래하게 되었다.[115] 개정 중국 기업법은 이러한 문제를 개선하기 위하여 기업법 제150조에서 제153조까지 주주대표소송에 관한 규정을 두었으나 여전히 원칙적인 규정만 두었다는 한계가 있다.[116]

중국 기업법에서 주주대표소송은 대위성과 대표성을 갖는다는 점을 통해 간접소송의 성격을 갖는다. 중국 기업법은 주주대표소송을 위해 구비해야 할 일정한 요건을 규정하고 있다. 원고인 주주는 법정 요건에 맞는 자격이 있어야 한다. 주주는 소송의 제기 시부터 종료 시까지 주주명부에 기재된 주주로써 회사의 주식을 일정한 정도로 보유한 주주(사원)이어야 한다. 중국 기업법 제152조에서는 이 소송

---

114) 李飞·王学政 主编, 전게서, 248~251면.
115) 법제처, 전게서, 91면.
116) 桂敏杰·安建 主编, 전게서, 357~364면.

의 원고적격으로서 유한책임회사의 사원이거나, 또는 주식회사의 주주로서, 연속해서 180일 이상 회사 주식의 100분의 1 이상을 단독으로 또는 합계하여 보유하고 있는 자이어야 한다고 규정하고 있다. 소송을 제기할 주주는 제소 전 일정한 절차를 거쳐야 한다. 본 소송은 대위소송이라는 성질을 갖기 때문에, 원래의 제소권자가 제소를 거절하거나 해태할 경우에 한하여 제기될 수 있다. 이러한 특성 때문에 소송을 제기하려고 하는 주주(사원)는 사전에 회사의 기관에 대하여 소송을 제기하도록 청구하거나 기타 구제조치를 취한 후에 본 소송을 제기할 수 있다.[117)

주주대표소송에서 제소 전 절차를 담당하는 기관은 감사회(또는 감사), 이사회 또는 집행이사이다. 그러나 감사회나 감사가 본 소송의 대상자인 경우 이사회나 집행이사가 담당기관으로 된다(제152조).

주주대표소송이 필요하려면 회사가 회사의 손실을 발생케 한 자나 채무자에 대하여 제소를 거절하거나 제소를 하지 않아야 한다. 회사의 손실을 발생케 한 자에게 회사의 이익을 침해하는 모든 타인이 포함된다. 여기에는 회사의 이사, 감사, 경리 등 고급관리자는 당연히 포함되며, 회사의 내부자나 외부자 및 제3자도 포함된다.

주주대표소송은 대표성을 갖는 소송이기 때문에, 일단 특정 주주에 의하여 소송이 제기되면 회사나 다른 주주는 동일한 사안에 대하여 중복 제소할 수 없다. 또한 원고가 승소하면 그 소송효과는 회사에 귀속된다. 따라서 소송과정에서 소요된 비용도 회사의 부담으로 귀속된다. 다만 원고가 패소할 경우 그 소송비용은 원고의 부담으로 확정된다. 원고가 패소한다면 원고는 회사와 피고로부터 손해배상청

---

117) 李飞·王学政 主编, 전게서, 248~251면.

구를 받게 될 것이다.[118]

(2) 태국

태국은 1978년에 도입한 주주대표소송제도를 현재까지 계속해서 유지하고 있다.[119] 회사가 이사에 대해 손해배상청구를 실행하지 않는 때에는 발행주식 총수의 100분의 5 이상을 보유하는 주주는 회사에 대하여 손해배상청구를 서면으로 할 수 있다. 회사가 이러한 청구를 받은 날로부터 1개월 이내에 손해배상을 하지 않을 경우에는 회사를 대신하여 이사에 대해 손해배상청구를 요구할 수 있도록 한 것이다. 마찬가지로 이사의 행위가 회사에 손해를 일으킨 경우는 발행주식 총수의 100분의 5 이상을 보유하는 주주는 법원에 대하여 부작위의 유지청구를 할 수 있다(제85조). 회사가 그 요청에 따르지 않는 경우 해당 주주 또는 주주들은 회사를 대신하여 손해배상을 청구하는 법적 조치를 취할 수 있다. 또한 주식합계가 총 판매주식의 100분의 5 이상을 차지하는 1인 또는 다수의 주주들은 법원에 해당 부작위를 중지할 것을 명령하도록 요청할 수 있는데, 그들은 법원에 해당이사에 대한 해임명령을 청구할 수 있다. 이러한 조치를 취하는 주주는 해당 이사가 회사에 손해를 야기하거나 야기할 수 있는 행동을 이행하지 않거나 이행하는 그때에 회사주식을 보유하고 있어야 한다(제85조 제2항).[120]

---

118) 법제처, 전게서, 93면.

119) 정용상, 「태국의 기업입법발전배경」, 117면.

120) 실제로 지금까지 공개주식회사법에 의거하여 주주대표소송이 제기된 사례는 거의 없다. 이사의 책임이 존재하는데도 불구하고, 판례가 없어 그 내용이 불명확한 채로 남아 있다. 주주대표소송의 비용을 회사가 부담하는 규정이 없는 등 절차 규정의 불비도 지적된다(정용상, 「태국의 기업입법발전배경」, 117면).

(3) 캄보디아

캄보디아 기업법 제5장에서는 이사의 불법행위에 대항하여 회사의 이름으로 주주 내지 투자자에 의해 제기할 수 있는 대표소송에 관하여 규정하고 있다. 캄보디아 기업법상 대표소송을 제기하기 위해서는 주주가 회사에 피해를 가져올 거래가 발생한 기간 동안에 주주의 지위에 있어야 하며, 해당거래에 투표 내지 승인하지 않았어야 한다(제287조). 대표소송의 결과 얻어진 이익은 전부 회사에 귀속되고, 원고주주는 소송비용 상환 외에는 아무런 직접적 이익을 얻을 수 없다(제288조).

(4) 한국 상법과의 비교

주주대표소송은 영미의 형평법에서 출발하였으나 대륙법계 국가에서 이를 수용하면서 많은 발전을 이루어온 제도이다. 주주대표소송은 소수주주가 회사의 공익을 위한 목적으로 인정하는 것이지만 개별 주주에 의한 제소가 남용되는 것을 막기 위하여 이에 대한 요건을 엄격히 하는 것이 일반적이다.[121]

한국 상법 제403조 내지 제406조는 이사의 책임을 추궁하기 위하여 대표소송에 관한 규정을 두고 있다. 대표소송을 행하는 권리는 회사의 이익을 보호하기 위하여 주주에게 부여된다. 발행주식 총수의 100분의 1 이상에 해당하는 주식을 가진 주주는 먼저 회사에 대하여 서면으로써 이사의 책임추궁을 위한 제소청구를 하여야 하며(제403조 제1항, 제2항), 회사가 30일 내에 그 청구에 대하여 제소하지 않을 때에 비로소 주주가 이 소를 제기할 수 있다(제403조 제3항). 주주가

---

121) 주주대표소송에 관한 자세한 내용은 김동훈, 전게서, 295~296면; 최기원, 『기업법개설』, 236~239면 참조.

승소할 경우에는 그 주주는 회사에 대하여 소송비용 외의 소송으로 인한 실비액의 범위 안에서 상당한 금액의 지급청구권이 인정되며, 패소한 경우에도 악의에 의하지 않는 한 비록 과실이 있는 경우에도 손해배상의 책임을 지지 않는다(제405조). 이는 주주로 하여금 대표소송의 제기를 용이하게 하기 위한 것이다. 이 제도는 유한회사에서도 인정된다(제565조).

메콩경제권 국가들 가운데 주주대표소송을 인정하는 국가는 중국, 캄보디아와 태국이다. 대표소송에 관한 규정을 두고 있는 것은 투자자 보호라는 측면에서 볼 때, 선진적인 입법이라고 평가된다. 다만 캄보디아의 경우 구체적인 요건들이 적시되지 않고 있으며, 태국의 경우 대표소송의 비용을 회사가 부담하는 규정이 없고 실제 소송도 거의 없는 실정이다.[122]

한국 상법의 경우 발행주식의 총수의 100분의 1 이상에 해당하는 주식을 가진 주주는 회사에 대하여 이사의 책임을 추궁할 소의 제기를 청구할 수 있다(제403조). 주주대표소송은 소수주주의 이사 및 감사 등의 책임을 추궁하기 위한 제도로서 주주총회에 의한 경영통제 및 소수주주 보호라는 측면에 실효성이 높다고 본다. 따라서 중국, 캄보디아, 태국 등과 같이 대표소송을 이미 도입한 국가들의 경우에는 관련 규정을 개선하여 실효성 있는 제도로 활용되도록 해야 할 것이며, 나머지 메콩경제권 국가들도 장기적인 안목에서 대표소송제도의 도입을 검토해 볼 필요가 있을 것이다.

---

122) 이사의 책임이 존재하는데도 불구하고, 판례가 없어 그 내용이 불명확한 채로 남아있다. 주주대표소송의 비용을 회사가 부담하는 규정이 없는 등 절차규정의 불비도 지적되고 있다(정용상, 「태국의 기업입법발전배경」, 116면).

3. 대표이사

1) 중국

중국의 경우 유한회사와 주식회사는 모두 기업법에 따라 반드시 1명의 이사장을 선임하여야 한다(제45조, 제110조). 이사장은 이사회가 선임하게 되며, 선임방법은 회사정관에서 규정한다. 한국 상법은 수인의 대표이사가 공동으로 회사를 대표할 것을 정할 수 있도록 하고 있는데(제389조), 중국은 1명의 이사장만 선임하도록 함으로써 표현대표이사에 대한 문제의 소지는 없으며 관련 규정도 없다. 중국 기업법상 이사장은 주주총회(사원총회)와 이사회의 소집권자 및 의장이기도 하다. 따라서 사원총회 내지 주주총회와 이사회는 이사장이 주관하게 된다. 그러나 이사장이 이사회를 소집할 수 없거나 소집하지 않을 경우에는 부이사장 또는 과반수의 이사가 공동으로 추천한 이사가 이사회를 소집할 수도 있다. 이사장은 정관의 규정에 따라 회사의 법정대표인을 담당하고 대외적으로 회사를 대표한다. 그런데 중국 기업법상 법정대표인은 이사장에게 국한된 것이 아니라, 이사장을 포함하여 집행이사 내지 경리도 대표권을 행사할 수 있다(제13조).[123]

중국 기업법은 집행이사[124]에 관하여 규정하고 있는데, 집행이사라 함은 규모가 작은 유한회사에서 이사회를 구성하지 않고 1인의 집행이사만을 설치하여 이사회의 업무를 수행하는 기관을 말한다. 집행이사는 회사의 경리를 겸임할 수 있다. 또한 집행이사는 1인으로 설

---

123) 李飞·王学政 主编, 전게서, 94~95면.
124) 원어로는 '执行董事'이다. 이하에서는 '집행이사'라고 한다.

치되는 기관이므로 이사장과도 동일한 법적 지위를 갖고, 이사회의 권한을 행사할 수 있을 뿐만 아니라, 경리로서의 권한도 갖기 때문에 회사의 권력이 집중된다. 집행이사의 권한은 회사의 정관에서 정한 규정에 따른다(제51조). 집행이사가 회사의 법정대표권을 갖는지의 여부도 회사의 정관 규정에 따른다(제13조). 다만 집행이사가 회사정관에서 권한 사항에 관한 제한이나 배제에 관한 규정이 있음에도 불구하고 이를 초과하여 행사하였거나 무단으로 행사한 경우, 외부의 선의의 제3자는 이를 알지 못하는 것이 일반적이기 때문에 대외적인 효력에는 영향력이 없다고 보아야 한다.[125]

또한 중국 기업법은 회사의 업무집행을 담당하는 이사회와는 구별되는 기관으로서 경리[126]를 회사의 보조기관으로 규정하고 있다(제50조, 제114조). 다만 주식회사에 있어서는 경리가 필수기관이지만 유한회사의 경우에는 임의기관이라는 면에서 차이가 있다. 중국 기업법에서 규정된 경리는 총경리라고도 불리며, 독특한 지위를 가지고 있다. 중국 기업법상 유한회사는 경리를 설치할 것인가에 관하여 정관을 통해 자율적으로 정할 수 있으나(제50조), 주식회사는 반드시 경리를 두어야 하고 이사회에서 선임 및 해임할 수 있다(제114조). 경리는 이사회의 통제를 받는 업무집행기관이지만, 기업법에서 독자적인 권한을 부여하고 있는 법정기관이기도 하다(제50조, 제114조 2단).

이러한 규정 및 이사회의 수권이나 이사와 경리의 겸직 등과 같은 관행으로 인하여, 경리는 이사회보다 더 강력한 권한을 행사하기도

---

125) 桂敏杰·安建 主編, 전게서, 32~34면.

126) 중국 회사경리제도의 형성과 발전에 대한 자세한 내용은 吳春岐 主編, 전게서, 278~282면; 소상영, 전게논문, 591~616면 참조.

한다.[127) 경리의 권한사항은 중국 기업법 제50조[128) 및 제114조에서 법정하고 있다. 기업법 제114조 8호에서는 법정 권한 사항 이외에도 정관과 이사회의 수권에 의하여 경리의 권한을 확대할 수 있도록 규정하고 있다. 경리의 권한은 회사의 일상적인 경영관리 및 이사회 결의사항의 집행업무로 대별된다(제115조).

〈표 18〉 한·중·베 회사의 대표이사제도

국가명	법정대표	일선경영책임자
한국	대표이사	사장/지배인
중국	이사장	경리
베트남	의장	사장

2) 베트남

베트남의 경우, 이사회 의장은 정관에서 정하는 바에 따라 주주총회 또는 이사회에서 선출한다. 의장은 이사 또는 사장을 겸직할 수 있다. 이사회의 의장은 이사회 프로그램 및 업무계획을 수립하고, 이사회 회안, 요령 및 자료를 준비하여 이사회를 소집하여 주재할 수 있다. 또한 이사회 결의를 채택 및 시행·감독할 의무가 있으며, 주주총회의 의장의 역할을 맡기도 한다. 이사회 의장은 정관에서 정하는

---

127) 법제처, 전게서, 100면.

128) ① 主持公司的生产经营管理工作, 组织实施董事会决议(회사의 생산경영관리업무를 주재하며 이사회 결의를 조직실시), ② 组织实施公司年度经营计划和投资方案(회사의 연도경영계획과 투자 방안을 조직실시), ③ 拟订公司内部管理机构设置方案(회사의 내부관리기구 설치방안을 작성), ④ 拟订公司的基本管理制度(회사의 기본관리제도를 작성), ⑤ 制定公司的具体规(회사의 구체적 규정을 제정), ⑥ 提请聘任或者解聘公司副经理' 财务负责人(회사의 부경리, 재무책임자를 선임 또는 해임할 것을 제출), ⑦ 决定聘任或者解聘除应由董事会决定聘任或者解聘以外的负责管理人员(이사회가 선임 또는 해임하여야 할 인원을 제외한 기타 책임관리인원을 선임 또는 해임), ⑧ 董事会授予的其他职权(이사회가 부여한 기타 직권을 행사).

원칙에 따라 의장 유고 시 의장의 권리와 의무를 대행할 자를 정할 수 있다. 대행자의 정함이 없이 의장이 직무를 수행할 수 없는 때에는 다른 이사들이 다수결로 임시 의장의 권리와 의무를 대행할 자를 선출한다(제111조).

베트남 기업법상 이사회는 사장을 선임하여야 하며, 정관에 이사회 의장이 회사를 대표한다는 정함이 없는 한 사장이 회사를 대표하게 된다. 이때 회사의 법률상 대표자는 베트남 내에 거주하여야 하며, 베트남 내에 30일 이상 부재 시에는 위임인을 지정하여야 한다(제95조). 사장은 이사회의 감독하에 일상적 사업운영을 담당하고, 그 권리와 의무를 수행함에 있어서 이사회에 대하여 책임을 진다. 사장의 임기는 이사와 마찬가지로 5년 이내이며 재선임될 수 있다. 사장의 자격도 이사와 같다. 사장은 다른 회사의 사장을 겸할 수 없으며, 법률, 회사 정관, 회사와의 근로계약 및 이사회의 결정에 따라 회사의 일상적 사업운영을 경영하게 된다. 만약 사장이 회사의 사업운영 결정에 반하는 경영으로 인하여 회사에 손해를 끼친 경우에는 손해배상책임을 진다(제116조).

유한회사의 경우에도 회사의 사장은 회사의 일상경영업무를 수행하며, 사원총회에 대해서 자신의 권한과 의무에 대해서 책임을 진다. 그 권한 및 의무에는 사원총회결정의 집행, 회사의 일상경영업무에 관한 결정, 회사의 경영계획 및 투자전략시행, 회사의 관리방침결정, 관리인의 임면(사원총회에 의하여 임면된 자를 제외), 회사대표로서 계약체결(사원총회의장이 체결하는 경우를 제외), 회사조직의 변경제안, 사원총회에의 연차 재무제표제출, 회사의 이익분배 및 손실분담방식제안, 고용, 기타 정관으로 정한 권리와 의무 등이었다. 또한 회사의 사장·총사장은 회사에 대한 충실의무가 있다. 특히 회사가 부채상환능력이 없는 경우 임금 등 보수인상이 금지된다(제56조). 사장은 민사법상 행위능력자이어야 하며, 법에 의하여 기업경영이 금지된 자가 아니어야 한다. 또한 정관자본 10% 이상을 보유하거나 해당사업경영분야의 전문가이어야 한다. 또한 국가가 정관자본 50% 이상을 보유한 회사의 경우 특수관계인은 사장·총사장이 될 수 없다.

3) 태국

태국의 경우, 민상법상에 수권이사라는 개념이 있는데, 회사의 대표라는 점에서 한국 상법상의 대표이사와 유사한 것처럼 보이지만, 근본적인 차이를 지니고 있다. 태국의 수권이사는 한국 상법상 대표이사와 같은 포괄적인 권한을 가지고 있지 못하고, 단지 그의 서명과 동일한 회사 인이 찍힌 정식 문서만이 회사의 정식문서로 인정받고 있을 뿐이다. 따라서 태국 민상법상 수권이사는 대표이사라고 표현하기보다는 수권이사 내지 서명이사라고 할 수 있을 것이다.[129] 공개주식회사법에서도 회사의 대표기관에 대하여 아무런 규정이 없다. 다만 이사회는 1인 또는 수인의 이사회를 대리하여 일체의 업무집행을 위탁할 수 있다.

---

129) 김원규, 전게논문, 94면.

4) 라오스

라오스의 경우, 이사가 곧 회사의 대표이다. 따라서 이사의 모든 행위는 회사의 정관에 정한 권한과 의무의 범위 내에서 이루어져야 하며 사원총회의 감독하에 있어야 한다. 유한회사가 수인의 이사를 가지게 되면 유한회사를 위하여 제3자와 계약을 체결하는 권한을 부여받은 이사를 "일반이사"라고 하고, 이사회의 의장이 선임되면 그를 "대표이사"라고 한다(제116조).

5) 캄보디아

캄보디아 기업법상 회사 이사회는 이사들 가운데 이사회 의장을 선출하여야 한다. 이사회 의장은 이사의 과반수 결의로 해임될 수 있지만 이사로서의 직무는 유지할 수 있다(제127조). 보통 주식회사의 업무집행은 소유와 경영의 분리의 관점에서 회사의 구성원인 주주나 주주총회와는 별도로 조직된 기관에 의하여 행하여지는 것이 원칙이다. 한국 상법의 경우 주식회사의 업무집행은 원칙적으로 이사회와 대표이사의 2개 기관의 권한에 속한다. 캄보디아의 경우도 회사의 업무집행은 이사회에 맡겨지고 있다는 점에서 한국과 같다고 할 것이다. 다만 캄보디아 기업법에서는 이사회의 감독 아래 업무집행을 실행하는 행위는 이사회에서 선임되는 임원(officers)이 담당한다. 여기서 임원은 반드시 이사이어야 하는 것이 아닌 점에서 우리나라 상법상의 대표이사와 다르다고 할 것이다.

6) 한국 상법과의 비교

한국 상법상 대표이사는 회사의 영업에 관한 재판상 재판 외의 포괄적인 권한을 가지고 있기 때문에 대내적으로는 업무집행권을 가질 뿐만 아니라 대외적으로는 회사를 대표한다(제389조). 메콩경제권 국가들의 기업법상 대표이사에 대한 규정은 한국과 비교할 때 독특한 모습을 보여주고 있다.

베트남의 이사회 의장과 사장과의 관계와 중국의 이사장과 경리와의 관계에 있어서 누가 실질적인 회사권력자인가의 문제, 즉 권한 배분과 관련하여 문제가 될 수 있다. 한국에서 사장이라는 직함은 법률적인 개념이라기보다는 경영조직적 개념에 가깝다. 베트남 기업법상 사장은 기업법상 인정된 기관으로써, 한국법상의 사장의 개념과는 다르고 오히려 지배인으로 대비하는 것이 합리적일 수 있다.[130] 회사정관상 다른 정함이 없는 한 사장이 법률상 회사의 대표가 된다는 규정 및 광범위한 사장의 직무권한에 관한 규정들, 예를 들어, 이사회의 결의사항의 집행, 회사의 경영계획과 투자방안의 실현, 회사의 기구 내지 조직의 배치, 회사의 내부관리규정의 건의, 이사회가 임면하는 이외의 회사직원의 임면 및 그들의 임금 결정 등을 검토해 보면 사장이 회사의 실질 권력을 행사하고 있다고 할 수 있다.

이러한 제도의 배경에는 국유기업을 주식화하는 과정에서 과거 공산당원의 경영개입 등의 관습의 잔재를 일소하지 못한 데 있다고 평가된다. 이는 기업경영의 효율성 측면에서 문제가 있으므로 기업지배

---

130) 정용상, 「한-베트남 주식회사 기관구조에 관한 비교법적 검토」, 16~17면.

구조의 개선적 측면에서 검토의 실익이 있다. 또한 사장에 대한 보상과 감독을 강화하여 내부자지배의 위험을 제거하고, 기업의 경영혁신 및 대외경쟁력을 높이는 등의 의욕을 고취시켜 나감이 필요할 것이다.

중국의 경우 이사장은 한국 상법상 대표이사와 유사하다고 해석할 수 있다. 법률적 지위와 권한도 유사한 면이 많다. 반면 경리는 사장 내지 지배인 정도로 볼 수 있을 것이다. 한국에서는 현실적으로 대표이사와 사장이 보통 동일하며, 중국처럼 이사장과 경리로 구분하는 이원적 구조를 취하고 있지 않다. 다만 한국의 경우에도 대표이사와 사장이 동일인이 아닐 경우 사장은 내부적으로 경영에 대한 책임을 지고, 대표이사는 대외적인 법률책임을 지게 된다고 볼 수 있다. 이사장과 경리에 대한 권한 행사의 미세한 차이점이 있으나 크게는 이사장은 법정대표, 경리는 일선경영책임자로 정리할 수 있을 것이다. 이러한 이원적 구조는 1인자의 횡포를 막는다는 측면에서는 견제장치로서 장점이 있지만 기업경영의 효율이라는 측면에서는 개선할 필요성이 있다.

제4절 감사기관

1. 감사회(감사)의 구성

1) 중국

중국 기업법상 감사회(監査會)는 일반적 감독기능 이외에도 근로자 대표를 참여시킴으로써 근로자의 이익을 반영하는 기능도 가지고 있다.[131] 중국법상 감사회는 회의체로 운영된다. 중국 감사회제도의 입법배경은 서구회사법상의 감사제도와는 근본적인 차이가 있다. 중국은 국가통제가 엄격하게 이루어지는 사회주의 계획경제체제하에 있다. 따라서 중국의 국유기업은 필연적으로 공산당 간부와 근로자 단체의 역할을 강조해 왔으며, 이와 함께 감사의 형태와 기능도 변하였다.[132]

중국 기업법상 원칙적으로 감사회는 반드시 설치하여야 하는 법정기관이다(제52조, 제118조). 다만 소규모 유한회사의 경우에는 예외를 인정하고 있다(제52조). 중국 기업법에서 감사회는 사원(주주) 대표와

---

131) 중국 회사에서 감사회에 근로자 대표를 참석시키는 것은 사회주의 공유제의 경제체제하에서 근로자의 권리를 구현하고 그들의 적극성을 발휘하게 한다는 이유 때문이다. 이것은 독일의 공동결정제도와 유사한 취지가 있으나 입법적 연관성은 없다. 오히려 이사회와 함께 감사기구로 감사회를 설치하는 기관구조는 외견상 일본의 주식회사감사시스템과 유사하다(정용상, 「중국회사법상의 감사제도」, 『상장회사 감사회 회보』 제40호, 한국상장회사협의회, 2003. 4, 2면). 이에 대하여 중국의 국유회사에 독일의 감사회의 경험을 활용하여 법인지배구조 내에서 감사회의 지위를 높이고 그 직권범위를 확대하고 내부통제에 대한 감시를 강화하여 국가이익을 지켜야 한다는 주장을 하면서 중국감사회가 독일의 영향을 받은 것으로 보는 견해도 있다(김정일, 「중국법에 의한 기업지배구조에 관한 연구」, 『한국콘텐츠학회논문지』 제6권 제11호, 한국콘텐츠학회, 2006, 12면).

132) 정용상, 「개정중국회사법상의 감사제도」, 『재산법연구』 제24권 제3호, 한국재산법학회, 2008, 171면.

근로자 대표로 구성되며, 이사회나 경리의 업무를 감독하는 역할을 담당한다. 중국 기업법 규정만을 살펴보면, 주주총회(사원총회)와 이사회 및 감사회가 분권적인 체계를 갖고 있는 것처럼 보이지만, 실질적으로는 지배주주나 이사회 또는 경리가 강력한 지배권을 행사하는 지배구조를 가지고 있다.[133] 따라서 감사회의 권한이 실제로 이사회나 경리처럼 강한 것은 아니다.

중국 기업법상 감사회는 3인 이상으로 구성된다(제52조, 제118조). 소규모 유한회사는 1~2인의 감사만을 두고 감사회를 설치하지 않을 수도 있다(제52조). 감사회는 사원대표 및 적절한 비율의 근로자 대표를 반드시 포함시켜야 하고, 근로자 대표의 비율은 감사회 구성원의 3분의 1에 미달하지 않아야 한다. 이때, 그 구체적인 비율은 적절한 비례에 따라 회사정관으로 정하도록 하고 있다.[134]

감사회는 전체 감사의 과반수로 선출된 주석 1인을 두어야 한다(제53조, 제118조). 주식회사의 경우에는 부주석도 둘 수 있으며 그 선출 방식은 주석과 동일하다. 이사 및 고급관리자는 감사를 겸임하지 못한다(제52조, 제118조). 감사의 임기는 3년으로 하고, 임기가 만료된 후 재선되면 연임할 수 있다(제53조, 제118조). 감사의 임기를 법률에서 고정한 것은 직무수행 시 외부로부터의 간섭을 받지 않도록 하기 위한 것이다.[135] 감사의 임기는 중국 기업법상 3년으로 확정하고 있다. 따라서 이를 정관으로 변경할 수 없다. 그러나 감사의 임기 만료 후, 적시에 새로운 인원을 선임하지 못하거나, 감사가 임기 중에 사직

---

133) 중국 기업법상 감사제도에 대한 자세한 내용은, 吳春岐 主編, 전게서, 275~278면.

134) 桂敏杰·安建 主編, 전게서, 122~125면.

135) 이정표, 전게서, 144면.

하여 감사회 구성원이 법정 최저인원수에 미달하게 된 경우에는 새로운 감사 선임 이전까지 전임 감사가 법률, 행정법규 및 회사정관의 규정에 따라 감사의 직무를 수행하게 된다(제53조, 제118조).

2) 베트남

베트남 기업법상 정관에 다른 정함이 없는 한, 감사회[136]는 3인 이상 5인 이하의 감사로 구성된다. 중국의 경우와 마찬가지로 감사회는 회의체로 운영된다. 감사의 임기는 5년 이하로 하되 재선임될 수 있다. 감사회는 구성원들 가운데 1인을 감사회 의장으로 선출할 수 있으며, 감사회 의장의 권리와 의무는 정관에서 정한다. 감사회 구성원의 과반수 이상은 베트남에 거주하여야 하고, 1인 이상은 회계사이어야 한다. 감사회는 새로운 감사회가 구성되어 업무를 인수할 때까지 업무를 수행한다(제121조).

베트남 기업법상 감사는 21세 이상으로 행위능력자일 것을 요하며, 이사 또는 사장 및 기타 임원의 배우자, 부모, 양부모, 자녀, 양자녀 또는 형제자매가 아니어야 한다. 감사는 회사 경영자가 될 수 없으며, 감사자격에 있어서 반드시 회사의 주주나 근로자일 필요는 없다(제122조). 감사는 법률에 규정된 자격을 충족하지 못하거나 불가항력의 경우를 제외하고, 연속 6개월간 권리와 의무를 행사하지 않거나 사임하는 경우에, 주주총회의 결의로 해임될 수 있다(제127조).

---

136) 원어로는 'Ban kiểm soát'이다. 이하에서는 '감사회'라고 한다.

3) 태국

태국의 경우 회계감사[137])를 두어 회계법에 따라 회사의 감사업무를 하도록 하고 있다. 감사의 선임 및 보수는 해마다 개최되는 정기주주총회에서 결정되며, 전직 감사도 재임명될 수 있다(태국 공개주식회사법 제120조, 태국 민상법 제1209조, 제1210조).[138)]

태국법상 감사는 회계감사를 하는 외부감사인이며 이사회의 구성원이 아니다. 태국의 모든 회사는 그 규모의 대소에 관계없이 외부감사를 받아야 하는데, 이는 내부감사를 예정한 규정이 없기 때문이다.[139)] 원칙적으로는 회사의 주주도 회계감사가 될 수 있지만, 회사의 업무에 있어 이해관계가 있는 자는 감사로서의 자격이 없다. 따라서 회사의 이사, 대리인, 종업원도 그의 사무가 계속 중인 동안에는 회계감사로서 자격이 없다(태국 공개주식회사법 제121조, 태국 민상법 제1208조).

---

137) 원어로는 'ผู้สอบบัญชี(auditor)'이다. 이하에서는 '회계감사'라고 한다.

138) 태국 공개주식회사법상 검사인에 관한 규정을 살펴보면 다음과 같다. 검사인은 일정한 법정사항을 조사하기 위하여 선임되는 회사의 임시기관이다. 발행주식 총수의 5분의 1 이상의 주식을 보유한 주주들 또는 총 주주의 3분의 1 이상의 주주들은 회사의 사업 및 재정 상태를 조사하고 이사회의 운영을 감시하기 위하여 검사인의 임명을 요청하는 신청서를 등기소에 그들의 이름을 기명하여 제출할 수 있다. 신청서에는, 신청자가 검사를 위한 내용 및 대표 주주의 이름을 명확히 적시하고 주소를 기재하여야 한다. 등기소는 검사인을 임명하도록 명령하여야 하며, 명령상 검사내용을 명확히 특정하여야 한다(제128조). 비공개주식회사의 경우에도 회사주식의 5분의 1 이상을 보유한 주주의 청구가 있으면, 관할 장관은 비공개 주식회사의 업무를 조사·보고하기 위하여 1인 이상의 검사인을 선임하여야 한다. 장관은 검사인을 선임하기 전에 청구인에게 검사비용의 납입을 위한 담보를 제공하도록 요청하여야 한다(제1215조). 회사의 이사들, 종업원들, 대리인들은 관련 장부와 서류들을 검사인에게 제공해야 한다. 검사인은 업무에 관하여 회사의 이사, 종업원, 대리인들을 조사할 수 있다(제1216조). 검사인은 관할 장관이 지시한 바에 따라 서면이나 인쇄본으로 보고서를 만들어야 하며, 사본은 장관에 의하여 회사의 등기소 및 청구주주에게 전송되어야 한다(제1217조). 감사비용은 감사가 완료된 후 처음 주주총회에서 회사가 회사자산으로 지불하기를 동의하지 않는 한, 모두 청구인에 의해 지불되어야 한다(제1218조). 관할장관은 스스로의 발의로 회사의 업무에 관하여 정부에 보고하기 위한 검사인을 선임할 수 있다. 이러한 선임은 장관의 재량에 맡긴다(제1220조).

139) 김원규, 전게논문, 91면.

4) 라오스

라오스의 경우도 유한회사는 사원총회를 통해 감사(auditor)[140]를 선출하게 되는데, 감사의 주된 역할은 회계감사이다. 유한회사는 설립된 날로부터 상임직으로서 감사를 둘 수 있다. 공개회사의 지배구조는 앞서 살펴본 유한회사의 내용과 동일하며, 유한회사에 관한 규정을 따른다(제190조). 자산이 50억 킵(Kip)을 초과하는 유한회사의 경우에는 예외적으로 사원총회의 결정에 따라 정기 감사를 위한 감사를 둘 수도 있다(제153조).

감사는 유한회사의 이사, 임원 또는 사용인이 아니어야 하며, 유한회사에서 이익을 얻을 수 있거나 직접적인 이익을 얻을 수 있는 관계에 있는 자여서는 안 된다(제154조). 이런 점에서 사원은 감사가 될 수 없다. 감사는 사원총회에 의해 선임 또는 해임되며, 감사의 자리가 결원이 되는 경우, 이사회나 이사는 임시총회를 소집하여 대체감사를 선출함으로 감사의 원수를 충당해야 한다. 이를 위반한 경우, 3명 이상의 사원은 공동으로 법원에 대하여 대체감사선임을 청구할 수 있다(제155조).

라오스 기업법상 국유회사의 경우에도 기업등기일부터 감사를 두어야 한다. 상임감사를 고용하기 불가능한 소규모 국유회사의 경우에는 1년에 1회 이상 재무상태표와 연차보고서를 주주총회에 제출하기에 앞서 임시로 회계장부를 감독하기 위해 감사를 고용하여야 한다.

---

140) Article 153. (Audit) An audit is A limited company may employ an auditor from the date of its incorporation, or may employ an auditor on a permanent basis, or (may employ an auditor) for periodic auditing as decided by the shareholders' meeting except in the event that the limited company possesses assets in excess of fifty billion Kip. 라오스 원문에서는 감사라는 용어가 단수인지 복수인지는 명확하지 않다.

그 밖에도 국유회사의 경우, 유한회사의 감사와 관련한 원칙을 엄격하게 준용하도록 기업법상 정하고 있다(제216조).[141]

5) 캄보디아

캄보디아의 경우, 회사의 주주는 첫 정기 주주총회와 그 이후 연례 정기주주총회에 보통결의로서 감사를 임명하여야 한다. 감사의 임기는 다른 정기주주총회의 폐회 시까지이다. 후임 감사가 임명되지 않는 경우에는 임명될 때까지 그 직무를 계속하여야 한다(제229조). 감사의 보수는 주주총회의 보통결의 또는 이사회에서 결정할 수 있다(제231조).

회사가 감사를 두고 있지 않다면 법원은 주주 또는 이사들의 신청으로 감사가 주주에 의해 임명될 때까지 감사를 임명하고 그의 보수를 정할 수 있다(제233조). 다만 비공개회사의 이사들은 감사를 임명하지 않는 결의를 채택할 수 있다(제230조). 주주는 임시주주총회의 보통결의 또는 법원의 명령에 의하여 임명된 경우를 제외하고 감사를 해임할 수 있으며 임시주주총회에서 대체감사를 임명할 수 있다. 대체감사는 전임자의 잔여임기 동안 직무를 한다(제232조).

---

141) 라오스 기업법에는 특별검사제도를 두고 있다. 재무부장관, 지방관리자 내지 시장의 승인 또는 주주총회의 결의나 관련 기관의 요청에 의하여 국유회사는 특별검사를 둘 수 있다. 결의나 요청에 따라 재무부장관, 지방관리자나 시장은 30일 이내에 검사인이나 검사위원회를 선임하여야 한다(제217조). 검사인은 국유회사에 검사를 위한 서류를 요청하고, 관련 국유회사의 이사, 임원 또는 사용인을 심문한다. 또한 검사를 요청한 주주와 재무부장관, 지방관리자나 시장에게 검사보고서를 제출한다(제218조).

6) 한국 상법과의 비교

한국 상법상 감사는 주주총회에서 선임하며 그 자격에는 제한이 없으나(제409조 제1항), 상장법인의 상근감사에 대해서는 상장법인의 사외이사와 같은 특별한 자격제한이 있으며(제542조의10 제2항), 업무와 회계에 대한 감사를 수행한다. 또한 소규모 회사는 감사를 두지 않을 수 있다(제409조 제4항).

한국의 경우 상법상 감사제도를 규정하고 미국식의 감사위원회제도를 도입하여 감사제도와 감사위원회 중에 한 가지를 선택하도록 하고 있다. 또한 앞서 살펴본 태국, 캄보디아, 라오스와 달리 베트남과 중국은 감사회의 역할을 업무감사 및 회계감사로 보고 있다는 점에서 한국의 감사의 권한과 유사하다고 할 수 있다.[142]

메콩경제권 국가들의 기업법상 감사와 관련하여, 태국과 라오스 기업법이 회계전문가 1명을 필수적으로 선임하도록 함으로써 전문성을 도모하고 있다는 점은 진일보한 법제라고 평가할 수 있다. 그러나 감사제도의 실효성을 확보하기 위한 감사의 구체적인 권한확장이 명문화되지 않으며, 감사의 임면 절차상 중립적인 감사의 임명을 위한 절차상의 배려 등이 법문상 드러나 있지 않는 등 회사경영의 투명성을 확보하고 지배주주의 전횡을 막기 위한 제도적 장치가 미흡한 편이다.

한국 상법은 회사경영에 있어 실질적 견제와 균형을 이루고 기업경영의 투명성확보 및 지배주주의 전횡을 막기 위한 제도적 장치로

---

142) 감사기관의 위상 제고방안에 관한 자세한 내용은 최완진, 전게서, 76~77면.

서 감사위원회제도를 두고 있는데 메콩경제권 국가들에도 참고가 될 것이다.[143] 감사위원회제도는 1999년 개정상법에서 영미법상 제도를 도입한 것이다. 이사회 내의 감사위원회가 과거 감사제도를 대체하도록 하여 주식회사의 기관구조에 관한 획기적인 개정이라고 평가받고 있다.[144] 메콩경제권 국가들 특히 베트남, 라오스 등 체제전환 국가들이 국유기업을 회사화하면서 주식회사제도가 실질적 기능을 할 수 있도록 하기 위해서는 감사위원회제도와 같은 개혁적인 입법도입을 적극적으로 검토할 필요가 있다. 다만 단기적으로는 해당 국가의 현실을 고려하지 않을 수는 없을 것이다.

2. 감사회(감사)의 권한 및 의무

1) 중국

중국의 경우, 기업법상 감사의 권한은 크게 회사에 대한 회계감사권과 이사, 경리, 고급관리자 등에 대한 직무감독 내지 업무감독권이 있다. 구 기업법 제54조에서는 회사재무의 직무감사, 이사 및 경리의 직무 위반행위 감사권, 이사와 경리의 직무행위가 회사에 손실을 입힐 경우의 수정요구, 임시 주주총회(사원총회)의 소집제의, 회사 정관이 정한 기타 직무권한 등이 있었다.[145]

---

143) 정용상, 「베트남법상 주식회사의 운영기구에 관한 법적 검토」, 193면.
144) 이균성·홍승인·김동훈, 『기업법강의』, 인텔에듀케이션, 2004, 539면.
145) 桂敏杰·安建 主編, 전게서, 128~131면.

개정 기업법은 구 기업법보다 감사의 권한 범위가 확대되었다. 개정 기업법상 보완된 것으로는 후임감사를 선임할 때까지 전임 감사의 권한 유지(제53조 2단), 이사나 고급 관리자에 대한 파면건의권(제54조 제2항, 제119조), 주주총회(사원총회)의 소집과 주최권(제54조 제4항, 제119조), 주주총회(사원총회)에 대한 의안제출권 등이 있다(제54조 제5항, 제119조). 감사회나 감사가 회사 경영 상태에 대한 직무감사권을 실시하거나, 회사사무소 초빙권이나 이사나 고급관리자에 대한 회사업무 수행 중의 법률위반행위를 적발한 경우의 소송대행청구권 등도 신설되었다(제152조).[146] 이외에도 구 기업법에서 감사는 이사회 회의에 참석할 수는 있었지만, 질문권이나 건의권에 관한 명시적인 규정이 없었기 때문에 해석으로 이것을 인정하였다. 그러나 개정 기업법에서는 명시적으로 이에 대한 규정을 두었다.

중국 기업법은 다른 메콩경제권 국가들에 비하여 감사회의 권한이 강화되어 있다. 이사와 경리에 대한 회계감사권뿐만 아니라 업무감사권도 가지고 있으면서, 이사나 고급관리자가 회사에 손해를 끼친 경우에 그들에 대한 파면건의 및 소제기권을 부여하고 있다. 회사 정관에서 정하는 직권을 행사할 수 있도록 함으로써 정관규정에 따라서 상당한 권한을 행사할 수 있는 여지가 있다. 중국 기업법은 감사회의 권한과 함께 그 책임과 의무에 대하여도 구체적으로 규정하고 있다. 감사회나 감사는 충실의무와 근면의무(제21조 1단, 148조), 손해배상책임(제21조 2단), 비밀유지의무(제21조 1단, 제148조), 손해배상책임(제149조) 등을 부담한다.[147] 감사회가 권한을 행사하는 데 필요한 비

---

146) 李飞・王学政 主编, 전게서, 248~251면.
147) 李飞・王学政 主编, 전게서, 154~155면.

용은 회사가 부담한다(제119조 2단).

한국 상법상 감사는 이사와 달리 업무집행에 직접 관여하지 않으므로 회사와 감사 사이에 이해관계의 대립이 발생하는 일이 없으므로 경업금지나 자기거래금지 등의 충실의무는 부담하지 않지만, 중국 법상 감사는 이사와 고급관리자와 마찬가지로 충실의무와 근면의무를 부과하고 있는데 앞서 언급한 감사의 권한확장에 따른 권한 남용의 위험을 대비하기 위한 의무강화책으로 볼 수 있을 것이다.

2) 베트남

베트남 기업법상 감사회는 이사회, 이사 또는 이사장의 회사운영을 감사하고 주주총회에 대하여 책임을 진다. 또한 감사회는 사업 경영 및 운영, 회계장부 및 재무제표의 합리성, 적합성, 신뢰성 및 성실성을 점검하며, 사업운영, 연간 및 반기 재무보고서 및 이사회 성과평가에 관한 보고서를 평가하고 주주총회에 제출하여야한다. 필요한 경우에는 주주총회 결의에 따라 또는 발행주식 총수의 100분의 65 이상(구체적 비율은 정관으로 정함)을 보유한 주주의 요청이 있는 경우 회사의 회계장부 및 기타문서 또는 회사의 경영 및 운영에 관련된 사항을 점검 및 검토한다. 감사회는 그 요청을 받은 때로부터 7일 이내에 조사를 수행하여야 하며, 조사 종료일로부터 15일 이내에 조사한 쟁점에 관하여 이사회 및 요청한 주주에게 보고하여야 한다. 감사회의 조사는 이사회의 통상적 운영 및 회사의 정상적 사업운영을 방해하지 않는 방법으로 수행하여야 한다.

베트남 기업법상 감사회는 이사회 또는 주주총회에 회사의 조직관리구조 조정 및 개선에 관한 조치를 권고할 수 있으며, 경영자의 의무 위반을 통보하고 그 위반을 한 경영자에게 위반을 중지하고 손실을 배상할 것을 청구할 수 있다. 감사회는 의무 수행 시 자문용역을 이용할 수 있으며, 주주총회에 보고서 또는 권고를 제출하기 전에 이사회의 의견을 요구할 수 있다(제123조). 감사는 회사의 경영활동에 대한 정보와 자료를 적기에 충분히 제공받을 수 있다(제124조). 정관에 다른 정함이 없는 한, 감사의 보수와 기타 복지는 정기주주총회의 결의에 따라 지급된다(제125조). 감사는 권리와 의무를 수행할 때 법률, 정관, 주주총회의 결의 및 전문적 윤리를 준수할 의무가 있으며 회사와 주주의 적법한 이익을 극대화하기 위하여 선량한 관리자의 주의로 권리행사 및 의무를 이행할 책임이 있다. 또한 회사의 이익을 위한 충실의무를 진다. 구체적으로 자기 또는 타인의 이익을 위하여 회사의 정보, 노하우, 사업기회를 활용하지 않을 의무, 회사의 직위, 권한 및 재산을 남용하지 않을 의무 등이 있다. 감사는 의무 위반으로 인해 발생한 회사 또는 제3자의 손해에 대하여 단독 또는 공동으로 책임을 져야 한다. 감사가 직무의 위반으로부터 직·간접적으로 얻은 소득 또는 이익은 회사로 귀속된다.

　이사회는 감사의 직무위반을 서면으로 감사회에 통보하고 그 자의 직무정지 및 손해배상을 요구할 수 있다(제126조). 감사가 직무를 위반하여 회사에 중대한 손해를 끼친 경우, 이사회는 주주를 소집하여 기존 감사를 해임하고 새로운 감사를 선출한다(제127조).

3) 태국

태국 공개주식회사법상 감사는 회사의 업무기간 동안 회사 자산뿐만 아니라 회계장부, 문서 기타 수입과 지출과 관련된 증거자료를 조사할 권한을 가진다. 이와 관련하여 감사는 이사, 임원, 종업원 및 회사에 직위를 보유한 자와 회사의 대리를 심문할 수 있으며, 그들에게 회사 운영에 관한 자료를 제출하도록 요구할 권한이 있다(태국 공개주식회사법 제122조). 감사는 회계에 관한 법률을 따라 관련 내용을 정기주주총회에 보고해야 한다(제123조). 회사의 재무상태표, 포괄손익계산서, 감사보고서는 태국어로 작성되어야 한다(제124조). 감사는 주주총회에 서면설명서를 교부하여야 하며, 주주에게 설명하기 위하여 재무상태표, 손익계산서 및 회사의 회계의 승인을 위하여 주주총회에 참석할 의무가 있다.

태국공개주식회사는 해당 주주총회에서 주주들에 의해 받을 수 있는 보고서 및 문서를 감사에게 이용가능하게 하여야 한다(제125조). 주주들은 회사업무기간 동안에는 언제든지 재무상태표, 손익계산서, 감사보고서에 대한 검사요구권을 가진다. 주주들은 회사에 정확성이 증명된 이러한 문서들의 사본을 요청할 수 있다(제126조). 회사는 연간보고서를 주주총회에서 조사·승인한 재무상태표 및 손익계산서, 재무상태표, 주주총회 의사록의 사본과 함께 등기하여야 하며, 주주총회 승인의 날로부터 1개월 이내에 1일 이상의 기간 동안 신문에 정보공개를 위하여 재무상태표를 공표하여야 한다(제127조).

비공개주식회사의 경우 회계감사의 선출이 규정된 절차대로 이루어지지 않은 경우, 법원은 5명 이상의 주주의 청구에 따라 회계감사를 선임하고 보수를 정한다(태국 민상법 제1212조). 모든 회계감사는 언제나 회사의 장부와 서류에 대한 접근권을 가지며, 이러한 장부와 서류에 관하여 이사나 기타 대리인 또는 회사의 종업원을 조사할 수 있다(제1213조). 회계감사는 재무상태표와 계정에 관하여 정기총회에 보고할 보고서를 만들어야 한다(제1214조).

4) 라오스

라오스 기업법상 감사는 보수를 받을 권리가 있으며, 필요하다고 인정된 때에는 언제든지 회사의 회계에 관하여 감사를 시행할 수 있다. 감사는 회사의 이사, 임원 또는 사용인에게 감사와 관련된 사항에 대하여 조사할 수 있다. 또한 감사는 회사의 회계시스템과 회계장부의 적합성 또는 부정확성을 보고하고 보증하는 것을 포함하여, 주주총회(사원총회)에 제출하기 위한 회사의 수입, 지출, 재무상태표에 관한 보고서를 준비하여야 한다.[148]

5) 캄보디아

캄보디아에서 회사의 감사는 법에 의해 요구되는 재무제표에 대하여 주주에게 보고하는 데 필요하다고 판단되는 조사를 수행하여야 한다. 감사의 요구가 있을 때에는, 회사의 전·현직 이사, 임원, 직원

---

148) 김동훈·이준표, 「라오스 기업법에 관한 고찰」, 40면.

또는 대리인은 감사가 자신의 업무를 수행하기에 필요하다고 여기는 장부와 대장을 열람할 수 있게 하고 해당 정보나 설명을 제공하여야 한다. 또한 감사는 모든 주주총회에 대한 통지를 받을 자격이 있고, 회사의 비용으로 주주총회에 참석하여 감사로서 관계된 사안을 경청할 자격이 있다. 의결권의 보유 여부와 상관없이 어떤 주주가 주주총회 전 10일 내에 감사에게 서면통지를 보낸다면 감사는 회사의 경비로 총회에 참석하여 감사로서의 자신의 의무와 관계되는 질문에 응답할 의무가 있다(제234조).[149]

6) 미얀마

미얀마 기업법 제145조에서는 감사의 권한과 의무에 대하여 규정하고 있다. 미얀마 기업법상 감사의 권한은 크게 회계장부조사권과 총회출석 발언권이 있다. 모든 감사는 언제든지 회사의 장부 및 회계 관련 서류를 조사할 권리를 가지며, 필요에 따라 감사로서의 의무이행을 위하여 회사의 임원에게 정보 및 설명을 요구할 권리를 가진다. 또한 감사는 주주총회 소집통지를 받고 참석할 수 있을 뿐 아니라, 감사와 관련된 사항에 대하여 총회에서 진술할 수도 있다. 감사의 의무는 법률과 정관에 의하여 규정되는데, 감사는 그의 재임기간 동안에 재무제표를 심사하여 사원에게 보고서를 제출하여야 한다. 보고서 제출에 흠결이 있는 경우에는 처벌을 받게 된다.

---

149) 김봉철·이준표, 「캄보디아 기업법상 회사지배구조의 특징」, 129면.

7) 한국 상법과의 비교

한국 상법은 2011년 개정을 통하여 감사의 이사회소집청구권을 인정하였다.[150] 나아가 감사의 청구가 있음에도 불구하고 이사가 지체 없이 이사회를 소집하지 아니하게 되면 그 청구한 감사가 이사회를 소집할 수 있도록 하였다. 개정 전에는 이사회가 이사회 결의로 소집할 이사를 정한 경우가 아닌 한, 원칙적으로 각 이사가 소집하고(제390조 제1항), 감사는 그 이사회에 출석하여 의견을 진술할 수 있을 뿐, 이를 위한 이사회소집청구권은 없었다.

메콩경제권 국가들의 기업법은 감사에 관하여 다양한 규정을 마련하고 있다. 중국 기업법이 감사에게 임시주주총회(사원총회)의 소집 제의를 인정하고 있으며, 캄보디아 기업법은 주주총회에 참석하여 관련 사항을 경청할 자격을 규정하고 있을 뿐 감사의 이사회소집청구권은 물론 주주총회소집청구권도 규정하고 있지 않다. 감사가 이사의 부정 또는 위법행위에 대한 시정 권고 또는 유지청구를 하였음에도 시정이 되지 않는 경우에 이를 이사회에 적시 보고하게 하기 위하여 이사회소집청구권을 부여할 필요가 있으며, 감사가 그 직무의 수행과 관련하여 이사의 불법행위 등의 사례가 발생되면 이사회를 먼저 소집하여 이에 대한 보고를 해야 하고, 그 단계에서도 해결되지 않으면 임시주주총회의 소집을 청구하는 것이 업무실행 절차상 타당하다고 할 것이다.

---

150) 최완진, 전게서, 82~83면.

제5절 기업지배구조 관련 규정상 과제와 제안

지금까지 메콩경제권 국가들의 기업법상 기업지배구조의 주요내용과 그 특징을 의사결정기관, 업무집행기관, 감사기관을 중심으로 한국 상법의 내용과 비교하여 살펴보았다.

첫째, 메콩경제권 국가들에 있어서 명문상 주주제안권을 인정한 것은 과거에 비해 선진적 입법태도라고 평가할 수 있다. 주주제안권은 이사회의 경영정책에 관한 의사결정의 주도권을 독점함으로 인해 생기는 폐해를 줄일 수 있고, 경영에서 소외된 일반주주들에게 회사의 의사결정을 주도할 수 있는 기회를 줄 수 있기 때문이다. 또한 각국 기업법상 통지에 기재되지 않은 사항은 결의할 수 없는데, 이는 회사 내의 소수 대주주들의 횡포를 막을 수 있는 제도적 장치라는 점에서 의의가 있다. 이는 대주주들이 회의사항을 임의로 변경하여 자신의 이익을 꾀하거나 회사를 통제하는 수단으로 삼는 것을 방지하기 위한 조치이다.

둘째, 메콩경제권 국가들의 기업법상 기업지배구조와 관련하여, 소수주주권의 행사요건인 지주비율은 한국에 비해 전반적으로 높은 편이다. 현실적으로 당장은 어려울 수 있으나, 장기적으로는 소수주주를 보호하고 경영에 대한 감시를 강화하기 위하여 소수주주권의 요건을 완화하여 그 행사를 용이하게 하는 것을 검토해 볼 수 있다.

셋째, 메콩경제권 국가들의 기업법에 있어서 전자투표제도의 도입은 주주의결권의 원활한 행사에 있어서 많은 도움이 될 것이다. 이는 기업의 자금조달에도 많은 기여를 할 것이며 결과적으로 기업지배구조를 개선시켜 건전하고 투명한 기업경영에 도움을 줄 것이다. 그러나 현실적으로 전자투표제의 활용을 위한 여러 가지 환경이 조성되지 못하면, 이 제도의 활용도는 크게 떨어질 수밖에 없다.

넷째, 메콩경제권 국가들 가운데 집중투표제도를 인정하는 국가는 태국, 중국, 라오스, 베트남이다. 집중투표제는 이사나 감사 선임 시 대주주에 의해 독점 선임되는 것을 견제하여 소액주주의 이익을 보호한다는 점에서 의의가 있다. 회사의 의사결정에 있어 다수자의 지배가 고착화되는 현상을 막고, 소수자주주도 자기 측의 사람을 이사로 세워 다수자주주에 의해 선임된 이사들을 견제할 수 있다는 점에서 도입하여 활성화하는 것을 검토해 볼 필요가 있다. 다만 이른바 체제전환국의 현실에서 집중투표제도가 악용되지 않도록 하는 보완이 있어야 한다.

다섯째, 이사회의 기능을 정상화시키고 경영자 감시라는 이사회의 가장 기본적인 기능을 회복시키기 위하여 이사회의 독립성이 필요한데, 이를 위한 제도가 사외이사 제도라고 할 수 있다. 사외이사는 독립성을 통해 경영진에 대한 감독뿐만 아니라 전문성을 바탕으로 한 자문을 통해 이사회 기능을 활성화시킬 수 있으며, 주주의 가치를 보호하고 향상시킬 수 있다. 메콩경제권 국가들의 기업법상 사외이사제도는 중국과 태국만이 명문으로 규정하고 있다. 중국 등 이 제도를 도입한 국가들은 사외이사의 독립성을 확보해 가는 면에서 계속 보완해 나가야 할 것이다. 아직 이 제도를 도입하지 않은 국가들도 현실적인 문제와 조화를 이루면서 장기적으로 사외이사제도의 도입을 긍정적으로 생각할 필요가 있다. 독립성이 담보되지 않는 한, 감독기능의 충분한 실효성을 거둘 수 없을 것이다.

여섯째, 대표소송에 관한 규정을 두고 있는 것은 투자자 보호라는 측면에서 볼 때는 선진적인 입법이라고 평가되지만, 캄보디아의 경우 구체적인 요건들이 적시되지 않고 있으며, 태국의 경우 대표소송의 비용을 회사가 부담하는 규정이 없고 실제 소송도 거의 없는 실정이다. 주주대표소송은 소수주주의 이사 및 감사 등의 책임을 추궁하기 위한 제도로서 주주총회에 의한 경영통제 및 소수주주 보호라는 측면에서 적극적으로 도입 내지 개선해야 할 제도라고 생각한다.

일곱째, 메콩경제권 국가들의 기업법상 감사와 관련하여 회계전문가 1명을 필수적으로 선임하도록 함으로써 전문성을 도모하고 있다는 점도 진일보한 법제라고 평가할 수 있다. 그러나 감사제도의 실효성을 확보하기 위한 감사의 구체적 권한확장이 명문화되지 않으며, 감사의 임면 절차상 중립적인 감사의 임명을 위한 절차상의 배려 등이 법문상 드러나 있지 않는 등 회사경영의 투명성을 확보하고 지배주주의 전횡을 막기 위한 제도적 장치가 미흡한 편이다. 한국 상법은 회사경영에 있어 실질적 견제와 균형을 이루고 기업경영의 투명성 확보 및 지배주주의 전횡을 막기 위한 제도적 장치로서 감사위원회 제도를 두고 있는데 메콩경제권 국가들에도 참고가 될 것이다.

메콩경제권 국가들의 기업법상 지배구조에 관한 입법의 특징과 제도운영의 설계가 통일성을 갖고 있는 것은 아니나, 경제발전에 따른 기업환경의 변화와 입법의 수요에 맞추어 선진입법이나 제도를 벤치마킹하여 각국의 특성에 맞는 지배구조개혁을 시도하고 있는 현상은 바람직하며, 운영상 미진한 부분의 개선을 위해 선진입법례를 참고하여 글로벌표준의 기업지배구조화를 위한 계속적인 입법 작업이 필요하다고 본다.

제5장 회사의 자금조달제도

제1절 기업법과 회사자본제도

1. 메콩경제권 국가의 자본제도

자본은 회사가 성립되고 운영되는 데 있어서 물질적 기초가 되므로 회사제도에 있어서 매우 중요한 의의가 있다.[1] 각 국가는 서로 다른 법률적 전통이나 현실적 수요 등을 고려하여 회사자본제도를 채택하고 있는데, 회사자본제도에는 대표적으로 법정자본제, 수권자본제, 절충자본제가 있다.[2]

법정자본제는 대륙법계 국가의 입법례로, 회사 설립 시에 회사정관에서 회사의 자본총액을 확정하여 두고, 출자자인 주주나 사원이 그 총액을 일회에 인수납입할 것을 조건으로 하여 회사 설립을 인정하는 자본제도이다. 법정자본제도는 최저 등록자본금제도를 기초로 하여 정관에서 확정된 자본총액의 일괄인수 및 납입완료로써 실현된다. 이를 확정자본제 내지 총액인수제라고도 한다.[3] 법정자본제는 회사자본의 확정과 안정에 유리하고 회사 설립 중의 사기행위를 방지하는 데 유리하며, 회사로 하여금 성립할 때부터 충분한 자산으로 채무이행을 담보하여 거래 안전을 높일 수 있다. 그러나 법정자본제는

---

1) 한국 상법상 주식회사의 자본은 원칙적으로 '발행주식의 액면총액'으로 정의되고 있다(제451조). 주식회사의 자본은 회사에 대하여는 성립의 기초가 되고, 주주에 대하여는 출자액 및 책임의 한계를 의미하며, 회사 채권자에 대하여는 회사 신용 및 담보의 기능을 한다(이철송, 전게서, 175~178면; 정찬형, 『상법강의(상)』, 582~583면).

2) 회사자본제도에 관한 자세한 내용은 송종준, 「주식회사 법정자본제도의 국제적 개혁동향과 입법 과제—주주와 채권자의 이해 조정을 중심으로」, 『경영법률』, 한국경영법률학회, 2008, 171~204면 참조.

3) 정찬형, 전게서, 584면.

회사 설립에 대한 자본요구가 너무 높아 그 설립을 어렵게 하였고 설립원가도 높였으며 자본발행 후의 제한과 낭비를 초래하기 쉽다. 복잡한 증자 절차도 회사에 큰 불편을 가져다주어 회사의 원활한 경영의 수요에 적응하지 못한다는 단점이 있다.

수권자본제는 영미법계에서 회사 설립 시 면허주의가 취해지던 시대에 생겨난 것으로, 회사가 국가로부터 정관에 기재된 주식의 발행권능을 부여받은 주식자본을 의미했었다. 준칙주의가 확립된 이후에도 영미법계 국가에서는 국가가 회사에 대하여 특정한 권능을 부여한다는 수권적 사상이 깔려 있기 때문에 회사가 발행할 수 있는 정관에 기재된 주식자본은 전통적으로 수권자본의 용어를 사용하고 있다. 이 제도하에서는 수권자본 총액에 대하여 인수할 필요가 없고 수시로 이사회에서 신주를 발행할 수 있으므로 회사 설립이 쉽고 자금조달의 기동성과 편의성이 확보된다는 장점은 있으나, 반면에 회사의 재산적 기초가 위태롭게 되기 쉽고 따라서 채권자의 보호도 소홀해진다는 단점이 있다.

절충자본제란 법정자본제와 수권자본제의 장점을 결합하여 형성된 회사자본제도이다. 절충자본제에는 법정자본제를 근간으로 하여 수권자본제를 가미한 허가자본제와 수권자본제를 근간으로 하여 법정자본제를 가미한 절충수권자본제의 두 가지 유형이 있다.[4]

중국 기업법은 비교적 완화된 법정자본제를 실행하고 있다.[5] 중국

---

4) 법제처, 전게서, 148면; 徐永前, 『新公司法』, 企業管理出版社, 2006, 63면.

5) 1993년 중국 기업법 제정 당시에는 매우 엄격한 법정자본제를 채택하였다. 이는 국유기업이 유한회사나 주식회사로 전환하게 되면서 이 회사들을 정책적으로 관리할 필요가 있었고 국유주를 보유한 국가나 국가의 수권을 받은 이사회 또는 이사장이 많은 재량권을 보유하고 있었기 때문에 이들의 자본유용을 통제할

기업법상 등록자본금이란 회사등록기관에 등기하고 전체 주주가 이를 납입하겠다고 약정한 출자금액이다. 회사의 전체주주가 최초로 출자하는 금액은 등록자본금의 20%에 미달하거나 법정 등록자본금 최저액에 미달해서는 안 되고, 그 나머지 부분은 주주가 회사 설립일로부터 2년 이내에 납입하여야 한다. 다만 지주회사의 경우 5년 이내에 납입할 수 있도록 하고 있다(제26조).[6)]

주식회사가 발기설립 방식을 채택하는 경우 등록자본금은 회사등기기관에 등기된 전체 발기인이 인수하는 주식자본의 총액이다. 회사 전체 발기인의 최초 출자액은 등록자본금의 20%에 미달해서는 안 되며, 그 나머지 부분은 발기인이 회사 설립일로부터 2년 내에 완납해야 한다. 그중 지주회사는 5년 내에 납입할 수 있으며, 납입이 완료될 때까지, 타인에게 주식을 모집할 수 없다(제81조 제1항).

주식회사가 모집설립 방식을 채택하는 경우 등록자본금은 회사등기기관에 등기한 실제 주식자본 총액이다. 주식회사 등록자본금의 최저 한도액은 500만 위안이다. 법률·행정법규에 주식회사의 등록자본금 최저 한도액에 관해 별도의 규정을 둔 경우 그 규정에 따른다(제81조 제2항).[7)] 즉 일차적인 발행에 대하여 분할 납부를 허용하고 있으며, 모집설립의 주식회사에 대하여는 발기설립과 비교하여 그 사회영향이 큰 것에 대비해 자본충족을 담보하는 엄격한 법정자본제를 취하고 있다.

필요성이 있을 뿐만 아니라 법치환경이나 시장여건이 아직 미숙하였기 때문이었다(이정표, 전게서, 206면).

6) 桂敏杰·安建 主編, 전게서, 70~72면.

7) 桂敏杰·安建 主編, 전게서, 196~199면.

태국은 자금제도와 관련하여 원칙적으로는 법정자본제를 채택하고 있으면서도 부분적으로는 영미법계의 수권자본제의 요소를 흡수하여 절충자본제의 모습을 취하고 있다. 태국 민상법상 비공개주식회사는 회사 설립 시 등록할 자본금을 정관에 명확히 확정하고 회사등기 전에 그 전부를 주주가 인수하도록 하고 있다(태국 민상법 제1104조). 다만 인수금액의 납입 방식에 있어서는 분할납입주의를 취하여 발기인과 인수인이 인수금액의 4분의 1 이상의 금액만 먼저 납입하면 되도록 규정하고 있다(제1110조). 회사성립 후에 자금조달이 필요한 경우 이사회의 결의를 거쳐 주주에게 미납인수액 부분에 한하여 납입을 요구할 수 있는데(제1120조), 이때 21일 이상의 유예기간을 주어야 한다(제1121조). 회사 설립 당시에 정관에 정한 등록자본금이 전부 납입된 후, 추가로 자금이 필요한 때에는 주주총회의 특별결의로써 등록자본금을 증가하여 자금을 조달할 수 있다.

베트남의 경우 1999년 제정된 기업법부터 수권자본제도를 도입하였다. 정관에서 주주총회의 결의로 회사가 발행할 주식의 총수와 회사 설립 시 발행하는 주식의 총수를 기재하여야 하고(제22조 제5항, 제96조 제2항), 이사회의 결의로 발행할 주식의 총수 범위 내에서 신주를 발행할 수 있도록 하였다(제78조 제1항).

라오스는 자금제도와 관련하여 법정자본제를 취하고 있다. 회사는 설립계약통지서에 지분을 확정하고 회사의 총 지분을 인수할 자를 찾아야 한다. 단 유한회사의 지분인수는 공모를 통해 이루어져서는 안 된다. 이사는 회사의 발기인과 인수인으로부터 지분 전부의 납입을 요청한다. 이사는 지분의 총 납입이 있는 날로부터 30일 이내에 기업등기를 하여야 한다(제86조). 라오스 기업법은 기업등기 전후의 지분납입에 대한 규정을 두고 있는데, 기업등기 전의 지분 납입이란 회사가 등기 전에 발기인과 인수인으로부터 지분 전부의 납입을 요청함으로써 이루어지는 지분 납입을 말한다. 지분을 납입하는 경우, 인수인은 지분이 현물인 때에는 그 전부를, 금전인 때에는 인수된 지분 가격의 70% 이상을 납입해야 한다. 회사의 이사는 기업등기 이후에 언제든지 보유액의 납입을 요청할 수 있지만, 회사의 정관에 다른 정함이 있으면 그러하지 아니하다. 기업등기 후에 지분납입을 요청함에 있어서, 회사의 이사는 각 지분자에게 납입액과 기한을 적시한 서면통지를 30일 전에 예고하고 지분보유량에 따라 지분납입을 요청해야 한다. 이는 금전으로 납입되어야 하며, 회사에 있는 채무와 상계되는 것은 금지된다. 다만 주주총회 내지 사원총회의 특별결의가 통과된 경우에는 그러하지 아니하다(제97조).

유한회사의 각 지분은 2,000킵(Kip) 미만의 액면가로 발행되어서는 안 된다. 반면 주식회사의 주식은 10만 킵(Kip)을 초과해서는 안 된다(제94조). 주식회사의 주주는 회사 설립일에 현물이나 금전으로 주식 전부를 납입해야 하며, 일단 등기가 완료되면, 주주는 법원에 자기 지분의 상환명령을 청구할 수 없다(제183조).

2. 한국의 자본제도와의 비교

한국의 경우 절충수권자본제를 채택하고 있다.[8] 회사 설립 시에 정관에는 자본을 표시하지 않고 단지 자본과 관계되는 사항으로써 회사가 발행할 주식의 총수, 즉 발행예정주식 총수, 액면주식을 발행하는 경우 1주의 금액, 회사의 설립 시에 발행하는 주식의 총수만을 기재한다. 2011년 개정상법에서는 회사의 설립 시에 발행하는 주식의 총수가 발행예정주식 총수의 4분의 1 이상이어야 한다는 규정을 삭제하였다(제289조). 한국의 경우 불특정 다수인을 상대로 하는 원활한 자금조달을 위하여, 증권의 발행에 의한 자본조달 방법으로 자기자본의 조달방법에 해당하는 신주발행과 타인자본의 조달방법에 해당하는 사채발행이 인정되고 있다.[9]

메콩경제권 국가들의 기업법상 법정자본제를 도입하고 있는 경우에는 신주를 발행함으로써 필연적으로 자본이 증가되며 따라서 정관을 변경해야 하고 등기기관에 변경등기를 하여야 한다. 즉 신주를 발행하려면 주주총회의 특별결의를 거쳐야 한다. 특히 중국의 경우는 결의 후에도 허가를 받아야 하는 번거로운 절차를 거치게 된다. 반면 한국 상법은 수권자본의 범위 내에서 신주를 발행하여 자본을 증가시키기 위하여 이사회의 결의만으로 충분하다. 이처럼 신주를 발행하

---

8) 정찬형, 전게서, 585면.

9) 타인자본은 일정한 이자를 지급하여야 하며, 약정한 기한이 도래되면 변제를 하여야 되므로 타인자본의 비율이 너무 클 때에는 기업의 재무구조가 취약하게 된다. 반면에 신주의 발행에 의하여 조달한 자기자본은 회사가 특별한 사정에 의하여 주식을 소각하지 않는 한 반환에 대한 부담이 없고 이익배당의 비율도 배당가능한 이익의 다소에 따라 좌우되며 이익이 전혀 없거나 결손이 생긴 때에는 배당을 하지 않아도 된다는 이점이 있다(최기원, 『상법학신론(상)』, 박영사, 2009, 1016면).

는 절차와 요건이 간단하기 때문에 신주발행을 통한 효율적인 자금조달을 기대할 수 있으며, 이것은 한국에서 신주발행이 중국보다 활발한 요인이 되고 있다. 법정자본제도는 주식회사가 필요에 따라 효율적으로 자금을 조달하는 데 한계가 있다. 물론 중국의 경우처럼 주식회사의 발기설립에 대하여 분할 납부가 가능한 완화된 법정자본제도를 취하고 있지만, 수권자본 범위 내에서 신주를 발행하는 것에 비교하면 그 효율성과 기동성이 크게 떨어진다고 보아야 할 것이다. 이런 점에서 메콩경제권 국가들은 한국과 같이 절충적인 수권자본제의 도입을 통해 회사의 설립 및 자금조달의 편의성과 효율성을 도모하는 것을 검토해 볼 필요가 있다.

이하에서는 주식회사를 중심으로 구체적인 자금조달방법에 대하여 고찰해 보고자 한다. 일반적으로 주식회사의 주된 자금조달방법은 회사 설립 시의 주식발행과 회사존속 중의 신주발행이다.[10] 이 중에서 회사 설립 시 주식발행에 관해서는 제3장의 회사의 설립부분에서 상술하였으므로, 제2절에서는 신주발행에 대해서만 검토하기로 한다.

---

10) 김동훈, 전게서, 368면: 손진화, 전게서, 436면: 정동윤, 전게서, 654~655면.

제2절 신주발행

1. 중국

중국 기업법상 회사는 신주발행을 통해 자금을 조달할 수 있다. 법정자본제를 취하고 있는 중국 기업법에 있어서 신주를 발행하는 것은 자본을 증가하는 것이며, 회사의 중대한 사항에 속한다. 따라서 그 결정권은 회사의 주주총회에 있으며, 이사회의 권한은 신주발행방안을 작성하는 것으로 정하고 있다. 이와 관련하여 주주총회는 신주의 종류 및 액수, 신주의 발행가격, 신주 발행의 시작 및 종료 일자, 기존 주주에게 발행하는 신주의 종류 및 액수를 결의하여야 한다(제134조).[11]

주주총회에서 신주를 발행하는 결의를 한 후에는, 이사회에서 국무원증권감독관리기관에 관련 문서를 보고하여 신주의 공개발행을 신청하여야 한다. 국무원증권감독관리기관은 심사위원회를 설치하고 법에 따라 주식발행의 신청을 심사하여야 한다(중국증권법 제22조).

회사가 국무원증권감독관리기관의 비준을 거쳐 사회에 신주를 공개 발행하는 경우, 신주모집설명서와 재무회계보고서를 공고한 후 주식청약서를 제작하여야 한다(중국 기업법 제135조). 또한 회사의 경영상황과 재무상황에 근거하여 신주가는 어떻게 정할 것인지를 확정할 수 있다(제136조).[12]

---

11) 李飞・王学政 主编, 전게서, 226~228면.
12) 李飞・王学政 主编, 전게서, 228~230면.

중국 기업법에 규정된 주식의 유형은 기명주식과 무기명주식뿐이다. 다만 국무원이 회사가 본법에 규정한 이외의 기타 종류의 주권을 발행하는 데 대하여 별도의 규정을 둘 수 있도록 규정하고 있다(제312조). 회사가 발기인, 법인에게 발행하는 주권은 기명주권이어야 하고, 주권에는 발기인, 법인의 성명 또는 명칭을 기재하여야 하며, 별도 상호나 대표자의 성명으로 기명하여서는 안 된다(제130조). 회사가 기명주권을 발행할 경우, 주주명부를 비치하고 주주의 성명 또는 명칭, 주소, 각 주주가 소지한 주식의 수, 각 주주가 소지한 주권의 번호, 각 주주가 그 주식을 취득한 일자 등을 기재하여야 한다. 무기명주권을 발행할 경우 회사는 그 주권의 수, 번호 및 발행 일자를 기재하여야 한다(제131조).[13] 또한 주식의 발행 가격은 액면금액 대로 할 수도 있고 액면금액을 초과할 수도 있지만 액면금액보다 낮아서는 안 된다(제128조). 즉 중국 기업법이 규정하는 주식은 액면주이며, 회사가 주권의 액면가에 미달하게 발행하는 것은 허용되지 않는다.

2. 베트남

베트남 기업법상 이사회는 발행 가능한 주식의 총수에 대한 주식발행시기, 방식, 가액 등을 결정한다.[14] 발행가액은 발행시기의 시가 내지 가장 최근에 기록된 회계장부의 가치보다 낮아서는 안 된다(제87조 제1항). 다만 창립주주가 아닌 자에게 최초로 주식을 발행하는

---

13) 李飞 · 王学政 主编, 전게서, 224~225면.
14) 베트남증권법 제12조 제1항에서는 공개회사의 주식공모 시 주주총회의 결의가 필요하다고 규정하고 있다.

경우, 기존 주주에게 지분에 따라 주식을 발행하는 경우, 중개인 내지 보증인에게 주식을 발행하는 경우, 기타 정관에 다른 정함이 있는 경우는 예외로 한다.

베트남 기업법상 보통주주는 회사 개별주주의 보통주식비율에 상응하는 신주를 우선적으로 매입한다고 규정하고 있다(제53조 제1항). 이는 한국 상법상 신주인수권에 해당하는 규정이라고 할 수 있다. 신주인수권은 회사가 실질적인 회사재산의 증가를 위하여 신주를 발행하는 경우에만 문제되는 것으로 다른 사람에게 우선하여 그 신주를 인수할 수 있는 권리를 말한다. 베트남의 경우, 주주에게 신주인수권을 인정하고 있다. 베트남 기업법 제80조 제2항에서는 이사회의 결정 기타 형식으로 개별종류의 매각권을 갖는 주식 수 범위 내에서 신주 매각을 통해 추가적으로 자본을 동원하는 것이 가능하다고 규정하고 있다.

또한 베트남 기업법은 주주의 요구에 따라 주식을 재매입하는 경우(제64조)와 회사의 결정에 따라 주식을 재매입하는 경우(제65조)에 관한 규정을 두고 있다. 회사정관에 규정된 주주의 권리와 의무 조항 변경 또는 회사 재조직에 관한 결정에 반대하는 의결주주는 회사에 자신의 주식에 대한 재매입 요구권을 가진다(제64조).[15] 주식회사는 보통주식의 경우라면 매각한 총 보통주식 30% 미만을 재매입할 수 있으며, 종류주식의 경우에는 매각한 기타 종류주식 일부 또는 전부

---

15) 일종의 한국 상법상 주식매수청구권과 유사하다. 주식매수청구권이란 회사결정에 불만족스러운 주주가 회사 내에 재정적인 변동이 일어나는 일련의 불공정성으로부터 벗어나기 위하여 행사할 수 있는 제도이다. 이 제도는 다수 주주의 의사결정으로부터 소수주주의 이익을 보호하기 위한 것으로서 반대하는 소수 자인 당해주주가 소유하는 주식을 회사가 공정한 가격으로 매수하여 소수주주를 보호한다는 데에 그 특징이 있다(김진욱, 「주식매수청구제도 개선의 필요성」, 『기업법연구』 제24권 제3호, 한국기업법학회, 2010. 9, 163면).

를 재매입할 수 있다(제65조). 매각한 각 종류별 총 주식 10% 이상 재매입은 주주총회가 결정한다. 다른 경우에 주식 재매입은 이사회가 결정한다. 회사는 회사 내 주주의 주식 비율에 상응하는 개별 주주의 주식을 재매입할 수 있다.

회사가 보통주주에게 보통주를 발행하는 경우 등기우편으로 주주의 현주소로 발행사실을 서면으로 통지하여야 한다. 공시를 위하여 통지일로부터 10일 이내에 통지내용을 3회 연속 언론매체에 공고하여야 한다(제87조 제2항).

3. 태국

태국의 비공개주식회사는 이사회의 결의로 자유롭게 신주를 발행할 수 없으며, 오직 주주총회의 특별결의를 거쳐야 한다(태국 민상법 제1220조). 신주발행 시에도 특별결의에 의한 결정이 없이는 발행주식을 제3자에게 양도할 수 없도록 규정하고 있다(제1221조).

신주발행의 경우 주주는 신주인수권을 가진다(제1222조). 만일 특정한 자에 대하여 신주를 발행하고자 하는 경우에는 그 특정한 자가 원래부터 주주가 아닌 경우에는 기존의 주주에 대하여 신주를 발행한 후 그 신주를 특정한 자에게 양도하는 방법으로 하며, 그 특정한 자가 기존의 주주인 경우에는 다른 주주가 신주인수권을 포기함으로써 특정한 자에게 신주를 발행하는 방식으로 한다.[16]

---

16) 김원규, 전게논문, 98면.

공개주식회사도 신주를 발행함으로써 등기자본을 증가시킬 수 있다. 신주의 발행을 위해서는 모든 주식이 이미 인수·납입되었어야 한다. 주주총회에서 의결권을 가지고 총회에 참석한 주주의 총 의결권의 4분의 3 이상의 결의로써 신주발행이 결정된다(태국 공개주식회사법 제136조).

공개주식회사는 비공개주식회사보다 좀 더 다양하고 유연한 종류의 주식을 발행할 수 있다. 전환사채나 워런트(warrant)[17]가 그 예이다. 워런트란 정해진 가격으로 주식을 살 수 있는 권리를 부여하는 것으로 기업은 주식이나 사채를 발행하는 것처럼 경영상 필요할 때 워런트를 발행해 자금조달, M&A 등 다양한 목적으로 활용할 수 있다. 태국법상 공개주식회사의 자금조달에 편의를 제공하고 새로운 투자 상품으로 활용할 수 있는 워런트 제도가 규정되어 있다.

공개주식회사는 채권자가 그의 채권을 채무자 회사의 보통주로 전환시킬 수 있도록 규정하고 있다. 다만 이 경우 회사가 자본을 증가시키고, 추가주식을 공모하며, 주주의 동의도 얻어야 한다.

태국 공개주식회사법은 주주총회에서 반대주주의 주식매수청구권 행사의 경우에 배당이나 의결권이 없는 것을 조건으로, 회사가 자기주식을 일시적으로 취득할 수 있도록 규정을 개정하였다. 회사의 '자

---

17) 워런트란 일정한 조건이 달성되면 일정한 기간 이내에 일정한 가격으로 워런트 발행회사의 신주를 인수하거나 자기주식을 매수하거나 기타 대가를 취득할 수 있는 권리를 말한다(김순석, 「워런트(Warrant)제도에 관한 검토」, 『기업법연구』 제24권 제3호, 한국기업법학회, 2010. 9, 65면). 일반적인 워런트 제도를 신주예약권이란 용어로 도입한 2005년 일본회사법은 신주예약권을 "주식회사에 대하여 행사함으로써 당해 주식회사의 주식을 교부받을 수 있는 권리"로 정의하고 있다(일본회사법 제2조 제21조). 한편 우리나라의 경우 워런트의 정의를 "보유자가 일정한 기간 동안 일정한 수량의 특정 주식을 일정한 가격에 매입할 수 있는 권리"라고 하거나(김건식, 「워런트의 도입을 위한 소론」, 『서울대학교 법학』 제40권 제1호, 서울대학교 법학연구소, 1999, 242면), 주식매수권이라고 번역하여 "일정한 기간 내에 일정한 가격으로 발행회사로부터 일정한 수량의 주식을 취득할 수 있는 권리로 정의하기도 한다(박철영, 「상법상 주식제도의 문제점 및 과제」, 『기업법연구』 제19권 제3호, 한국기업법학회, 2005, 25면).

기주식취득'이란, 일단 발행되어 회사 밖으로 나갔던 주식을 회사 스스로 다시 취득하는 것을 말한다.[18]

공개주식회사법상 우선주와 보통주에 대하여 의결권을 다르게 부여하고 있다. 기존의 공개주식회사법에서는 우선주와 보통주는 모두 1주에 1의결권을 부여하였다. 그러나 회사법 개정을 통해 손실을 입은 회사가 주식감소를 보충할 수 있고, 회사 자본의 75%를 초과하지 않는 범위 내에서 자본을 감소시킬 수 있도록 하였다. 수년 동안 많은 손실을 입은 회사는 주주의 동의를 얻어 주식과 자본을 75% 이상 감소시킬 수도 있다. 주주 동의는 총회에 참석한 자의 4분의 3 이상이 되어야 하고, 결의사항은 결의가 있은 후 14일 이내에 등기하여야 한다.

4. 라오스

라오스 기업법상 회사는 지분의 수와 각 지분의 가액을 증가시킴으로써 등기자본을 증가시킬 수 있다. 등기자본을 증가시키는 것은 총회의 특별결의로써 승인될 수 있다(제110조). 지분은 회신기간을 적시한 서면통지를 각 사원에게 교부함으로써 지분보유량에 따라 회사 사원에게 매각된다. 특정기간이 만료된 후 취득되지 않은 지분 또는 사원이 지분보유량에 따른 취득을 거절한 경우의 지분은 지분 취득에 관심이 있는 회사의 다른 사원에게 매각된다(제111조).

---

18) 영미법에서는 이를 금고주(treasury stock)라고 하는데, '회사금고에 보유되는 주식'이라는 의미이다. 미국은 전통적으로 금고주의 개념을 유지하기도 하지만, CCC(California Corporations Code), MBCA(Model Business Corporation Act)와 같은 일부 제정법은 금고주의 개념을 폐지하였다(임재연, 전게서, 258면).

5. 캄보디아

캄보디아 기업법과 정관에 따라 주식은 이사가 결정하는 사람에게 언제든지 발행될 수 있다. 이사는 발행될 주식과 증권의 가격을 결정하며 회사가 받는 금액과 가격은 각 주식의 액면가보다 낮아서는 안 된다(제146조). 이사회의 위원회도 주식을 발행할 권한을 가진다(제137조). 회사는 각 발행주식에 대하여 별도의 법정자본금을 유지하여야 한다. 회사는 회사가 발행한 주식에 대하여 회사가 수령한 금전 내지 과거의 노무제공에 대하여 자본금을 추가하여야 한다(제149조).

캄보디아 기업법은 자본금의 증자와 감자에 대하여 제한규정을 두고 있다(제150조). 회사가 자본금을 증가 또는 감소하고자 할 때에는 먼저 이에 대하여 특별결의로 승인되어야 한다. 감자와 관련하여 회사의 부채가 만기가 될 때까지 그 부채를 청산할 수 없는 경우나 회사자산의 실현가치가 부채총합보다 적은 경우에 자본금을 감자할 수 없다. 회사의 채권자가 법률의 규정에 반하여 자본의 감소를 한 후에 받은 재산이나 돈의 상환을 지시하는 명령을 내려달라고 법정에 신청할 수 없다. 캄보디아 기업법상 자기주식의 취득에 대한 규정을 두고 있다(제161조).[19] 회사는 자신이 발행한 주식을 매입 내지 재매입할 수 있다. 주식을 재매입하는 경우 해당 주주는 회사에 대하여 해당 주식을 포기하여야 한다.

주식회사는 부속정관에 정함이 있는 때에는 전액납입주식에 대하

---

19) 캄보디아 기업법상 회사는 주식의 내용이 다른 종류의 주식을 발행할 수 있도록 규정하고 있으나(제144조), 실무상 주로 사용되는 비공개회사의 표준정관에서는 모든 주주는 지분권 비율에 따라 배당을 받을 수 있는 권한이 있는 것으로 규정하고 있고, 이와 같은 내용의 정관은 변경이 허용되지 않는 것이 일반적이다(법무부, 『Investment & Business Guide-캄보디아 회사·세무·투자』, 16면).

여 무기명주식을 발행할 수 있다. 이는 사기업에 있어서 적용되지 않는다(제43조). 주식회사는 신주발행을 통해 자본을 증가시킬 수 있으나, 이는 주주총회의 결정에 의해 행사되어야 한다(제50조). 회사는 보통결의로써 자본을 증가할 수 있고, 특별결의로써 자본을 감소할 수 있다.

6. 한국 상법과의 비교

1) 무액면주식의 허용

한국 상법과 메콩경제권 국가들의 기업법은 모두 기명주식과 무기명주식을 규정하고 있으나, 메콩경제권 국가들은 액면주식만을 인정하고 있다는 점에서 한국 상법과 차이가 있다. 한국의 경우, 2011년 상법개정을 통해 무액면주식의 발행을 허용하여 회사는 액면주식과 무액면주식 중에서 하나를 선택할 수 있도록 하였다. 주식의 액면제도는 채권자보호보다는 주주 간 출자의 공평성을 담보하기 위한 제도이나 설립 이후의 신주를 발행하는 경우에는 액면가와 무관하게 주식의 실질적인 가치에 따라 발행가액이 정해지므로 주주 간 형평은 극히 제한된 범위에서만 이루어질 수 있다. 이는 자금조달에 장애가 됨은 물론 주식의 분할과 구조조정의 기동성을 저해하는 면이 있다. 반면 무액면주식은 1주의 금액이 정관이나 주권에 표시되지 않고 단지 자본에 대한 비율만이 표시되는 주식을 말한다. 회사의 총자본에 대한 비율적 지위를 표시하기 때문에 이를 부분주 또는 비례주라고도 한다. 이러한 무액면주식을 교부받은 주주는 전체 발행주식에 있어서 자신의 주식 보유수만을 인식할 수 있을 뿐이다.

회사의 입장에서 회사는 금융상의 편의를 도모할 수 있다. 자본조달을 하려면 회사 주식의 시장가액이 권면액을 하회하는 경우에 신주발행의 액면미달발행의 엄격한 요건을 갖추어야 하지만, 무액면주식제도를 채택하게 되면 특별한 장애 없이 자금조달이 가능하게 되고 이러한 점이 회사로서는 무액면주식제도에서 누릴 수 있는 최대의 장점이다. 무액면주식을 인수하여 발행가액을 지급하고 무액면주식을 갖게 되는 주주의 입장에서 볼 때 무액면주식의 인수인은 회사채권자 또는 기존주주에 대하여 주식인수계약에 규정된 채무 이상으로 책임을 지지 아니한다.[20] 무액면주식을 발행하면 회사채권자의 입장에서 그 채권의 변제가능성이 증대하게 되는 효과가 있다. 즉 주식의 시장가액이 권면액을 하회하는 경우에도 회사는 무액면주식을 발행함으로써 자금을 조달할 수 있게 되어 자기의 채권이 변제되리라는 기대를 할 수 있게 된다. 회사가 조달한 자금으로 직접 변제를 받은 채권자는 물론이고 그렇지 않은 일반채권자의 입장에서도 채권자에 대한 변제로 말미암아 일반채권의 공동담보가 증대하고 또한 무액면주식의 발행으로 회사의 자본이 증가하여 회사가 유보하여야 할 회사재산의 한도가 높아지고 따라서 회사채권의 변제가능성이 더욱 확실하게 된다. 또한 회사정리의 경우에 있어서 회사정리 절차의 실패는 회사채권자의 전손을 초래하게 되지만 무액면주식의 발행으

---

20) 최완진, 「무액면주식제도에 관한 법적 고찰」, 『외법논집』 제29집, 한국외국어대학교 법학연구소, 2008.
   2, 287면.

로 인한 회사자금의 조달로 회사정리가 성공할 가능성이 생기고 이로 말미암아 회사채권자의 채권만족의 기회가 증대하게 된다.[21]

메콩경제권 국가들의 경우에도 회사 설립의 편의를 제공하여 투자를 확대하기 위해서는 최저자본금제도의 폐지와 함께 무액면주식의 도입을 적극 검토해 보아야 할 것이다.

2) 종류주식의 다양화

한국 상법의 경우 다양한 종류의 주식을 발행할 수 있다. 종류주식의 다양화[22]와 관련하여 개정상법은 제344조에서 종류주식의 근거에 대하여 총론적으로 규정하고, 이익배당·잔여재산 분배에 관한 종류주식(제344조의2),[23] 의결권의 배제·제한에 관한 종류주식(제344조의3),[24] 주식의 상환에 관한 종류주식(제345조)[25] 및 주식의 전환에

---

21) 최병규, 「무액면주식제도의 도입가능성 연구」, 『상사법연구』 제20권 제1호, 한국상사법학회, 2001, 182면. 개정상법상 무액면주식제도에 관한 자세한 내용은 최병규, 「개정 상법상 무액면주식제도에 관한 연구」, 『경영법률』 제21집 제4호, 한국경영법률학회, 2011. 7. 321~360면 참조.

22) 개정상법상 종류주식의 다양화에 관한 자세한 내용은 양만식, 「종류주식의 다양화가 기업지배에 미치는 영향」, 『상사법연구』 제30권 제2호(통권 제71호), 한국상사법학회, 2011. 8. 35~71면; 정동윤, 「주식제도에 관한 연구: 종류주식을 중심으로」, 『대한민국학술원논문집』 제49집 1호, 대한민국학술원, 2010. 125~159면; 최완진, 「종류주식의 다양화에 관한 법적 고찰」, 『경영법률』 제20권 제1호, 경영법률학회, 2009. 10. 247~271면 참조.

23) 2011년 개정상법에서는 의결권의 유무와 관계없이 이익배당과 잔여재산분배에 관한 종류주식을 발행할 수 있음을 규정하였다(제344조의2). 즉 보통주식에 대해서도 의결권을 제한하는 주식을 발행할 수 있게 되었으며, 이익배당이나 잔여재산분배에 있어서 특별제한이 없는 것으로 볼 수 있는 점이(제344조의3) 개정상법의 특색이라고 할 수 있다.

24) 기존 상법상 의결권이 제한되는 주식으로는 발행주식 총수의 4분의 1의 제한하에 무의결권주식으로 발행되고 있으며, 이에 대해서는 배당에서 우선적인 지위가 부여되어야 하며, 만일 우선배당이 지급되지 않을 경우에는 의결권이 부활하는 것으로 하였다. 그러나 개정상법에서는 우선배당주식에 한정하여 의결권을 제한하는 내용을 삭제하였다. 따라서 어떤 대가를 지불하지 않고서도 의결권을 완전히 배제하는 등의 종류주식을 발행할 수 있게 되었다(제344조의3).

25) 2011년 개정상법에서는 그 상환과 관련하여 회사가 임의로 할 수 있는 상환사유부주식과 주주의 청구에 의해서 상환할 수 있는 상환청구권부주식으로 분류하여 이러한 종류주식에 대해서만 상환을 인정하고 있다(제345조 제1항, 제3항). 즉 우선주식에 대해서만 상환성을 인정하던 제한을 폐지하였다. 회사가 주식

관한 종류주식(제346조)[26] 등을 도입하고 있다. 개정상법은 시장 상황에 따라 다양한 종류의 주식을 발행할 수 있도록 함으로써 투자자들의 취향에 맞는 투자 상품의 개발을 통해 기업의 비전과 신용을 담보로 주식시장에서 직접 자본을 조달할 수 있게 하는 등 회사의 용이한 자금조달이 가능하게 하였다. 개정 전에는 주주평등의 원칙상, 법에서 정한 주식만 발행하도록 하고 있었는데, 상법상의 한정된 주식의 종류만으로는 급변하는 시장 환경에 대응하여 효율적으로 자금을 조달하는 데에 어려움이 많았다. 이런 점에서 개정상법은 다양한 종류주식을 발행할 수 있도록 함으로써 자금조달의 원활화를 꾀하였던 것이다.

메콩경제권 국가들의 경우 먼저 기업법상 종류주식에 대한 명문 규정을 두는 것이 필요하다. 주식을 통한 자금조달에 있어서 실제적인 보장을 확보한다는 측면에서 구체적인 규정이 요구되며, 한국의 입법을 참고하여 주식의 종류를 제도화하고, 이를 통해 특수한 주식을 개발해 나가야 할 것이다.

3) 신주인수권제도

한국은 수권자본의 범위 내에서 이사회의 결의만으로 신주를 발행

을 취득함에 있어서 주주에게 교부할 대가의 종류에 관해서 개정 전에는 금전으로 지급해야 했지만, 개정상법에서는 이러한 취득대가에 탄력성을 두었다. 즉 현금은 물론이고 유가증권이나 기타 자산을 교부할 수 있게 되었다(제345조 제2항). 단지 취득의 대가가 회사의 다른 자산일 경우 이러한 자산의 장부가액이 청구 일에 있어서의 배당가능이익을 초과하는 경우에는 주주는 그 취득을 청구할 수 없다고 본다(제345조 제4항 단서).

26) 기존상법상 전환주식의 전환권은 주주에게 인정된 것이고, 회사에게는 인정되지 않았다. 그러나 개정상법 제346조에서는 회사에 대하여도 이를 허용하는 한편 전환주식의 발행 절차와 관련한 규정을 일부 개정하였다.

할 수 있기 때문에 신주인수권제도를 상법에 규정하여 이사회의 권한을 견제하고 있다. 비록 주주의 신주인수권을 인정하는 문제에서 여러 가지 다른 주장이 존재하지만 이 제도가 주주의 이익을 보호할 수 있다는 측면에서 중요한 제도이다. 신주인수권이란 회사가 성립한 다음에 자금조달을 위하여 신주를 발행하는 경우에 우선적으로 그 신주의 인수를 청구할 수 있는 권리를 말한다.[27]

메콩경제권 국가들 중에서 아직 법정자본제하에 있는 국가들의 경우에는 당장 효과가 없는 제도라고 할 수 있지만, 수권자본제도를 도입한 나라의 경우에는 주주의 신주인수권제도를 도입하여 이사회를 견제하고 주주이익을 보호해 나가는 것은 매우 중요한 문제라고 할 것이다. 따라서 기업법상 명문 규정을 두어 신주인수권을 인정할 필요가 있다.

또한 메콩경제권 국가들의 기업법에서는 신주인수권의 양도방법에 관한 규정이 없어 법적으로 안전하게 거래할 수 없는 실정이다. 한국 상법 역시 제420조의3 제1항에서 신주인수원의 양도는 회사가 발행한 신주인수권 증서의 교부에 의하여서만 할 수 있도록 규정하고 있다. 신주인수권의 거래안전을 위하여 신주인수권증서의 교부에 의해서만 할 수 있도록 정하는 것이 거래 안전을 위해 필요하다고 생각한다.

---

27) 이철송, 전게서, 687면; 손진화, 전게서, 438면; 정동윤, 전게서, 658면.

제3절 사채발행

1. 중국

중국 기업법은 주식회사에 있어서 사채발행에 의하여 자금을 조달할 수 있도록 규정하고 있다. 사채란 회사가 법에 따라 발행하며 일정한 기한 내에 원금과 이자를 지불할 것을 약속하는 유가증권으로서, 중국증권법 제16조에서 규정한 발행요건을 갖추어야 한다(제154조).[28] 중국 기업법은 기명사채, 무기명사채, 전환사채, 전환되지 않는 사채를 규정하고 있다(제157조, 제162조). 회사가 사채를 발행하는 경우 반드시 사채원부를 비치하여야 하는데, 기명사채를 발행하는 경우 사채원부에 채권소지인의 성명 또는 명칭, 주소, 채권소지인이 채권을 취득한 일자 및 채권번호, 채권 총액, 액면금액, 이율, 원리금상환 기한과 방식, 채권발행 일자를 기재하여야 한다. 반면 무기명사채를 발행하는 경우, 사채원부에 채권총액, 이율, 상환기한과 방식, 발행 일자 및 채권 번호를 기재하여야 한다(제158조).[29]

상장회사는 주주총회의 결의를 거쳐 주권으로 전환할 수 있는 사채를 발행할 수 있으며, 그 구체적인 전환방법은 사채모집방법에 규정한다. 상장회사가 전환사채 발생 시에는 국무원증권감독관리기관에 보고하여 허가받아야 한다. 주권으로 전환할 수 있는 사채를 발행

---

28) 일반적으로 사채를 발행할 수 있는 회사는 주식회사와 상장회사에 한정되는 것이 보통이지만, 중국증권법은 유한회사도 사채를 발행할 수 있도록 하였다(중국증권법 제16조).

29) 李飞 · 王学政 主編 전게서, 259면.

하는 경우, 채권에 주권으로 전환할 수 있는 사채라는 문자표시가 있어야 하며 사채원부에 전환사채의 액수를 명기하여야 한다(제162조). 주권으로 전환할 수 있는 사채를 발행하였을 경우 회사는 그 전환방법에 따라 채권소지인에게 주권으로 교환해 주어야 한다. 중국회사법은 채권소지인은 채권을 주식으로 전환할 것인지 또는 전환하지 않을 것인지에 대하여 선택권이 있다고 규정하고 있다(제163조).[30]

사채의 발행은 회사가 법정조건과 절차에 따라 사회공중에 대하여 회사의 채권을 판매하는 행위를 말한다. 구 기업법 및 관련 법규에는 발행주체, 발행조건과 발행 절차 등에 대하여 구체적인 규정이 있었으나, 현행 중국 기업법은 사채의 발행에 대하여 원칙적인 규정만 하였으며(제154조), 사채발행의 구체적인 내용은 주로 중국증권법에서 규정한다.[31] 사채를 발행하고자 하는 회사는 회사법과 정관 및 관련 법률 등에서 정하는 내부적 절차를 완료하여야 하고 대외적으로 주무부서에 신고·보고하고 변경등기 등의 절차를 거쳐야 한다. 사채발행을 위해서는 먼저 주주총회에서 회사채권의 발행에 대하여 결의하여야 한다. 사채를 발행하게 되면 회사의 전체 자산과 채무에 영향을 주게 되고 채권자와 주주의 이익에 중대한 영향을 초래하게 되므로, 이에 관한 사항은 주주총회의 결의를 거치도록 하고 있는 것이다(제38조, 제100조).

회사 내부의 결의가 형성되면 심사허가를 받아야 한다. 사채발행의 심사허가의 방식을 기존의 심사비준제에서 심사허가제로 개정하였기 때문에 회사가 사채를 발행하는 절차는 과거보다 간소화되었다.

---

30) 李飞·王学政 主編, 전게서, 265면.
31) 양동석, 전게서, 202면.

사채발행의 신청이 심사허가된 후 발행회사는 법률, 행정법규에 따라 사채를 공개발행하기 전에 공개발행모집문건을 공고하여야 하고 이 서류를 지정장소에 비치하여 공중이 열람하게 해야 한다. 사채 모집 방법에는 회사 명칭, 채권 모집자금의 용도, 채권총액과 채권의 액면금액, 채권이율의 확정방식, 원리금상환 기한과 방식, 채권발행의 시한 일자, 채권의 발행가격, 발행 시작 및 종료 일자, 회사의 순자산액, 사채의 판매기관을 명시하여야 한다(제155조).[32]

2. 베트남

사채와 관련하여 베트남 기업법은 주식회사가 법률의 규정과 회사 정관에 따라 사채, 양도성 사채 및 기타 사채 발행권을 가진다고 규정하고 있다. 또한 이사회가 발행할 사채 종류, 총 사채가치 및 발행시점을 결정하게 되어 있다(제62조). 최근 들어 베트남에서는 사채 발행을 통한 자금조달도 늘어나고 있다. 베트남에서 발행될 수 있는 사채는 전환사채와 전환이 허용되지 않는 사채로 대별된다. 전환이 허용되지 않는 사채는 주식회사뿐만 아니라 유한회사도 발행할 수 있지만, 주식매수선택권이 부여된 사채는 주식회사만이 발행할 수 있다.

전환사채는 주식회사만이 발행할 수 있다. 사채를 발행하는 회사는 운영을 시작한 날로부터 1년이 경과하여야 하고, 발행 직전 연도에 이익이 발생하여야 하는 등 법령상 정해진 조건을 충족하여야 한

---

32) 중국 기업법상 사채에 관한 보다 자세한 내용은 吳春岐 主編, 전게서, 137~165면 참조.

다. 외국인이나 외국법인도 베트남 회사가 발행하는 사채를 인수할
수 있다.

3. 태국

태국 민상법상 비공개주식회사는 사채를 발행할 수 없다.[33] 그러
나 공개주식회사는 사채발행을 통해 자금을 조달할 수 있다. 태국 공
개주식회사법에서는 사채발행을 통한 주식모집과 관련하여서 증권
거래법을 따르도록 규정하고 있다(태국 공개주식회사법 제145조). 사
채발행에 대한 승인은 주주총회 결의에 의하여 결정되는데 이는 의
결권을 가진 총회참석주주의 의결권 총수의 4분의 3 이상의 결의로
써 통과될 수 있다.

4. 라오스

라오스 기업법에서는 공개회사에 있어서 사채[34]발행을 통한 자금
조달을 허용하고 있다. 사채발행과 모집은 주식거래와 관련된 법령의
절차와 규칙에 따라 진행되어야 하며(제186조), 주주총회의 특별결의

---

33) 태국 민상법 제1229조. 과거에는 태국 민상법상 사채에 관하여 6개의 조항(제1229조~1235조)을 두고
있었지만, 현재는 '사채를 발행할 수 없다'는 제1229조의 규정만 남은 채 나머지 규정들은 모두 폐지되었다.
34) 사채(debenture)에 해당하는 라오스 원어는 사채권 및 유가증권(bonds), 장·단기 채무 모두를 포함하는
개념이다.

에 의해서만 인민에게 사채를 발행 또는 모집하여 자금을 조달할 수 있다(제144조). 라오스 기업법상 국유회사도 정부에 의하여 허가를 받은 경우에 한하여 주식거래와 관련된 법률의 절차와 규정에 따라 인민에게 사채를 발행·모집함으로써 자금을 조달할 수 있다(제202조).

5. 캄보디아

캄보디아 기업법상 사채발행권자는 이사이다. 그리고 이사는 사채와 관련된 증서를 발급할 권한도 가진다. 다만 정관에서 정하는 한도 내에서 사채를 발행할 수 있다(제119조).

6. 한국 상법과의 비교

사채란 주식회사가 공중으로부터 자금을 모집할 목적으로 사채계약에 의하여 집단적·대량적으로 부담하는 채무에 대한 채권으로서, 그에 대하여 유통성 있는 증권이 발행되는 것을 가리키며, 이러한 사채의 귀속자가 사채권자이다.[35] 사채에는 통상의 사채와 특수한 사채로 나눌 수 있으며, 특수한 사채에는 전환사채, 신주인수권부사채 등이 있다. 사채는 발행사항의 결정, 청약, 배정·인수, 납입·채권의 발행 등의 발행 절차를 거친다.

---

35) 김동훈, 전게서, 396면; 손진화, 전게서, 487면; 정동윤, 전게서, 686면.

사채와 관련하여, 한국은 사채를 발행할 수 있는 주식회사에 대한 제한 규정을 두고 있지 않다. 그러나 중국의 경우 순자산이 3,000위안 이상인 주식회사만이 사채를 발행할 수 있도록 제한하고 있다. 이는 중국의 사채시장이 기초단계에 있다는 점을 고려해 볼 때 사채권자의 이익을 보호하는 차원에서 적절한 입법이라고 생각된다. 그러나 장기적으로는 이윤은 창출하지만 규모가 작기 때문에 순자산이 규정된 하한선에 미달하는 전망이 좋은 회사들에 대해서는 가혹한 규정이므로 재고가 필요하다. 이에 대해 한국 상법은 사채총액이 회사의 순자산의 4배를 초과하지 못한다고 규정하고 있었는데, 2011년 상법 개정에서는 이를 삭제하였다. 사채총액제한규정은 사채권자의 이익을 보호하기 위한 것인데 이는 사채발행 시의 제한에 불과하므로 회사가 그 후에 개별적으로 차입하여 많은 채무를 부담하면 이러한 제한은 의미가 없으므로 이 규정의 실효성은 거의 없다. 메콩경제권 국가들의 경우 증권시장이나 채권시장이 초기 단계에 있어서 기업법상 사채에 관한 규정이 매우 미흡하다. 또한 채권발행에 대한 규정이 있음에도 불구하고 실제 대부분의 기업들은 은행대출이나 주식발행으로 조달되고 있다. 메콩경제권 국가들의 기업법에서도 사채총액폐지 등 사채발행제한에 대한 규정을 완화함으로써 사채발행을 보다 쉽고 효과적으로 하여 회사운용에 필요한 자금을 조달해 나갈 필요가 있다.

제4절 자금조달제도 규정의 개선 가능성

지금까지 메콩경제권 국가들의 기업법상 주식회사의 자금조달제도를 한국 상법과 비교하여 살펴보았다. 메콩경제권 국가들의 기업법상 법정자본제를 도입하고 있는 경우에는 신주를 발행하려면 주주총회의 특별결의를 거쳐야 한다. 특히 중국의 경우는 결의 후에도 허가를 받아야 하는 번거로운 절차를 거치게 된다. 이에 비하여 한국 상법은 수권자본의 범위 내에서 신주를 발행하여 자본을 증가시키기 위하여 이사회의 결의만으로 충분하다. 이처럼 신주를 발행하는 절차와 요건이 간단하기 때문에 신주발행을 통한 효율적인 자금조달을 기대할 수 있으며, 이것은 한국에서 신주발행이 중국보다 활발한 요인이 되고 있다. 법정자본제도는 주식회사가 필요에 따라 효율적으로 자금을 조달하는 한계를 조성한다. 물론 중국의 경우처럼 주식회사의 발기설립에 대하여 분할 납부가 가능한 완화된 법정자본제도를 취하고 있지만, 수권자본 범위 내에서 신주를 발행하는 것에 비교하면 그 효율성과 기동성이 크게 떨어진다고 보아야 할 것이다. 이런 점에서 한국과 같이 절충적인 수권자본제의 도입으로 회사의 설립과 회사의 자금조달에 편의성과 효율성을 부여하는 것도 검토해 볼 수 있을 것이다.

한국 상법과 메콩경제권 국가들의 기업법은 모두 기명주식과 무기명주식을 규정하고 있으나, 메콩경제권 국가들은 액면주식만을 인정하고 있다는 점에서 한국 상법과 차이가 있다. 한국의 경우, 2011년 상법개정을 통해 무액면주식의 발행을 허용하여 회사는 액면주식과 무액면주식 중에서 하나를 선택할 수 있도록 하였다. 주식의 액면제도는 채권자보호보다는 주주 간 출자의 공평성을 담보하기 위한 제도이나 설립 이후의 신주를 발행하는 경우에는 액면가와 무관하게 주식의 실질적인 가치에 따라 발행가액이 정해지므로 주주 간 형평은 극히 제한된 범위에서만 이루어질 수 있다. 이는 자금조달에 장애가 됨은 물론 주식의 분할과 구조조정의 기동성을 저해하는 면이 있다. 반면 무액면주식은 1주의 금액이 정관이나 주권에 표시되지 않고 단지 자본에 대한 비율만이 표시되는 주식을 말한다.

회사의 입장에서 회사는 금융상의 편의를 도모할 수 있다. 자본조달을 하려면 회사 주식의 시장가액이 권면액을 하회하는 경우에 신주발행의 액면미달발행의 엄격한 요건을 갖추어야 하지만 무액면주식제도를 채택하게 되면 아무런 장애 없이 자금조달이 가능하게 되고 이러한 점이 회사로서는 무액면주식제도에서 누릴 수 있는 최대의 장점이다. 무액면주식을 인수하여 발행가액을 지급하고 무액면주식을 갖게 되는 주주의 입장에서 볼 때 무액면주식의 인수인은 회사채권자 또는 기존주주에 대하여 주식인수계약에 규정된 채무 이상으로 책임을 지지 아니한다. 또한 현물이나 노무에 대한 과대평가로 인한 불확정책임이 면제된다. 무액면주식은 발행대가를 받고 발행하였으면 추징불능으로 취급되기 때문에 주주에게 더 이상의 책임을 지우지 않게 된다. 무액면주식을 발행하면 회사채권자의 입장에서 그 채권의 변제가능성이 증대하게 되는 효과가 있다. 즉 주식의 시장가액이 권면액을 하회하는 경우에도 회사는 무액면주식을 발행함으로써 자금을 조달할 수 있게 되어 자기의 채권이 변제되리라는 기대를 할 수 있게 된다. 회사가 조달한 자금으로 직접 변제를 받은 채권자는 물론이고 그렇지 않은 일반채권자의 입장에서도 채권자에 대한 변제로 말미암아 일반채권의 공동담보가 증대하고 또한 무액면주식의 발행으로 회사의 자본이 증가하여 회사가 유보하여야 할 회사재산의 한도가 높아지고 따라서 회사채권의 변제가능성이 더욱 확실하게 된다. 또한 회사정리의 경우에 있어서 회사정리 절차의 실패는 회사채권자의 전손을 초래하게 되지만 무액면주식의 발행으로 인한 회사자금의 조달로 회사정리가 성공할 가능성이 생기고 이로 말미암아 회사채권자의 채권만족의 기회가 증대하게 된다.

메콩경제권 국가들의 경우에도 회사 설립의 편의를 제공하여 투자를 확대하기 위해서는 최저자본금제도의 폐지와 함께 무액면주식의 도입을 적극 검토해 보아야 할 것이다.

한국 상법의 경우 다양한 종류의 주식을 발행할 수 있다. 2011년 개정상법은 시장 상황에 따라 다양한 종류의 주식을 발행할 수 있도록 함으로써 투자자들의 취향에 맞는 투자 상품의 개발을 통해 기업의 비전과 신용을 담보로 주식시장에서 직접 자본을 조달할 수 있게 하는 등 회사의 용이한 자금조달이 가능하게 하였다. 개정 전에는 주주평등의 원칙상, 법에서 정한 주식만 발행하도록 하고 있었는데, 상법상의 한정된 주식의 종류만으로는 급변하는 시장 환경에 대응하여 효율적으로 자금을 조달하는 데에 어려움이 많았다. 이런 점에서 개정상법은 다양한 종류주식을 발행할 수 있도록 함으로써 자금조달의 원활화를 꾀하였던 것이다. 메콩경제권 국가들의 경우 먼저 기업법상 종류주식에 대한 명문 규정을 두는 것이 필요하다. 주식을 통한 자금조달에 있어서 실제적인 보장을 확보한다는 측면에서 구체적인 규정이 요구되며, 한국의 입법을 참고하여 주식의 종류를 제도화하고, 이를 통해 특수한 주식을 개발해 나가야 할 것이다.

한국은 수권자본의 범위 내에서 이사회의 결의만으로 신주를 발행할 수 있기 때문에 신주인수권제도를 상법에 규정하여 이사회의 권한을 견제하고 있다. 비록 주주의 신주인수권을 인정하는 문제에서 여러 가지 다른 주장이 존재하지만 이 제도가 주주의 이익을 보호하는 중요한 제도이다. 메콩경제권 국가들 중에서 아직 법정자본제하에 있는 국가들의 경우에는 당장 효과가 없는 제도라고 할 수 있지만, 수권자본제도를 도입한 나라의 경우에는 주주의 신주인수권제도를 도입하여 이사회를 견제하고 주주이익을 보호해 나가는 것은 매우 중요한 문제라고 할 것이다. 따라서 기업법상 명문 규정을 두어 신주인수권을 인정하는 것도 검토해 볼 필요가 있다.

또한 메콩경제권 국가들의 기업법에서는 신주인수권의 양도방법에 관한 규정이 없어 법적으로 안전하게 거래할 수 없는 실정이다. 한국 상법 역시 제420조의3 제1항에서 신주인수권의 양도는 회사가 발행한 신주인수권 증서의 교부에 의하여서만 할 수 있도록 규정하고 있다. 신주인수권의 거래안전을 위하여 신주인수권증서의 교부에 의해서만 할 수 있도록 정하는 것이 거래 안전을 위해 필요하다고 생각한다.

제6장 경제발전과 교류확대를 위한 규범개선의 제언

중국과 베트남, 태국 등은 최근의 기업법 개정을 통하여 회사의 설립과 활동에 관한 규제를 조금씩 완화해 가고 있다. 이와 같은 규제완화의 추세는 자유로운 회사의 설립 및 투자활동을 촉진함으로써 해당국가의 경제활성화로 이어질 것으로 전망된다. 그러나 캄보디아, 라오스, 미얀마 등 과도기 경제체제에서는 여전히 기업설립 절차에 장기간에 걸쳐 과다한 비용이 소요되며, 설립 승인 여부에 대한 예측이 불가능하다는 문제점이 존재한다. 이러한 문제들은 기업에 대한 투자를 위축시키는 결과를 초래한다는 점에서 이들 국가들이 추진하고 있는 개혁개방정책과 모순된다. 그러므로 이들 국가들의 기업법상 우선적으로 해결되어야 할 과제는 설립 절차를 간소화하고, 빠르고 효율적이면서도 저비용의 회사운영 절차가 이루어지도록 하는 것이다.

메콩경제권 국가들의 기업법상 기업지배구조와 관련하여, 주주제안권이나 대표소송, 집중투표제도, 사외이사제도 등의 도입은 선진적 입법태도라고 할 수 있다. 이 제도들은 기업의 자금조달에도 많은 기여를 할 것이며, 결과적으로 기업지배구조를 개선시켜 건전하고 투명한 기업경영에 도움을 줄 것이다. 그 밖에 전자투표제도의 도입은 주주의 의결권의 원활한 행사에 많은 도움이 될 것이다.

그러나 투자자보호라는 측면에서 볼 때 소수주주권의 행사요건인 지주비율은 전반적으로 높은 편이다. 따라서 소수주주를 보호하고 경영에 대한 감시 강화를 위해서는 한국의 예에 따라 소수주주권의 요건을 완화하여 그 행사를 용이하게 하는 것이 필요하다고 본다. 또한 이러한 규정들이 아직은 일부 국가들의 기업법에만 명문으로 규정되어 있으며, 명문 규정이 있다 하더라도 해당규정의 법적 실효성이 확보되지 못하고 있는 것이 현실이다. 예컨대 중국과 태국의 기업법에는 사외이사제도가 명시되어 있으나 실무상 사외이사의 독립성이 충분히 확보되어 있지 못하다. 이와 같이 사외이사의 독립성이 담보되지 않는 한, 기업경영에 대한 사외이사의 감독기능은 충분한 실효를 거둘 수 없을 것이다.

한편 메콩경제권 국가들의 기업법상 감사와 관련하여 적어도 회계전문가 1명을 필수적으로 선임하도록 함으로써 감사의 전문성을 도모하고 있다는 점은 진일보한 것이라고 평가할 수 있다. 그러나 감사제도의 실효성을 확보하기 위한 다른 제도적 장치는 전반적으로 미흡한 편이다. 이를 보완하기 위해서는 회사경영에 있어 실질적 견제와 균형을 이루고 기업경영의 투명성 확보 및 지배주주의 전횡을 막기 위한 장치로서 한국 상법에서 규정하고 있는 감사위원회제도의 도입가능성을 검토할 필요도 있을 것이다.

기업의 발전을 도모하기 위해서는 그 운영 및 활동에 필요한 자금이 원활하게 충족됨으로써 지속적인 수요에 효과적으로 대처할 필요가 있다. 또한 주식회사의 사원인 주주는 주주유한책임의 원칙에 의하여 회사채권자에 대하여 실질적으로 무책임이므로, 결국 회사재산의 확보를 통한 신용의 유지를 위해서도 주식회사는 상당한 자금이 필요하다. 이 때문에 한국의 경우 상법개정 시마다 자본조달의 원활화와 다양성의 보장을 위하여 각종 제도를 개정·보완하고 있다. 한국의 2011년 개정상법의 예에 따라 메콩경제권 국가들도 자본조달의 원활화를 도모하고 회사 설립의 편의를 제공하며 투자를 확대하기 위하여 최저자본금제도의 폐지와 함께 무액면주식의 도입을 검토할 필요가 있을 것이다. 또한 기업법상 종류주식에 대한 명문 규정을 두어 주식을 통한 자금조달의 편의와 안정성을 제공할 수 있도록 하는 것도 좋은 방법이 될 것이다. 대부분의 메콩경제권 국가들이 채택하고 있는 법정자본제도는 주식회사가 필요에 따라 효율적으로 자금을 조달하는 데 제약이 된다. 따라서 한국 상법에서 채택하고 있는 절충적인 수권자본제의 도입으로 회사의 설립과 회사의 자금조달에 편의성과 효율성을 부여하는 것도 검토해 볼 만하다.

메콩경제권 국가들은 최근에 발전적인 방향으로 기업법의 제정 및 개정을 꾸준히 진행시키고 있다. 그러나 여전히 각 국가별 정치적・사회적 여건 때문에 기업법의 실효성을 담보할 수 있는가는 불분명하다. 실제로 아직 기업법에 근거한 소송이나 판례를 찾기 어렵다는 점은 이를 반증한다. 그러므로 앞으로 기업법 규정들의 실효성을 확보하고, 이들이 회사의 설립과 운영에 기여하도록 하는 것이 메콩경제권 국가들의 기업법상 중요한 과제라고 할 것이다.

이상에서 살펴본 바와 같이 메콩경제권 국가들의 기업법제 정비작업에 있어서, 한국의 회사법 규정들이 많은 참고가 될 수 있을 것이라고 생각한다. 메콩경제권 국가들의 경제발전 가능성을 고려할 때 그리고 한-ASEAN의 FTA 체결을 기점으로 한국기업의 메콩경제권에 대한 투자가 더욱 확대되는 등 한국과의 협력관계가 진전될 것이라는 점에서, 한국은 적극적인 자세로 이들 지역에 대한 기업법제정비 지원에 나서야 할 것이다.

〈參考文獻〉

〈국내문헌〉

단행본

구성열·손정식·안희완·이두원,『베트남의 법제도와 시장개혁』, 동아시아
    연구논총 제7집, 연세대학교 동서문제연구원, 2002. 4.

권오승·김유환·구대환·Eric G. Enlow,『체제전환국 법제정비지원』, 서울대
    학교 출판부, 2006.

김동훈,『회사법』, 한국외국어대학교 출판사, 2010.

김은경·김봉철,『로스쿨 회사법 논점 강의』, (주)한국학술정보, 2010.

대한상공회의소,『베트남의 투자환경분석과 기업진출』, 경제연구논업 297, 1997.

법무부,『Investment & Business Guide-캄보디아 회사·세무·투자』, 2010. 10.

_____,『베트남 개혁개방법제 개관』, 법무자료 제263집, 2005. 1.

서헌제,『상법강의(上)』, 법문사, 2007.

손진화,『상법강의』, 신조사, 2010.

양동석,『중국 기업법』, 진원사, 2007.

양현봉·이상신,『법인설립제도 개선방안』, 산업연구원, 2007.

양효령,『중국의 신기업파산법』, 아시아법제연구 07-01, 한국법제연구원, 2007. 10.

이균성·홍승인·김동훈,『기업법강의』, 인텔에듀케이션, 2004.

이정표,『중국회사법』, 박영사, 2008.

이철송,『회사법 강의(제19판)』, 박영사, 2011.

정동윤,『상법(상)』, 법문사, 2010.

정용상,『중국회사법론』, 부산외국어대학교 출판부, 2003.

정찬형,『상법강의 上』제12판, 박영사, 2009.

_____,『회사법강의』, 박영사, 2010.

주캄보디아대사관, 『캄보디아 통상투자 법률 가이드 북』, 2010.

최기원, 『상법학신론(상)』, 박영사, 2009.

_____, 『신회사법론』 제13대정판, 박영사, 2009.

_____, 『기업법개설』 제14판, 박영사, 2011.

최완진, 『기업지배구조법 강의』, 한국외국어대학교 출판부, 2011.

_____, 『상법학강의』, 법문사, 2006.

태국투자청, 『태국사업가이드』, 2007.

한대원 외 9, 『현대중국법개론』 개정판, 박영사, 2009.

島田正郞(저)-임대희·박원길·우덕환·이광수(역), 『아시아법사』, 서경문화사, 2000.

KOTRA, 『미얀마 투자실무가이드』, 2008.

_____, 『베트남 투자실무가이드』, 2009.

논문

권종호, 「일본상사법의 개별입법화 동향」, 『기업법연구』 제23권 제4호(통권 제
　　　39호), 한국기업법학회, 2009. 12.

김건식, 「워런트의 도입을 위한 소론」, 『서울대학교 법학』 제40권 제1호, 서울
　　　대학교 법학연구소, 1999.

김교창, 「가부동수의 경우 의장의 의결권-택일의안에 있어서 양자동수의 경우
　　　택일방법과 찬반의안에 있어서 가부동수의 경우 의장의 결정권」, 『저
　　　스티스』 통권 제108호, 한국법학원, 2008.

김동훈·이준표, 「라오스 기업법에 관한 고찰」, 『외법논집』 제35권 제1호, 한
　　　국외국어대학교 법학연구소, 2011. 2.

_____, 「라오스 기업법」, 『외법논집』 제35권 제1호, 한국외국어대학
　　　교 법학연구소, 2011. 2.

김봉철·이준표, 「캄보디아 기업법상 회사지배구조의 특징」, 『동남아연구』 제
　　　21권 2호, 동남아연구소, 2011. 9.

_____, 「태국 기업법상 설립규정에 관한 비교법적 고찰」, 『한국태국
　　　학회논총』 제18-1호, 한국태국학회, 2011. 8.

김상용, 「아시아법제연구의 필요성과 방법론」, 『최신외국법제정보』 창간호,
　　　한국법제연구원, 2004.

김성주, 「라오스의 정치·경제체제와 개방정책」, 『국제정치논총』 제36집 1호,
　　　한국국제정치학회, 1996.

_____, 「인도차이나반도 사회주의 국가의 체제전환과 개혁·개방정책」, 『한
　　　국정치외교사논업』 제25집 1호, 2003.

김순석, 「워런트(Warrant)제도에 관한 검토」, 『기업법연구』 제24권 제3호, 한국기업법학회, 2010. 9.

김원규, 「태국 회사법의 우리 회사법에의 시사점에 관한 소고」, 『사회과학연구』 제17집, 한남대학교 사회과학연구소, 2008.

김윤상, 「2011년 상법개정의 입법과정과 향후과제」, 『개정상법(회사편)의 주요 내용과 과제』, 한국상사법학회 2011년 하계학술대회 자료, 한국상사법학회, 2011.

김정일, 「중국법에 의한 기업지배구조에 관한 연구」, 『한국콘텐츠학회논문지』 제6권 제11호, 한국콘텐츠학회, 2006.

김지환, 「주주권 실현을 위한 주주제안제도」, 『기업법연구』 제22권 제2호, 한국기업법학회, 2008.

류길재·민경배, 「체제전환국 법제의 기본 원칙 변화」, 『사회주의 체제전환에 대한 법제도적 비교연구』 경남대학교 극동문제연구소 북한연구 시리즈26, 한울아카데미, 2008.

민경배, 「체제전환국 법제의 특징과 구조」, 『사회주의 체제전환에 대한 법제도적 비교연구』 경남대학교 극동문제연구소 북한연구 시리즈 26, 한울아카데미, 2008.

박장식·김민아, 「미얀마의 식민지 시대의 재평가-식민주의의 정치적 유산과 청산」, 『동남아시아연구』 제18권 제1호, 한국동남아학회, 2008.

박철영, 「상법상 주식제도의 문제점 및 과제」, 『기업법연구』 제19권 제3호, 한국기업법학회, 2005.

박춘경, 「중국에서의 상호 보호」, KOTRA, 2006.

박희호, 「혼합법계로서의 필리핀법체계」, 『비교사법』 제15권 2호(통권 제41호), 한국비교사법학회, 2008. 6.

_____, 「혼합법계의 발견과 주요 혼합법계 국가의 법체」, 『외법논집』 제29집, 한국외국어대학교 법학연구소, 2008. 2.

서헌제·정재곤·김형완, 「베트남 기업법」, 『법학논문집』 제32집 제1호, 중앙대학교 법학연구원, 2008.

소삼영, 「중국회사법상 경리의 지위와 권한」, 『한양법학』 제20권 제3집(통권 제27집), 한양법학회, 2009. 8.

손진화, 「개정회사법(2011년)의 체계와 논점」, 『경영법률』 제21집 제4호, 경영법률학회, 2011. 7.

송종준, 「회사법상 기업지배구조법제의 동향과 평가, 그리고 새로운 제언」, 『상사판례연구』 제24집 제1권, 한국상사판례학회, 2011. 3.

_____, 「주식회사 법정자본제도의 국제적 개혁동향과 입법 과제-주주와 채권자의 이해 조정을 중심으로」, 『경영법률』, 한국경영법률학회, 2008.

양동석·박승남, 「한·중 회사법상 이사의 책임과 대표소송에 관한 비교연구」, 『법학논총』 제17권 제3호, 조선대학교 법학연구원, 2010.

오성근, 「주주대표소송에 관한 소고: 상법과 영국의 회사법제와의 비교를 중심으로」, 『상사법연구』 제29권 제2호(통권 제67호), 한국상사법학회, 2010. 8.

유정상, 「중국회사법상 이사의 제3자에 대한 책임에 관한 연구」, 『고려법학』 제52호, 고려대학교 법학연구원, 2009. 4.

유진희, 「집중투표제의 장단점과 그 실효성」, 『상장협』 제44호, 한국상장협의회, 2001.

윤대규, 「주요국가의 개도국에 대한 법제정비지원사업」, 『통일문제연구』 통권 제49호, 통일문제연구소, 2008.

이세인, 「미국기업지배구조의 시대적 변천」, 『법학논총』 제30권 제2호, 전남대학교 법학연구소, 2010.

이홍욱, 「개혁·개방 이후 중국 상법(총론, 회사법)의 변화」, 『영남법학』 통권 제31호, 영남대학교 법학연구소, 2010. 10.

전삼현, 「대표소송과 집중투표제를 통한 기업지배구조개선 검토」, 『전문경영인연구』 제9권 제1호(통권 16호), 한국전문경영인협회, 2006. 3.

정경영, 「주주제안제도에 관한 비교법적 고찰」, 『상사판례연구』, 한국상사법판례학회, 2004.

정준우, 「주식회사의 이사에 관한 2009년 개정상법의 비판적 검토」, 『한양법학』 제30권, 한양법학회, 2010. 5.

정용상, 「개정중국회사법상의 감사제도」, 『재산법연구』 제24권 제3호, 한국재산법학회, 2008.

_____, 「기업의 지배구조에 관한 비교법적 검토」, 『비교법학』 제11집, 부산외국어대학교 비교법연구소, 2000.

_____, 「베트남 기업법 개관」, 『비교사법』 통권 제20호, 한국비교사법학회, 2003. 3.

_____, 「베트남기업 입법의 배경과 개정 기업법의 구조」, 『재산법연구』 제25권 제3호, 한국재산법학회, 2009. 2.

_____, 「베트남법상 주식회사의 운영기관에 관한 법적 검토」, 『경영법률』 제13집 제1호, 한국경영법률학회, 2002.

_____, 「태국의 기업입법발전배경: 태국의 경제위기 이전의 기업입법을 중심

으로」, 『국제경영논집』 제21집, 부산외국어대학교 국제통상연구소, 2006.

_____, 「중국·베트남법상 주식회사 운영기구론」, 『외대논총』 제22집, 법문사, 2002. 12.

_____, 「중국회사법상의 감사제도」, 『상장회사감사회 회보』 제40호, 한국상장회사협의회, 2003. 4.

_____, 「한·베트남 주식회사의 기관구조에 관한 비교법적 검토」, 『비교법학』 제13집, 부산외국어대학교 비교법연구소, 2002.

정찬형, 「주식회사의 지배구조」, 『상사법연구』 제28권 제3호(통권 제64호), 한국상사법학회, 2009. 11.

_____, 「주식회사법 개정제안」, 『선진상사법연구』 제49호, 법무부, 2010.

조희종, 「일본(日本)의 공증제도(公證制度)」, 『대한공증협회지』 제1호, 대한공증협회, 2008.

최병규, 「무액면주식제도의 도입가능성 연구」, 『상사법연구』 제20권 제1호, 한국상사법학회, 2001.

_____, 「개정 상법상 무액면주식제도에 관한 연구」, 『경영법률』 제21집 제4호, 한국경영법률학회, 2011. 7.

최완진, 「무액면주식제도에 관한 법적 고찰」, 『외법논집』 제29집, 한국외국어대학교 법학연구소, 2008. 2.

_____, 「이중대표소송에 관한 법적고찰」, 『경영법률』 제18집 제2호, 한국경영법률학회, 2008. 1.

_____, 「종류주식의 다양화에 관한 법적 고찰」, 『경영법률』 제20집 제1호, 경영법률학회, 2009. 10.

_____, 「집행임원제도에 관한 재조명-2008년 상법개정안을 중심으로」, 『상사법연구』 제29권 제3호(통권 제68호), 한국상사법학회, 2010. 11.

최종고, 「아시아법의 법계와 체계」, 『아시아법제연구』 창간호, 한국법제연구원, 2004.

최준선, 「한국 회사법의 개정방향」, 『상장협연구』 제54집, 한국상장회사협의회, 2006.

홍종학, 「미국과 영국의 기업집단 개혁과 시사점」, 『한국경제연구』 제21권, 2008.

보고서

법제사법위원회, 『상업등기법 일부개정법률안 심사보고서』, 2009.

법제처, 『동북아법령정보서비스사업 2006년 연구용역과제보고서』, 2006.

해외 문헌

Asian Development Bank(ADB), "Economic trends and prospects in developing Asia", *Asian Development Outlook 2010 Update*, 2010.

_____, "Enhancing the Business Environment of the Greater Mekong Subregion(Technical Assistance Consultant's Report)", August 2007.

_____, "Law and Policy Reform 2003 edition", March 2004.

_____, "Strategy and Action Plan for the Greater Mekong Subregion Southern Economic Corridor", 2010.

_____, "The Economics of Climate Change in Southeast Asia: A Regional Review", 2009.

Boonserm Asavapisit, "Thai Corporate Law amendment", *Asian-Counsel*, A Pacific Business Press, 2008.

Burke, Frederick R & David Howell, *Vietnam: A Large Brief*, Baker & Mikenzie, 1992.

Chachapon Jayaphorn, "Reformation of the Thai legal system at the beginning of the 20th century: context and origin", *Thailand Law Journal*, Issue 2 Volume 9, Thailand Law forum, 2006.

CUTS international, *Promoting Competition Policy & Law in Lao PDR*, 2006.

DFDL Mekong, *Cambodia Legal And Investment Guide*, 2010.

_____, *Laos Legal And Investment Guide*, 2010.

_____, *Myanmar Legal And Investment Guide*, 2010.

_____, *Thailand Legal And Investment Guide*, 2010.

_____, *Vietnam Legal And Investment Guide*, 2010.

Tun Shin, "Commercial Laws of Myanmar", A seminar in International Business Center, Yangon. 1999.

Graham Hassall · Cheryl Saunders, *Asia-Pacific Constitutional Systems*, Cambridge University Press, 2002.

Gregory Chow, *China's Economic Transformation*, Massachusetts: Blackwell Publishers Inc, 2002.

International Finance Incorporation, *Business Issue Bulletin No. 3,* July 2006.

International Journal of Business and Management, "An Overview of Foreign Investment Laws and Regulations of Lao PDR", 2008. 5.

John Gillespie, Transplanted Company law: An Ideological and Cultural analysis of Market-entry in Vietnam, *International and Comparative Law Quarterly*, Vol. 51, Cambridge Journal, July 2002.

Kobkit Thienpreecha. Ladda Phenpol, "Public Limited Company Act: A Comparison of the Old and New Act", Thailand: Legal Developments, Tilleke & Gibbins International Ltd.,

(http://www.tillekeandgibbins.com/Pubiications/pdf/public_limi ted_company act.pdf).

Marie Lavigne, *The Economics of Transition: From Socialist Economy to Market Economy(2nd ed)*, New York: St. Martin's Press, 1999.

Melanie Beresford, Doimoi in review: The challenges of building market socialism in Vietnam, *Journal of contemporary Asia*, Vol. 38, No. 2, May 2008.

Michael John Byrne, "Foreign Direct Investment and related Legal Development in Cambodia, Laos, Vietnam and Myanmar", Thesis(Ph. D.), City University of Hong Kong, May 2005.

Ministry of Commerce · ADB, A Handbook on Commercial Registration, 2008.

Obeua S. Persons, "Corporate Governance in Thailand: What Has Been Done Since the 1997 Financial Crisis", Thailand Law Journal and Policy, Vol. 11, No. 2, 2008.

(http://www.thailawforum.com/Volume11fall08.htm).

Paul J. Davidson, "The legal framework for international economic relations", *Institute of Southeast Asian Studies*, 1997.

Sengxay Phousinghoa, Trang Nguyen, Lan Vam Nguyen, "Technical assistance to support the business environment reform process in Lao PDR: A case study on the new Enterprise Law", IFC-MPDF, 2006. 11.

(http://www.businessenvironment.org/dyn/.../Session1.1Paper1.1.2Phousinghoa.pdf).

Terry Reid, "Legal impediments to investment in Laos", *Centerbury Law Review*, 1998.

Tilleke & Gibbins International Ltd., "Thailand Legal Basics", 2009.

Triamanuruck, Ngamnet, Phongpala, Sansanee, Chaiyasuta, Sirikanang, "Overview of Legal Systems in the Asia Pacific Region: Thailand", Overview of Legal Systems in the Asia Pacific Region(paper 4), 2004(http://scholarship.law.cornell. edu/lps_lsapr/4).

United States Agency for International Development, *Southeast Asia Commercial Law & Institutional Reform And Trade Diagnostics – Laos*, 2006.

_____, *Southeast Asia Commercial Law & Institutional Reform And Trade Diagnostics – Vietnam*, 2006.

_____, *Southeast Asia Commercial Law & Institutional Reform and Trade Diagnostics – Cambodia*, 2007.

桂敏杰 · 安建 主编, 『新公司法条文解析』, 人民法院出版社, 2006.

吉南・丹尼斯,『公司法』, 法律出版社, 2005.

上海市高級人民法院編,『公司法疑難問題解析』, 法律出版社, 2006.

徐永前,『新公司法』, 企業管理出版社, 2006.

吳春岐 主編,『公司法』, 中國政法大學出版社, 2006.

李飞・王学政 主编,『中华人民共和国 公司法释义』, 中國市場出版社, 2005.

叶林,『公司法研究』, 中國人民大學出版社, 2006.

張民安,『公司法的現代化』, 中山大學出版社, 2006.

趙旭東,『新公司法講義』, 人民法院出版社, 2005.

Nguyễn Hợp Toàn, Giáo trình Pháp Luật kinh kế, 2005, NXB Thống kê(Nguyen
　　　　The Toan, Legal and economic curriculum, 2005, Statistical Publishing House).

Nguyễn Đình Thiêm, Tìm hiểu Luật Thương mại năm 2005, NXB Lao đọng-xã
　　　　hội(Nguyen Dinh Thiem, Understanding Commercial Law in 2005, Labour
　　　　and Social Publishing House).

Phan Dức Hiếu, Luật Doanh nghiệp năm 2005, 2006, NXB Thống kê(Phan Duc
　　　　Hieu, the Enterprise Law in 2005, 2006, Statistical Publishing House).

Quốc hội, Luật Công ty, 1990. 12. 21(Congress, Corporate Law).

Quốc hội, Luật sửa đổi bổ sung Luật Công ty, 1994. 6. 22(Congress, Law Amending
　　　　and Supplementing the Law on Companies).

Quốc hội, Luật Doanh nghiệp tư nhân, 1990. 12. 21(Congress, Law on Private Business).

แก้ไขเพิ่มเติมประมวลกฎหมายแพงและพาณิชย(ฉบับที่ 18), พ.ศ. 2551(Amendment to the Civil
　　　　and Commercial Code(No. 18), B.E. 2551(2008)).

บริษัทมหาชนจำกัด พ.ศ. 2535(Public Limited Companies Act, B.E. 2535(1992)).

บริษัทมหาชนจำกัด(ฉบับที่ 2) พ.ศ. 2544(Public Limited Companies Act(No. 2), B.E. 2544
　　　　(2001)).

Phiset Setsatian, หลักกฎหมายบริษัทมหาชนจำกัด(Lak kotmaai borisat mahaachon jamkat),
　　　　7th ed., Bangkok: Nititham Publishing House, 2003.

Sophorn Ratanakorn, Kham athibaai pramuan kotmaai paeng lea phanit hunsuan borisat,
　　　　8th edition, Bangkok: Nitibanacaan publishing, 2002.

Tithiphant Chuerboonchai and Sakda Tanikul, Raaygaan kaansuksaa khroong-kaansuksaan
　　　　pua songeuem kaanjadtang borisatmahaachon jamkat, Bankok: Institute of Law
　　　　and Development, Faculty of Law, Chulalongkorn University, 1999.

〈인터넷 사이트〉

국제협력단 http://www.koica.go.kr
국제금융센터 http://www.kcif.or.kr
기획재정부 http://www.mosf.go.kr
대외경제정책연구원 http://www.kiep.go.kr
대한무역투자진흥공사 http://www.kotra.or.kr
베트남경제연구원 http://vietnam.re.kr
산업연구원 http://www.kiet.or.kr
세계법제정보센터 http://world.moleg.go.kr
아세안 사무국 http://www.aseansec.org
아시아개발은행 http://www.adb.org
외교안보연구원 http://www.ifans.go.kr
외교통상부 http://www.mofat.go.kr
한국국제교류재단 http://www.kofo.or.kr
한국개발연구원 http://www.kdi.re.kr
한국법제연구원 http://www.klri.re.kr

이준표

   한국외국어대학교 법과대학 졸업(법학사)
   한국외국어대학교 대학원 상사법전공(법학석사 · 박사)
   한국장학재단 국가연구장학생(인문사회계)

  현) 한국기업법무협회 선임연구원
     한국법제연구원 해외입법조사위원
     한국외국어대 · 충남대학교 강사

메콩경제권
기업법제의 이해

초판인쇄 | 2012년 6월 5일
초판발행 | 2012년 6월 5일

지 은 이 | 이준표
펴 낸 이 | 채종준
펴 낸 곳 | 한국학술정보㈜
주　　소 | 경기도 파주시 문발동 파주출판문화정보산업단지 513-5
전　　화 | 031) 908-3181(대표)
팩　　스 | 031) 908-3189
홈페이지 | http://ebook.kstudy.com
E-mail | 출판사업부 publish@kstudy.com
등　　록 | 제일산-115호(2000. 6. 19)

ISBN　　978-89-268-3339-1 93360 (Paper Book)
　　　　　978-89-268-3340-7 98360 (e-Book)